북한이탈청소년과 남한청소년의
도덕성, 법의식과 권위 인식

서울대학교통일학연구총서 21

북한이탈청소년과 남한청소년의 도덕성, 법의식과 권위 인식

펴낸곳 서울대학교출판문화원
펴낸이 오연천
지은이 이순형 김창대 진미정

초판 1쇄 인쇄 2014년 3월 15일
초판 1쇄 발행 2014년 3월 20일

출판등록 제15-3호
주소 서울 관악구 관악로 1 우편번호 151-742
대표전화 02-880-5252 팩스 02-888-4148
마케팅팀(주문상담) 02-889-4424, 02-880-7995
이메일 snubook@snu.ac.kr
홈페이지 www.snupress.com
영문홈페이지 eng.snupress.com

ISBN 978-89-521-1517-1 94330
978-89-521-1029-9(세트)

서울대학교통일학연구총서 21

북한이탈청소년과 남한청소년의 도덕성, 법의식과 권위 인식

이순형 · 김창대 · 진미정 지음

서울대학교출판문화원

Morality, Law-Consciousness, and Authority Perception of North Korean Refugee and South Korean Adolescents

Soon-Hyung Yi
Changdai Kim
Meejung Chin

Seoul National University Press

서울대학교통일학연구총서를 내면서

냉전체제가 와해되고 남북교류가 증대하면서 21세기 한반도의 창조적 미래구상이 절실히 요청되고 있다. 우리의 희망과는 달리 남북관계는 여전히 불안정하고 국제정세 또한 유동적이지만, 상호적대적인 분단체제는 더 이상 유지되기 어려운 상황임이 분명하다. 민주화와 경제발전을 성공적으로 이룩한 우리 사회의 역량을 바탕으로 이제 통일한국의 미래를 기획하고 추진하는 일이 핵심적인 시대적 과제로 부각되고 있다.

어떤 형태의 통일이 바람직할 것인가에 대해 완전한 합의를 얻기는 쉽지 않다. 통일이 이루어질 시기를 예측하기도 어려우며, 통일과정이 반드시 점진적이거나 평화적일 것이란 보장도 없다. 우리가 원치 않는 방식으로 통일문제에 맞부딪치게 될 가능성도 얼마든지 있다. 그럼에도 불구하고, 아니 그렇기 때문에 통일에 대한 연구는 더욱 총체적인 시야에서 체계적으로 이루어져야 한다. 실제로 통일과정에 돌입했을 때 그 전 과정을 적절히 관리할 역량이 갖추어지지 못하면 오히려 심각한 갈등과 후유증을 겪을 우려가 크기 때문이다.

통일논의가 구체화되고 정책적 실현가능성이 높아질수록 그에 적합한 전문성과 책임성을 갖추기 위해 노심초사해야 하는 것이 한국 지식인의 책무일 것이다. 반세기 이상 남북한 주민들이 경험해온 상이한 제도와 관행을 적절히 통합하고 전쟁의 상처와 오랜 대립에서 비롯된 적대감과 이질성을 극복하기 위해서는 고도의 전문성과 기획력이 무엇보다도 필요하다. 한반도 통일을 바람직한 동북아지역 질서와 연계시키고 보다 나은 공동체를 구현하는 일도 지식인들의 높은 식견과 섬세한 대응역량이 없이는 불가능하다.

서울대학교는 2003년부터 통일학연구 지원사업을 시작하였고, 우리 사회의 지적 대응능력을 키우는 데 진력하고 있다. 서울대학교의 통일연구 사업은 북한에 대한 지역연구 차원을 넘어서 통일과정 전반에서 고려되어야 할 쟁점들을 학제적으로 분석하는 데 목적을 둔다. 따라서 정치, 경제, 사회, 역사, 문화, 환경의 영역은 물론이고 농학과 의학, 과학기술과 예술 및 체육에 이르기까지 광범위한 영역을 포괄한다. 이 일을 총괄하는 서울대학교 통일평화연구원은 국내외의 연구기관 및 연구자들과 교류하면서 종합학문으로서의 통일학을 정립하고자 애쓰고 있다.

서울대학교통일학연구총서는 이러한 학문적 노력의 결실이다. 이 총서가 우리 시대 최대의 과제인 분단극복과 통일한국을 향한 역사적 장정에 긴요한 지적 자산이 되기를 기대한다. 또한 소모적인 이념 논란을 지양하고 창조적인 대안과 정책적 지혜를 탐색하는 이성적 도구로 활용되기를 바란다. 끝으로 통일연구의 시대사적 중요성을 인식하고 서울대학교 통일연구 사업의 제도적 바탕을 마련해주신 정운찬 전 총장님과 변함없이 이 연구사업을 지원, 격려해주신 이장무 전 총장님, 그리고 종전의 통일평화연구소를 통일평화연구원으로 승격하여 새로운 도약과 발전의 기틀을 마련해주신 오연천 총장님께 깊은 감사를 표한다.

2011년 9월

서울대학교 통일평화연구원

머리말

도덕이란 인간이 해야 할 옳은 일을 하는 것이다(Sandel, 2005). 옳은 일과 옳지 않은 일에 대한 판단은 결과에 상관없이 옳은 일을 하고자 하는 의지와 그러한 의지대로 행동하지 못했을 때 느끼는 죄책감을 수반하는데, 이러한 도덕성은 어렸을 때부터 사회화된다. 해야 할 옳은 일이란 어느 사회에서나 인정되는 보편적 가치를 반영하지만, 동시에 옳은 일의 구체적인 내용과 범위는 개인이 살아가는 사회적 맥락 속에서 상대적으로 다르다. 서로 다른 문화적 배경이나 도덕관을 가진 사람들이 만났을 때 경험하는 당혹스러움은 도덕적 판단과 행위, 즉 도덕성이 사회적 맥락 속에서 습득되며 훈련된다는 점을 방증한다.

한 개인이 체화하는 도덕성은 그가 속한 공동체의 도덕성과 무관할 수 없다. 도덕적인 존재로 살아가고자 하는 성찰과 노력은 개인적 차원뿐 아니라 공동체 차원에서 이루어진다. 저자들은 현재 북한 사회가 공동체 차원에서, 공식적으로 혹은 비공식적으로 어떤 도덕성을 지향하고 또 교육하고 있는지를 알아보기 위하여 북한이탈청소년과 남한청소년의 도덕성, 법의식, 권위인식이라는 구체적인 주제를 선택하였다.

저자들이 북한이탈청소년에 관심을 가진 것은 북한이탈청소년들이 북한 사회와 중국 사회, 그리고 한국 사회를 거치면서 서로 다른 사회의 도덕적 환경에 노출되고 복잡한 도덕성 발달 과정을 겪었으리라 짐작했기 때문이다. 10대, 20대 초반에 걸친 청년기까지 이들이 경험한 생애사건은 북한 사회와 제3국, 그리고 한국 사회 내 다른 사회문화와의 상호작용을 반영한다. 나아가 위기 속에서 북한이탈청소년들은 환경의 변화와 제약을 넘어서는 독자적 자아의 주체성을 보여 준다.

이 연구를 위해 저자들은 북한이탈청소년과 남한청소년을 대상으로 한 설문조사와 북한이탈청소년을 대상으로 한 면접조사를 실시하였다. 그 결과, 북한이탈청소년들의 도덕성 발달 과정을 파악하고, 북한이탈청소년과 남한 청소년들의 도덕적 유사성과 차이점을 밝힐 수 있었다. 전반적으로 북한이탈 청소년은 공정성, 의무감 같은 정의적 윤리보다는 인간관계, 책임, 상호의존성, 유대, 애착, 동정심, 사랑 등과 같은 배려 지향적 윤리가 더 발달된 경향성을 나타내었다. 또한 북한 사회의 양상, 즉 신체적, 언어적 폭력이 만연하고 경직된 사고와 복종을 강요당하며 거짓말이나 도둑질 등 부도덕한 행동이 일상화되어 있는 사회에서 성장하면서 별다른 도덕적 정서를 키우지 못한 채 그 사회에 적응하는 행동습관에 익숙해져 있었다. 그렇지만 남한 사회에서 허용되지 않는 부도덕한 행위라고 평가되는 사유를 수용하고 법과 규칙을 지키며 정직성과 타인에 대한 배려심을 민감하게 받아들여 도덕적 감수성을 발달시키는 모습을 발견할 수 있었다. 위기 속에서 동료와 이웃의 네트워크가 얼마나 중요한지를 체득한 북한이탈청소년들은 타인을 배려하는 것의 의미와 가치를 알게 되었으며, 자신에게서와 마찬가지로 동일한 기준을 타인에게도 적용하는 정의를 배우면서 스스로 도덕적 성찰의 과정을 조금씩 확대하고 있었다.

이 연구는 그동안 저자들이 서울대학교 통일평화연구원의 연구비 지원으로 수행해 온 일련의 작업 중 하나이다. 지난 십여 년 동안의 연구 성과는 『탈북 가족의 적응과 심리적 통합』(2007, 서울대학교출판부), 『탈북민의 사회관계망과 사회적 자본』(2009, 학지사), 『탈북민의 가족 해체와 재구성』(2009, 서울대학교출판부), 『탈북인의 공 · 사적 관계와 의사소통』(2011, 서울대학교출판문화원)으로 출간되었다. 이렇게 지속적으로 연구할 수 있도록 지원해 준 서울대학교 통일평화연구원에 심심한 감사를 드린다. 또한 이 연구가 가능할 수 있도록 자료 조사와 분석 과정에서 큰 도움을 준 서울대학교 아동가족학과 박사과정 안혜령, 석사과정 정혜린과 유승헌에게도 감사를 보낸다. 이제까지와 마찬가지로 북한이탈주민에 대한 조사가 결코 쉽지 않았는데 이를 묵묵히 잘 도와준 학생들 덕분에 연구가 가능하였다.

남북관계가 다시 경색되는 정치적 환경을 보면서 암울한 전망을 하는 이들도 적지 않은 게 현재 상황이다. 정치적 환경이 불안정하더라도 그에 흔들리지 않고 우리 연구자들은 그리 멀지 않을 통일 이후를 준비해야 한다고 생각한다. 남북한 사회와 주민에 대한 지속적인 관심과 성실한 연구를 축적하는 것이 언젠가 갑자기 다가올 통일을 준비하는 일이라고 생각하기 때문이다. 정치 · 사회적 통합 못지않게 남북한 주민들의 심리적 통합이 중요하므로 탈북인들의 심리적 적응과 관련해 축적된 연구들이 통일 이후 남북한 사회의 통합에 기여하게 될 것이라 믿는다.

2013년 11월, 대표 저자 이순형

차례

표 차례

제1장

서론

1. 연구의 배경

1990년도 중반 이후부터 사회주의 국가의 몰락과 북한의 식량난 등으로 북한이탈주민들이 증가하면서 남한으로 입국하는 북한이탈주민의 수도 증가하고 있다. 통일부의 북한이탈주민 입국인원 현황(2011)에 의하면 2002년도에는 한 해에 1,139명이 입국함으로써 연간 천 명 시대를 열었고, 2006년에 2,018명이 입국하여 연간 입국자 수가 2,000명을 넘어선 이후 2012년까지 매해 2,000명 이상이 입국하고 있다. 특히 자녀를 동반한 가족 단위 입국과 단독 입국하는 청소년의 증가로 상대적으로 청소년 수의 증가가 두드러진다. 2012년 7월 기준으로 북한이탈주민 총 입국자 24,010명 중 10~19세에 해당하는 청소년들은 총 2,730명으로 전체 입국자의 약 12%에 이른다.

이러한 상황에서 성인 북한이탈주민뿐 아니라 북한이탈청소년의 남한 사회에의 적응과 통합이 중요한 쟁점으로 떠오르고 있다. 북한이탈청소년들은 남한 사회에 적응해 나가는 과정에서 여러 가지 어려움을 겪고 있다. 열악한 가정환경으로 스트레스와 정서적 불안을 경험하고 있으며, 낮은 학습능력, 문화 충격, 신체발달 지체로 인한 신체적 열등감, 대인관계의 어려움을 보이고 있다. 한상훈(2008)에 따르면 북한이탈청소년들은 북한에서부터 남한에 입국하기까지 오랫동안 억눌려 있던 불만과 스트레스, 분노, 갈등으로 인해 자존심에 손상을 입거나 누군가가 조금만 건드려도 거친 욕설과 폭력적 태도를 보인다. 이들의 폭력성과 공격성을 목격하거나 경험한 남한의 청소년과 교사들은 자연스럽게 북한이탈청소년들에 대한 선입견을 가지게 되고, 이러한 선입견은 상호작용에 부정적 영향을 미쳐 북한이탈청소년들의 한국 사회 적응에 장애물로 작용할 수 있다. 북한이탈청소년들은 향후 입국할 새로운 북한이탈청소년들의 적응을 도와줄 안내자 역할을 할 수 있고, 통일한국 사회에서 남북 간의 교량 역할을 할 수 있는 잠재적인 인적 자원이다(양계민, 황순택, 2008). 북한이탈청소년들의 적응은 개인적 삶의 질 향상은 물론 한국 사회의 미래와 통일한국 준비에서 중요한 의미를 지닌다. 이러한 의미를 고려한다면 현재 이들의 문제를 소홀히 다룰 수 없다.

북한이탈청소년들의 도덕성 발달을 이해하기 위해서는 이들이 북한에서 받은 학교 교육과 가정교육에 관심을 기울여야 한다. 북한이탈청소년들은 북한에 거주하는 동안 주체사상에 기초한 북한식 사회주의적 인간육성을 지향하며 수직적이고 집단주의적 인간관계를 강조하는 교육을 받아 왔다. 부모나 가족과의 관계에서도 조국과 당에 대한 충성을 먼저 강요받았다. 북한에서 청소년들에게 북한식 사회주의로 주입한 유일사상은 삶의 가치관이자 살아가야 할 목표였다. 즉, 북한에서의 도덕 교육은 집단주의적이고, 체제 지향적이라고 볼 수 있다(이효범, 최현호, 2000). 한편, 탈북 이후 북한이탈주민 가족은 아동과 청소년들의 보호자로서, 도덕적 · 규범적 안내자로서의 기능을 온전히 수행하기 어려운 상황에 있었다(오기성, 김미선, 신은섭, 2010). 북한이탈청소년들은 탈북과정뿐 아니라 제3국에서 방황하는 동안 북송의 두려움 때문에 늘 숨어 지내야 하는 상황에 놓여 체계적이고 잘 배려된 학교 교육과 사회화를 경험하지 못하는 경우가 빈번했다(이순형, 조수철, 김창대, 진미정, 2007). 이들 중에는 성폭력, 인신매매, 구걸, 굶주림, 학대 등과 같이 생과 사를 오가는 절박한 상황 속에 자신을 지키기 위해 무리를 지어 배회하며 절도 및 범죄 행위를 저지르는 극단적인 경우도 있었다(이혜영, 이순형, 2007). 이러한 사유로 북한이탈청소년들이 안정적인 가정과 학교 교육을 통해 도덕성과 친사회적 행동을 발달시킬 만한 적절한 기회를 가지지 못했을 가능성이 높다.

지금까지 북한이탈청소년에 대한 연구가 많이 축적되어 왔지만, 이들의 도덕성이나 법의식, 권위에 대한 인식의 발달 과정과 특성에 대한 연구는 부족한 실정이다. 민성길 외는 두 편의 연구(민성길, 전우택, 1997; 민성길, 전우택, 윤덕룡, 1999)에서 북한 청소년의 전반적 발달을 소개하며 그들의 도덕성을 언급하였다. 이 연구들은 청소년이 아닌 21명의 성인(평균 연령 35.1세)을 대상으로 면담을 진행하여 청소년 시기의 경험에 대한 회고를 통해 얻은 장기기억 내용을 토대로 자료를 수집하였다. 이혜영과 이순형(2007)의 연구는 연구내용과 방법 면에서 북한이탈청소년의 도덕 발달과 관련한 가장 주목할 만한 선행연구이다. 이전까지 북한이탈청소년을 대상으로 한 연구들은 소수의 조사대상을 면접조사와 같은 질적 연구방법을 사용하였으므로 연구 대상자의 수가 상대적으로 적었다. 이러한 한계를 극복하기 위해 이혜영과 이순형(2007)은 양적 연구방법을 사용하여 북한이탈청소년의 도덕추론 및 의사결정을 측정하고 분석함으로써 도덕성 발달 연구에 기여하였다. 그러나 도덕성의 인지, 정서, 행동의 세 가지 측면을 종합적으로 고려하지 못하고, 주로 도덕추론의 인지적 측면만 살펴보았다는 한계가 있다.

이 연구는 북한이탈청소년의 남한 사회 적응에 영향을 미칠 수 있는 도덕적 발달특성을 양적 연구와 질적 연구방법을 통해 구체적이고 종합적으로 파악하고자 하는 목적을 세웠다. 도덕성을 양심, 사회적 여론, 관습 등에 비추어 스스로 마땅히 지켜야 할 행동 준칙이나 규범이 내면적 원리로 작용하는 것이라고 정의한다면, 광의의 도덕성 발달은 법이나 사회적 권위에 대한 인식의 발달을 포함한다. 따라서 도덕성을 인지적, 정서적 측면의 도덕성과 법의식, 권위 인식으로 분리하여 보다 세밀히 살펴보고자 시도했다. 도덕성의 인지적 측면과 정서적 측면에서 북한이탈청소년의 발달적 특징과 경향성을 알아보기 위해 남한청소년과 비교 분석하였다. 이 연구의 보다 큰 목적은 북한이탈청소년의 특성을 남한청소년과의 비교를 통해 이해하는 것이다. 북한이탈청소년의 도덕성 발달에는 북한 사회에서의 사회화뿐 아니라 북한 사회의 생활, 북한이탈 경험, 남한 사회 경험이 복합적으로 영향을 미쳤을 것이라는 관점에서 그들의 성장과 발달에 대한 포괄적이고 심층적인 이해를 시도하며, 이러한 부분은 질적 연구방법을 통해 살펴보고자 했다.

북한이탈청소년의 도덕성과 법의식 및 권위 인식에 초점을 두고 그들의 발달을 다각적으로 분석하고자 하는 이 연구는 기존의 선행연구들에서 한걸음 발전된 연구가 될 것이다. 보다 구체적으로는, 북한이탈청소년이 주변 및 사회 환경과의 상호작용 속에서 현재의 모습에 이르기까지, 이들의 도덕적 사회화 과정을 이해할 수 있는 구체적 자료를 제공할 것이다. 또한 이 자료를 통해 북한이탈청소년의 건강한 성장과 발달을 도울 교육프로그램 마련과 그들을 위한 지원정책 수립에 실질적인 도움을 주는 시사점을 제공할 것이다. 궁극적으로 남한청소년과 북한이탈청소년 사이에 존재하는 정서, 인지, 행동적 측면에서의 도덕성 발달의 차이점과 유사점을 올바로 알고 서로에 대한 이해를 증진할 수 있는 기초 자료로 활용할 수 있을 것이라 기대한다.

이 연구는 북한이탈청소년의 과거 및 현재 경험과 그들의 발달적 모습을 총체적으로 이해하는 것을 넘어서 북한이탈청소년의 도덕성과 관련한 성격적 강점과 덕목을 발견하여 그들이 남한에서 스스로 긍정적인 적응을 이루며 행복하게 생활해 나갈 수 있도록 격려하고자 하는 목적도 가지고 있다. 국가적 차원에서 남한청소년뿐만 아니라 북한이탈청소년이 진정한 의미에서 자율적 도덕성을 갖춘, 민주적이고 전인적인 인간으로 성숙할 수 있도록 지원하는 일은 상당히 중요하다. 결과적으로 이 연구는 북한이탈청소년이 남한 사회 속에서 건전한 정체성을 확립하고 민주사회의 구성원으로서 제 역할과 책임을 다할 수 있게 하는 교육적, 정책적 지원 방법을 모색하는 데 시사점을 제공함으로써 사회통합에 기여할 수 있을 것이다.

2. 북한이탈청소년의 사회심리적 특성과 도덕성

1) 북한이탈청소년의 사회심리적 특성

북한이탈주민은 북한 사회를 이탈하여 남한 사회에 정착한 사람들을 의미한다. 북한 귀순자, 귀순용사, 북한이탈주민, 탈북자 등의 유사한 용어를 사용하던 가운데 통일된 고유 명칭에 대한 사회적 요구에 따라 통일부는 2005년부터 공식적인 용어로 법률용어인 '북한이탈주민'을 사용하도록 공포하였다. 비공식적으로는 '새로운 터전에서 삶을 시작하는 사람'이라는 뜻의 순 우리말인 '새터민'이라는 용어도 함께 사용되고 있다. '북한이탈청소년'은 북한이탈주민 중 청소년을 의미하며, 청소년에 해당하는 연령을 9세 이상 24세 이하라고 규정한 우리나라 청소년기본법을 따르자면 남한에 정착한 북한이탈주민 중 9세 이상 24세 이하인 경우를 말한다. 다만 청소년보호법에 의해 보호대상이 되는 청소년이 만 19세 미만이라는 점에서 본다면 만 19세 이상은 성인이라 칭해질 수 있다. 통상적으로 초등학교에 재학 중인 학생은 아동 혹은 어린이로, 중학교 및 고등학교에 재학 중인 학생은 청소년으로 칭한다.

북한이탈청소년의 경우 남북한 교육제도의 차이로 인해 남한학교 편입 시 대부분 2~3년을 낮추게 되어 실제 연령과 학교에서의 학년 간 괴리가 생긴다. 또한 북한이탈에 소요된 기간에도 개인적 편차가 있다. 장기적 북한이탈 과정을 경험한 경우나 북한 거주 시 열악한 사회경제적 상황 속에 정규교육을 전혀 받지 않은 경우도 있어 개인에 따라서는 연령과 학령의 차이가 실제로 2~3년 이상이 될 수도 있다. 이런 이유로 현재 초등학교 과정에 있는 북한이탈학생 학생이 연령상으로는 중학생 연령에 유사하고, 현재 고등학교 과정에 있는 청소년이 연령상으로는 대학생 연령과 유사한 경우도 빈번하다.

보통 사회과학 연구에서 집단 간 발달 양상 비교를 위해 인구학적 변수인 연령을 기준으로 삼는 경우가 일반적이다. 하지만 개인의 인지적 성숙이나 다양한 사회화 경험은 '교육'과 동떨어진 채로 일어나지 않는다. 북한이탈청소년의 경우 북한이탈이라는 특수한 경험으로 인해 장기간 교육의 중단을 겪기도 했다는 점에서 연령에 합당한 정상 발달 양상을 보이기가 어려울 가능성이 있다. 북한이탈청소년과 남한청소년의 발달 비교를 위해 엄격한 의미에서 동일하게 비교대상이 될 수 있는 집단을 구성하는 기준 설정이 쉽지 않으나, 이 연구에서는 연령이 아니라 학업 연령, 즉 학령을 기준으로 하는 것이 더 타당하다고 보았다. 따라서 이러한 관점에서 이루어지는 연구에서는 비교대상 집단 간 연령 차이가 존재한다. 일반적으로 청소년이라 일컬어지는 중학교와 고등학교 연령대를 중심으로 남한청소년과 북한청소년의 모습을 살펴보고자 할 때, 남한청소년은 중학교와 고등학교에 재학 중인 경우로 구체적으로 한정할 수 있지만 북한이탈청소년은 초등학교, 혹은 중학교나 고등학교에 재학 중임에도 연령은 남한의 초중고등학생보다 다소 많은 경우가 포함될 수 있다.

북한이탈청소년들은 가족과 함께 혹은 혼자 북한을 이탈하고 이후 남한 사회에 편입되기까지 다양한 경험을 하였다. 특히 제3국에서의 생활은 개인 편차가 심하다. 이들은 북한을 이탈하는 과정에서 신분이 불안정하므로 늘 위축되어 있고, 일을 하고도 제대로 임금을 받지 못하는 것과 같은 부당한 대우를 받아도 적절히 대응하지 못한다. 또한 북한이탈주민의 규모가 점점 커지면서 중국 공안의 추적이 심해짐에 따라, 공안에게 체포될 경우 강제로 북송되어서 심한 처벌을 당하거나 죽게 되는 일까지 각오해야 하기 때문에 항상 불안과 공포를 경험한다(엄경남, 2001; 전익수, 2001). 이러한 심리적 긴장과 불안감은 남한에 입국한 후에도 지속되어 '외상 후 스트레스 증후군'으로 나타나기도 한다(민성길, 전우택, 1997; 전우택, 2000).

생사의 갈림길에서 북한이탈청소년은 자신의 목숨을 유지하기 위해 무엇이든 해야 하는 극단적 상황에 처한다. 때때로 남한으로 입국시켜 주겠다는 사람들의 거짓 유혹에 속기도 하며, 이후 사람을 절대로 믿으면 안 된다는 믿음을 갖게 되는 경우도 흔하다. 소위 '꽃제비'라 불리는 탈북 고아들의 경우는 가족과 함께 탈북하는 아동보다 심각한 상황에 처한다. 이들은 일정한 거처도 없이 떼를 지어 떠돌아다니면서 역, 공항, 시장 등지에서 구걸을 하고, 절도와 같은 범죄행위를 자행하기도 하여 중국 조선족 사회에 심각한 사회문제가 되고 있다. 특히 남한으로의 입국을 시도하는 과정에서도 중국과 제3국 내에서 체포되어 감옥에 가거나, 북한으로 강제 송환되는 경우 등 폭력과 비도덕적인 상황에 빈번히 노출된다. 이러한 과정 속에 영양상태는 극단적으로 악화되고, 죽음도 대수롭지 않게 여기는 정신적 피폐가 나타나기도 한다는 점에서 이들이 성인이 되었을 때의 사회생활에 대한 우려가 크다(윤인진, 1999).

한편 북한이탈청소년은 식량난 이후 실질적으로 붕괴된 북한의 교육여건(김진섭, 2004)과 탈북 후 이어지는 제3국에서의 불안정한 도피생활로 인해 학교를 제대로 다닐 수 없다. 따라서 수년 간 제대로 교육을 받지 못하며, 이는 남한 사회에서 학교생활과 또래관계 적응의 어려움으로 이어지기도 한다. 또한 이들 중 일부는 북한에서 이미 식량난이나 재해로 인해 부모를 잃거나, 탈북과정에서 부모와 이별 또는 사별하기도 한다. 이렇게 가족 중 일원이 위험상황에서 일방적으로 죽임을 당하는 경우 상당한 충격에 빠지며, 북한에 가족들이 남아 있는 경우 자신의 탈북행위에 대해 죄책감을 경험하는 등 심리적 외상이 심각하게 나타난다(이기영, 2001). 즉, 탈북과정 속에 서로 다른 사회적 환경에 노출되고, 생사를 오가며 극단적인 경험을 하게 됨에 따라 북한이탈청소년들은 가치관의 급격한 변화를 경험하고, 일상생활 속에서 도덕적 판단이나 선택의 상황에 놓였을 때 상당한 혼란과 내면적 갈등을 겪을 수 있다.

북한이탈청소년 대부분이 경험하는 불안 증상은 그 원인을 다음 세 가지에서 찾을 수 있다. 첫 번째 원인은 탈북과정에서 경험한 생명의 위험으로 인한 공포이다. 식량의 부족으로 기아상태를 경험하며, 탈북과정에서 자신의 목숨이 위험한 상황을 경험하거나 가족의 죽음을 걱정해야 하고, 때로는 목격하기도 한다. 생존을 걱정해야 하는 절박함과 공포가 장기간 지속되는 데서 오는 스트레스가 극심하다. 두 번째 원인은 사랑하는 사람과의 격리를 경험하는 데서 오는 심리적 상처이다. 탈북과정에서 가족의 죽음이나 가족과의 이별을 경험하고 제3국 체류기간과 입국 시 겪은 극심한 공포 등이 결국 외상

후 스트레스 장애로 이어져 강한 불안감을 느끼게 된다. 이러한 불안감은 위축된 성격을 형성할 수 있으며 과도한 폭력성을 유발하기도 한다. 때로 불안을 달랠 자극적인 물질을 요구하는 행동, 북한 또는 중국에 남아 있는 가족들에 대한 강한 죄책감으로 표출되기도 한다(강성록, 2000). 세 번째 원인은 새로운 문화에 대한 충격과 적응에 대한 부담으로 인한 불안감이다. 북한의 문화와는 다른 완전히 새로운 남한문화에 편입되는 과정 속에 적응의 어려움을 겪으며 의욕상실, 우울 등의 증상을 보이고, 이 증상은 나아가 대인기피, 폭력, 과소비 등과 같은 충동 행동과 정체성 혼란 문제로 이어지기도 한다(김윤영, 2002).

또한 북한이탈청소년들은 새로운 사회에 적응하면서 소속감의 부재나 낯선 사회문화적 배경 등으로 인해 소외감을 크게 느낀다. 이들이 경험하는 소외감은 주로 또래집단 안에서 연령, 학력의 차이와 언어의 차이로 인한 의사소통의 어려움에 의한 것이라 볼 수 있다. 학교에서 북한이탈청소년과 남한청소년의 실제 연령은 최소 1년에서 4~5년 정도의 차이가 있다. 북한이탈청소년들을 위한 학력평가 척도가 마련되어 있지 않은 현실에서 학습능력에 따라 학년을 배정할 경우, 북한이탈청소년들은 나이가 많지만 상대적으로 낮은 학력수준을 갖고 있기 때문에 또래 집단에서 심한 열등감을 느낀다. 심리적 열등감은 소외감을 동반하며 점차 좌절감과 무력감을 가져올 수 있다.

그 외에도 이들이 학교생활을 하는 가운데 언어 사용 문제로 인해 또래들과 대화를 원활히 하기 어렵다는 점 때문에 부적응이 고조된다. 북한이탈청소년들은 남한청소년과는 다른 발음과 억양, 사용하는 어휘나 어휘로 표현되는 의미의 차이 등으로 인해 언어문제를 겪으며, 원활한 의사소통에 어려움을 느낀다. 따라서 북한이탈청소년들은 다른 사람들과 대화 나누기를 두려워하거나 회피하고자 하고, 이렇게 스스로를 소외시킴에 따라 결국 고립되는 상황을 자초하게 된다. 학교에 진학해 연령에 맞추어 학년에 편입하더라도 학업을 따라가지 못하는 어려움이 발생한다. 북한의 교육제도와 내용은 남한과 많은 차이가 있어서 북한이탈청소년은 영어, 역사, 국사, 수학 학습에 많은 어려움을 겪는다. 뒤처지는 학습능력을 보완하기 위한 개별지도를 받을 수 있는 여건이 마련되지 않은 경우가 많고, 개별지도를 받는다 하더라도 그 차이를 극복하는 데는 상당히 오랜 시간이 걸린다(한만길, 현주, 김창환, 오기성, 1999).

한편 북한이탈청소년은 자존심에 상처를 받거나 외부에서 오는 작은 자극에도 거친 욕설과 반항적 태도, 심한 폭력반응을 보이기도 한다(김윤영, 2002). 이러한 북한이탈청소년의 공격성이나 폭력성은 비단 탈북과정에서의 경험에 영향을 받은 것뿐 아니라, 그들이 성장했던 북한 사회의 문화적 특성이 반영되어 있다. 외상적 사건의 경험으로 인해 발생할 수 있는 북한이탈주민들의 스트레스장애 연구(강성록, 2000)에 의하면 그들에게 영향을 미친 외상적 사건들은 그들이 이미 북한에 있을 때 경험한 것이었다. 즉, 공개 처형, 아사자, 구타, 처벌 등과 같이 외상적 사건을 목격하고, 그러한 환경의 영향으로 북한 청소년에게 이미 어느 정도의 폭력성이 내재되어 있다고 보는 것이다. 이 점에서 본다면 생사를 오고가는 경험을 하는 탈북과정을 통해 그러한 잠재적 폭력성이 외적으로 발현될 수 있고 보다 뚜렷한 양상으로 발달될 수 있다.

북한이탈청소년이 남한에 와서 느끼는 북한 사회와의 가장 큰 차이는 물질적 풍요이다. 남북한의 경제력 차이로 인한 물질적 풍요를 경험하는 북한이탈청소년들은 북한에서 알던 남한 사회의 상황을 재인식해야 하는 과정을 거친다. 때로 물질적 풍요를 보면 물건에 대한 강한 소유욕이 생겨 성급한 소유행동, 즉 도벽으로 이어지기도 한다. 북한에서 혹은 제3국의 체류기간 중에 생존을 위해 학습한 행동이 물건 훔치기, 가로채기 등이다. 이러한 행동은 극한 상황 속에서 생명을 보존하기 위해 벌인 행동이라는 점에서 스스로 죄책감을 느끼지 않는다. 오히려 살기 위해서는 어쩔 수 없었다는 자기 합리화로 정당화되기도 한다. 북한이탈청소년의 경우 비도덕적이고 불법적인 행위를 자신과 가족들의 생존을 위한 하나의 도구로 인식해 온 것이라 볼 수 있다. 김윤영(2002)의 연구사례를 보면, 한 아이의 도벽사건이 문제시되었을 때, 그 아이의 어머니는 북에서 아이가 훔쳐 온 물건으로 굶주림을 면했으며, 그래서 그 행동을 오히려 칭찬했다고 말했다. 처벌, 심하게는 죽음을 각오한 채 자신과 가족을 위해 물건을 훔친 행위는 비난의 대상이 아니라 오히려 칭찬의 대상이 된 것이다. 이처럼 동일한 행동이 사회 환경과 문화에 따라 다르게 해석될 수 있으며, 이러한 차이는 기본적으로 존중되고 지켜져야 할 도덕적 원리나 기준의 혼란을 야기할 수 있다는 점에서 문제시될 수 있다.

북한이탈청소년들의 인간관계는 이중적 성향을 보이는데, 대상을 구분하여 가족과 가족이 아닌 사람에 따라서 대하는 태도가 다르다(이순형, 김창대, 진미정, 2011). 이들은 친구관계에서 자신의 속마음을 드러내지 않는 경우가 일반적이다. 다만 북한이탈청소년끼리는 잘 어울리는 경향이 있는데, 서로 정서적 지지를 제공하고 자신감을 북돋으며, 정보를 공유할 수 있다는 점에서 상호 간 심리적 가까움을 느낀다(정수현, 2002). 북한이탈청소년 중 가족과 함께 오지 못하고 혼자 남한에 입국한 경우에는 애착대상의 상실로 인해 과도하게 애정에 집착하는 성향을 보이기도 한다. 즉, 자신들에게 돌봄과 관심을 제공하는 교사나 민간단체의 상담원 등에게 애정을 구하는 모습이 바로 그러한 예이다. 그와 동시에 탈북과정에서 극심한 두려움과 고통을 겪으며 다른 사람을 쉽게 믿지 못하고 의심하는 경향이 커져서 상대방과 애정적이고 긍정적인 관계를 맺고자 하지만 정작 가까이 다가서지 못하고 오히려 마음을 닫아버리는 이중성이 나타나기도 한다. 이러한 양상은 어린 시기에 부모의 애정과 돌봄을 받지 못한 채 시설에서 성장한 아동들의 심리 특성과 유사하다. 상대와 애정어린 상호작용을 한 경험이 부족한 아동들은 일방적으로 애정을 구하거나 아니면 무관심하여 외면하는 경향이 있다. 두 가지 경우 모두 정상적으로 사회적 관계를 형성하여 애착과 신뢰를 형성하지 못한 부적응 양상이라고 할 수 있다.

북한 사회에서는 청소년들에게 의례적인 측면의 예절을 중시한다. 올바른 언어 사용이나 인사법, 특히 연장자에 대한 예절을 강조한다. 즉, 항상 웃어른을 공경하고 존경해야 한다는 의식을 강조한다. 또한 실제 생활에서 북한 청소년의 주된 관심사는 우정과 의리이다. 친구를 위해 죽을 수 있다는 생각이 널리 받아들여지며, 사회와 이웃 그리고 '동무'들에게 도움이 되어야 한다는 윤리의식을 가지고 있다. 즉, 북한에서는 친구가 부탁하면 힘이 들더라도, 무슨 수를 써서라도 그 청을 들어주고자 한다. 한편 북한에서 청소년들은 사회주의 이상사회의 건설을 위해 자신이 무엇을 할 것인가에 대해서 진지하게 생각하며, 어떤 방식으로든 반드시 사회에 공헌해야 한다는 신념을 갖는다(민성길, 전우택, 1997).

북한 사회에서 의례적 예절과 희생적 우정 등 덕목을 지닌 청소년들이 도덕 정서인 죄책감에 둔감하다는 사실이 놀랍다. 도홍렬(1994)에 따르면 북한 청소년들은 커닝, 닭서리, 패싸움과 보복, 외톨이인 친구나 여자아이를 놀리고 구박하는 것에 대해 그다지 죄의식을 느끼지 않는다. 이러한 일들은 자아비판 시간에 보고될 수 있는 일이지만 자아비판이 워낙 형식적으로 진행되기 때문에 잘못되었다는 인식이 오히려 희박해진 것으로 볼 수 있다. 일상화된 고백과 참회가 진정한 의미의 자기통찰을 희석시키고 약화시킨 것이다. 이는 위험 수위에 이른 북한청소년들의 폭력성과도 관련지을 수 있다. 북한청소년은 어렸을 때부터 처벌과 총살, 정치범 관리소 수용, 조직생활과 자아비판 등으로 강하게 억압된다. 이러한 억압된 분노와 공격성이 국가나 사상 및 지도자에 대한 저항으로는 분출되지 못한 채 주민들 상호 간에 집중적으로 분출되는 경향이 있다. 이러한 북한청소년의 언어적, 물리적 폭력성 경향은 독재정권의 유지 및 연장을 위해 사회적으로 묵인되고 오히려 조장될 수 있다(양정훈, 2005). 또한 나이가 들어감에 따라 대학진학과 직장 선택, 입대, 입당 등에서 신분, 가족배경, 뇌물 등이 결정적으로 영향을 미치며, 개인의 능력과 희망은 중요하게 고려되지 않는다는 사실을 깨닫게 되면서 삶의 의욕이 크게 좌절된다(전우택, 민성길, 1996). 이러한 과정을 통해 어려서 학습한 예절과 우정 등 사회적 동료의식이 약화될 수 있다. 즉, 이러한 사회적 경험이 본래 가지고 있던 도덕성에 부정적 영향을 미쳐 자연스럽게 도덕성이 약화될 것이라 볼 수 있다. 전체적으로 북한청소년들은 예절을 중시하며, 의리, 온정주의, 이타주의 등 강점을 가지는 반면, 죄의식이나 폭력에 대한 민감성은 약할 것으로 추측된다. 그러므로 북한이탈주민들은 극심한 폭력을 행사했을 경우에도 죄의식이 약할 것으로 예상된다.

2) 북한의 정치 · 사회적 배경과 도덕 교육

북한이탈청소년의 도덕성 및 법의식 발달에 대해 논의하기 전에 먼저 북한과 남한의 정치 · 사회적 배경 속에서 어떻게 도덕 교육이 이루어지고 있는지를 알아볼 필요가 있다. 북한은 정치적으로 공산당, 1당 독재체제의 사회주의 체제이다. 남한은 국민주권, 권력분립, 기본권 보장 등의 이념을 담은 헌법을 기초로 하며, 대통령제를 보장하는 민주주의 체제이다. 이렇게 서로 다른 체제 아래서 각 사회가 추구하는 가치와 육성하고자 하는 인간상이 다르며, 이는 교육과정이나 학교 교육제도를 통해 드러난다. 북한은 유치원 1년, 소학교 5년, 초급중학교 3년, 고급중학교 3년 등 총 12년을 의무교육 기간으로 정하고 공교육을 통한 혁명가 양성을 중요하게 다루고 있다. 공산주의 사회 건설에 적합한 인간상을 목표로 설정하고 사회와 인민을 위해 투쟁하는 혁명가 양성을 교육의 주요한 목표로 강조한다(옥일남, 2011).[1]

특히 도덕 교과는 학생들에게 기본적인 가치관을 형성하게 하고 사회의 규범과 가치를 내면화시킴으로써 학생이 속한 사회의 바람직한 인간상을 양성하는 것을 목표로 하는 교과목이다. 도덕 교과는 남북한의 교육과정에서 남북한 간 이질성을 가장 많이, 가장 집약적으로 보여 주는 교과(변용권, 이종흔, 2005)이기도 하다.

두 사회의 도덕 교육은 그 목적과 방향성이 현저히 다르다. 남한의 도덕 교육론은 자유주의 도덕철학의 영향으로 도덕성을 도덕판단의 개념으로 여기며, 이에 근거하여 학생들의 자율적이고 도덕적 판단능력을 기르는 데 집중한다는 형식주의 입장을 추구한다. 최근의 교육과정에서는 자유주의적 접근

---

1 북한은 2012년 최고인민회의에서 기존 11년제 의무교육을 유치원 1년, 소학년 5년, 초급중학교 3년, 고급중학교 3년 등 12년제로 개편했다고 발표하였다.

의 한계를 지적하는 배려윤리학의 입장을 받아들여 통합적 접근의 인격 교육을 강조하는 방향으로 나아가면서(박병기, 추병완, 1996), 비판적 사고와 추론, 즉 합리주의적 타당성을 키우려 한다(곽덕주, 2006). 교육과정에서 명시하는 도덕 교과의 일반적 목표는 "한국인으로서 바람직한 삶을 살아가는 데 필요한 기본 생활습관과 예절 및 도덕규범을 익히고 일상생활 속에서 부딪히는 도덕적 문제를 바람직하고 합리적으로 해결할 수 있는 판단능력을 기르며, 올바른 시민의식과 국가민족의식, 그리고 세계 평화와 인류공영의식을 함양하고 삶의 이상과 원리를 체계화하여 실천할 수 있는 도덕적 성향을 기르는 것"(교육인적자원부, 2003: 5)이다. 이처럼 남한은 개인적 사고와 추상적 자아에 초점을 맞춰 개인의 전인적 성장을 도모하고자 한다.

반면, 북한의 도덕 교육은 도덕과 관련한 특정 내용이나 세계관과 이념을 가르쳐야 한다는 내용 중심적 입장을 보인다. 북한은 학생의 자아나 자아실현보다 철저히 집단적인 사고와 집단적 자아의 형성을 강조하고 공산주의 사회가 요구하는 도덕적 가치를 체득하고 실천하게 함으로써 공산주의적 인간형을 키워 내고자 한다.

남북한 교과서는 내용 구성에 있어서도 상당히 이질적이다. 남한의 도덕 교과서는 포괄적으로 민주시민사회의 보편적 가치, 예를 들어 인간의 존엄성, 자유와 평등, 정의, 비판적 태도 및 합리적 태도, 소수자 보호 등을 주요 내용으로 하고 있다. 반면, 북한 도덕교과는 소학교에서는 '사회주의도덕', 중학교에서는 '사회주의도덕과 법'이라는 명칭으로(옥일남, 2011), 그 내용은 김일성 · 김정일 가계에 대한 충성심 고취, 집단주의, 공산주의 사회유지를 위한 가치들로 구성되어 있다(이효범, 최현호, 2000; 옥일남, 2011). 남한의 도덕 교육은 민주사회의 규범과 가치를 사회화하는 동시에, 주어진 규범과 가치를 반성적으로 비판하는 능력을 양성하는 것을 강조한다. 반면 북한의 교육은 극단적 개인우상화와 사회화가 강조되며 반사회적 사고는 비판받고 배제되어야 할 부분으로 인식된다(옥일남, 2011). 따라서 전적으로 집단적이고 체제중심적 교육 속에, 조국과 당에 대한 충성이 다른 무엇보다 그들의 삶에서 우선시된다.

법의식 교육에 있어서, 남한청소년은 공교육 과정이나 일상생활을 통해 법의 가치와 필요성을 이해하며 법을 존중하고 따르는 책임감 있는 태도, 자신의 권리를 지키고 스스로를 보호하기 위해 법을 적극적으로 이용하는 능동적인 자세 등을 학습한다. 반면 북한이탈청소년들은 북한에 거주하는 동안 독재체제와 주체사상 등 공산주의 사회를 유지하는 도구로서의 법을 학습하며 국가에서 그들에게 요구하는 것이 정당하고 합당한지에 대한 판단을 내릴 인지적 사고력을 키우기보다는 조국과 당에 대한 충성을 학습하게 된다. 즉, 북한이탈청소년과 남한청소년이 도덕 교육과 별개로 법의 가치와 필요성에 대해 교육받고 학습해 온 수준도 다르다고 볼 수 있다. 따라서 보다 총체적 관점에서 이루어지는 북한이탈청소년과 남한청소년의 도덕성에 대한 연구는 그들이 가지고 있는 법의 인지, 정서, 행동적 영역을 함께 포괄해야 한다고 본다. 특히 법은 남북한의 상이한 정치체계를 보다 직접적으로 반영하고 있다는 점에서 두 집단의 법의식 발달은 그들이 처한 환경적 맥락에 의해 크게 좌우되었을 것이라 예상한다.

이상에서 살펴본 바와 같이 북한청소년들은 제한되고 획일적인 환경 속에, 관념적 사상 교육과 정치도덕성 강조, 동지적 협조(집단주의), 그리고 무한한 희생정신과 헌신성 등을 강조하는 교육을 받아 왔다(길은배, 2005). 북한에서는 보편적 가치인 정의, 정직, 사랑, 근검 등이 강조되기보다 김일성이나 김정일에 대한 우상화나 충성심이 특별히 강조된다. 그 외 개인의 이익보다는 전체의 이익을 위해 협동하고, 동지를 아끼고 그들을 위해 자신을 희생하고 봉사하는 것, 순서 지키기와 같은 공중도덕을 지키는 것, 개인의 기본 욕구를 억제하거나 거부하고 다른 사람의 물건을 탐내거나 훔치는 행위를 죄악시하는 등의 금욕주의 성향을 추구하는 교육이 중시된다. 이러한 교육은 최종적으로 체제 유지라는 북한 사회의 긴요한 정치적 목표와 밀접하게 맞닿아 있다.

그동안의 선행연구들은 남북한의 이념 차이가 도덕 교육에 반영되어 왔음을 제시해 왔다. 그런데 이러한 남북한의 정치 · 사회적 배경 및 도덕 교육에서의 차이가 실제 남북한청소년들의 도덕적 사회화 과정에 어떻게 반영되어 발달적 차이를 가져왔는지를 살펴본 연구는 드물다. 특히 인지적, 정서적 차원의 도덕성, 법의식, 권위 인식 등 구체적인 영역별로 발달 특성과 수준을 살펴본 연구가 없다. 이러한 시점에서 북한이탈청소년과 남한청소년들의 도덕성 발달을 객관적으로 살펴보는 것은 도덕적 사회화에 대한 정치 · 사회적 배경 및 교육의 영향력을 밝히고 그들의 현재 모습을 깊이 있게 이해하도록 할 것이다. 더 나아가 북한이탈청소년 및 남한청소년의 전인적 성장과 발달을 지지하기 위한 방법과 방향을 제시해 줄 수 있을 것이다.

제2장
이론적 배경

1. 도덕성 발달

1) 도덕성의 인지발달이론

많은 학자들은 도덕성의 개념 및 구성요소에 대하여 인지(도덕적 사고), 정서(도덕적 감정), 행동(도덕적 실천) 부분으로 구분한 후, 어느 한 특정 측면을 강조하는 입장에서 도덕성을 설명하고자 했다. 도덕성에 대한 연구들이 토대로 삼은 이론은 크게 정신분석학이론, 사회학습이론, 인지발달이론 등이며, 각각의 이론은 인간의 도덕발달을 이해하는 관점에서 차이를 보인다. 먼저 정신분석학적 이론에서는 개인 내면의 초자아(超自我) 형성과 그로 인한 죄책감의 회피과정 및 부모와의 동일시를 통해 도덕성이 형성되는 것으로 보았고, 사회학습이론은 성인의 강화와 모델링에 의해 도덕성이 학습된다고 보았다. 정신분석학이론과 사회학습이론에 대한 비판에서 출발한 인지발달이론은 도덕성의 본질을 도덕 행위를 가능하게 하는 인간의 합리적 판단 능력에서 찾으며, 인지구조 발달을 통해 도덕적 사고가 질적으로 성숙한다고 보았다. 이 연구는 도덕성에 대한 인지발달이론에 기초하고 있으므로 이 이론을 좀 더 상세하게 살펴볼 필요가 있다.

인지발달이론의 대표적 학자인 피아제(Piaget)는 『아동의 도덕판단 연구(The moral judgement of the child)』(1932)를 통해 도덕성의 인지적 측면에 주목하고 도덕성 발달수준을 '타율적 도덕판단 수준'과 '자율적 도덕판단 수준'의 단계로 구분하였다. 타율적 도덕판단 수준은 아동 자신이 이해하지 못하는 규칙에 대한 복종 혹은 힘과 권위의 원천으로서 규칙을 인정하는 수준으로, 자아중심의 단계 내지 권위주의 단계이다. 타율적 도덕판단 수준은 2~3세경 나타나는 '자아중심적 단계'와 4~8세경 나타나는 '권위주의적 단계'로 구분될 수 있다. 인지능력이 매우 제한되어 있는 자아중심적 단계의 아동은 도덕규칙이 사물처럼 실재한다고 판단하고 자기중심적인 욕망이나 신체적 습관에 의해 행동한다. 권위주의적 단계의 아동은 도덕규칙을 절대적인 것으로 생각하고 권위에 복종한다. 한편 자율적 도덕판단 수준은 자신의 정의감에 의한 판단을 기반으로 규칙을 이해하고 존중하는 수준으로 호혜적 협동단계 내지 공정의 단계이다. 자율적 도덕판단 수준은 7~11세경 나타나는 '호혜적 협동 단계'와 10~12세경 나타나는 '공정 단계'로 구분될 수 있다. 호혜적 협동 단계의 아동은 동료와의 관계 속에서 일방적 존중이 아닌 상호 동의를 통해 규칙을 세우고 자발성을 발달시키며, 공정 단계의 아동은 이타성과 사회성을 지니게 되고 획일적 평등성을 추구하기보다는 공감을 바탕으로 개개인이 처한 특수한 상황을 고려하게 된다. 피아제(1932)는 도덕성이 어떻게 타율적 도덕성 수준에서 자율적 도덕성 수준으로 발달하게 되는지에 관심을 가졌으며, 도덕성 발달을 인지적 성숙의 과정으로 설명하였다.

피아제의 인지발달론 입장에서 콜버그(Kohlberg)는 체계적인 도덕성 연구를 시작했다. 그는 어떠한 이유로 특정 행동을 선택하게 되는가와 같은 도덕적 행동의 동기에 관심을 가졌다. 도덕현상을 개인의 합리적 추론과정으로 상정하고, 도덕적 추론의 과정과 형태를 밝히기 위해 임상적 면담방법을 사용하였다. 그 방법은 하나의 도덕적 상황에서 동일한 주인공이 어떤 행동을 해야 할지 고민하는 도덕적 딜레마 상황을 제시하고 자신이 그 상황에 있다면 어떻게 행동하는 것이 좋은지를 묻는 것이었다. 개인 면접의 응답분석에 따라 콜버그는 도덕판단을 세 가지 수준과 여섯 가지 단계로 분류했다. 그는 벌과 복종, 욕구 충족에 기반한 전인습적 수준에서 대인관계의 조화, 법과 질서준수에 기반한 인습적 수준으로, 나아가 사회계약 정신, 보편적 도덕원리에 기반한 후인습적 수준으로 도덕판단 수준의 발달이 진행된다고 보았다. 즉, 인간 행위의 도덕성 여부가 그 행동을 한 이유에 달려 있다는 전제 아래 도덕판단에 대해 연구했다. 그 후 도덕성의 인지 측면인 도덕판단에 대한 연구들은 피아제(1932)의 연구전통을 이어받은 콜버그(1969)의 도덕성 이론을 토대로 발전되었다고 볼 수 있다.

한편 도덕성에서 인지 측면을 강조해 온 전통적 흐름에서 나아가 처음으로 도덕발달의 통합적 접근을 주장한 사람은 레스트(Rest)였다. 그는 도덕성을 '사람들이 함께 모여 살 때 서로의 복지를 위해 그들이 어떻게 행동해야 하는가를 알려 주는 원리이자 안내'라고 정의하며 도덕적 행동의 표출에 주목하였다. 그리고 그는 4구성요소 모델을 통해 도덕 행동의 표출을 가능케 하는 네 가지의 심리적 과정을 제시했다. 다른 사람의 감정과 반응을 해석하려는 능력인 도덕 민감성(제1요소), 어떤 행동이 옳은지 그른지에 대해 판단하는 능력인 도덕판단력(제2요소), 어떤 일에 관심을 가지며 어떤 일을 가치 있게 생각하는지에 대한 도덕적 동기(제3요소), 용기, 인내심, 자기통제 등과 같은 도덕적 의사결정을 행동으로 옮기는 기술과 전략에 관련된 실행능력인 도덕적 성격(제4요소) 등의 네 요소가 충족될 때 도덕적 행동이 일어난다고 보았다. 각 구성요소의 과정에 인지 측면과 정서 측면이 모두 존재한다고 주장하며, 주로 인지 측면에서 도덕성을 바라보는 기존의 연구가 가지고 있는 시각의 한계를 지적하였다(Rest, 1986). 즉, 개인의 도덕성은 기본적으로 도덕적 판단을 할 수 있는 능력의 발달을 토대로 하지만, 도덕적 판단능력을 갖추는 것이 반드시 도덕적 행동을 전적으로 보장한다고 보기에는 무리가 있다. 도덕판단력 이외 도덕적 민감성, 도덕적 동기, 도덕적 성격 등이 함께 도덕성을 이루고 있으며, 그들이 서로 관련을 맺고 있다는 점에서 합리적이고 수준 높은 도덕판단력이 도덕적인 행동에 기여하지만, 실제 행동으로 이어지지 못하는 경우도 있을 수 있다. 즉, 도덕판단력은 다른 요소들과의 상호작용을 통해 그 영향력을 발휘하며 그러한 복합적 과정 속에서 도덕적 행동이 나타난다. 따라서 레스트(1983)의 입장은 총체적인 관점에서 도덕성을 이해하기 위해 도덕의 인지적 측면과 정서적 측면을 함께 살펴보아야 한다는 것을 시사한다.

도덕성은 크게 인지적 측면과 정서적 측면으로 구성되며, 두 가지 측면이 함께 상호작용하는 가운데 도덕 행동이 나타나므로 도덕성의 인지, 정서, 행동적 측면 중 한 가지만 강조할 수 없다. 따라서 이 연구에서는 도덕성을 구성하고 있는 요소들 간의 유기적인 상호작용을 통해 도덕성이 발달된다고 보는 관점에서 북한이탈청소년과 남한청소년의 도덕성의 인지적 측면과 정서적 측면을 함께 살펴보고자 한다.

2) 도덕성의 인지적 측면

(1) 도덕판단

인지발달이론에서는 유전과 환경의 상호작용에 의해 개인의 인지구조가 발달하는 가운데 도덕성도 인지발달과 밀접한 관련을 맺으며 발달한다고 보았다. 이 이론적 관점에서 본다면 인지발달에 기반한 도덕판단, 즉 규준에 대한 이해와 도덕적 추론이 도덕적 행동을 이끌어 낸다. 콜버그(1969)는 피아제(1932)의 이론을 토대로 하여 이러한 규준에 대한 이해와 도덕적 추론이 어떻게 일어나는지를 체계적으로 밝히고자 하였다. 그는 도덕판단 면접법을 통해 피험자들에게 인간 생명의 가치나 권리 등 도덕적 문제를 내포하고 있는 갈등상황을 제시하고, 주어진 상황에서 '자신이라면 어떻게 할 것인지', '왜 그렇게 할 것인지'를 질문하였다. 그는 수집된 응답을 분석하고, 그에 따라 개인의 도덕판단을 세 수준과 여섯 단계로 분류하였다. 세 수준은 '전인습적 수준', '인습적 수준', '후인습적 수준'이며 각 수준은 두 단계로 나뉘어 총 여섯 가지 단계로 분류된다. '전인습적 수준'에서 개인은 규칙과 옳고 그름이라 불리는 것들에 따라 판단하지만, 그러한 해석은 행위의 물리적 또는 쾌락적 결과 또는 규칙과 옳고 그른 것을 제시하는 사람의 물리적 힘과 관련지어 이루어진다. 이 수준에 속하는 단계 중 1단계는 '벌과 복종에 의한 도덕성' 단계로 행위의 물리적, 신체적 결과가 그 행위의 좋고 나쁨을 결정한다. 처벌을 피하고자 하고 힘에 대한 무조건 존경을 보이며 행위의 결과만으로 도덕적 판단을 하는 단계이다. 2단계는 '욕구 충족 수단으로서의 도덕성' 단계이다. 이 단계에서 인간관계는 일종의 교환관계로 간주되며 공정성, 상호성의 개념이 나타나지만 이는 반드시 실용적 관점에서만 해석되기 때문에 자신에게 유리한 행위의 대가가 있을 때 도덕적인 행동을 하게 된다. 다음으로 '인습적 수준'에서는 가정, 집단, 국가의 기대를 따르는 것이 즉각적 결과와는 상관없이 그 자체로서 가치를 지닌다. 개인은 사회의 질서를 적극적으로 유지하고 지지하며 그 질서에 관련된 개인이나 집단을 자기와 동일시한다. 이 수준에 속하는 단계 중 3단계는 '대인관계의 조화를 위한 도덕성' 단계이다. 이 단계에서 도덕적인 행동이란 다른 사람들을 기쁘게 하거나 그들을 도와주고 그들로부터 착한 사람이라는 확인을 받는 것이다. 행위의 결과가 나쁘더라도 좋은 의도를 가졌다면 도덕적 행위로 판단된다. 처음으로 의도가 도덕판단의 근거가 된다. 4단계는 '법과 질서 준수로서의 도덕성' 단계이다. 이 단계에서 개인은 권위나 고정된 규칙 또는 사회질서 유지의 중요성을 강조한다. 이 단계에서의 도덕적 행동이란 주어진 의무를 수행하거나 권위를 존경하는 행동, 사회질서를 그 자체로서 유지하려는 행동 등이다. 마지막으로 '후인습적 수준'에서는 도덕적 가치와 원리를 규정하려는 노력이 나타나며, 그 도덕적 가치와 원리들은 그것들을 가지고 있는 집단 또는 사람들의 여부와 관계없이 그 자체로서 타당성과 적용성을 갖는 보편적인 것들이다. 이 수준에 속하는 단계 중 5단계는 '사회계약 정신으로서 도덕성' 단계이다. 이 단계에서는 개인의 기본 권리나 사회 전체가 비판적 합의에 도달한 도덕 기준에 비추어 도덕적 행동이 정의된다. 개인 가치의 상대성을 인정하면서도 합의에 도달하는 방법상의 원리를 강조하며, 법적 관점이 중시된다. 동시에 법의 사회적 유용성에 대한 합리적 고려에 따라 법이 바뀔 수도 있다는 점이 중시된다. 6단계는 '보편적 도덕원리에 대한 확신으로서의 도덕성' 단계이다. 이 단계에서 도덕적인 행위는 스스로 선택한 도덕원리에 따른 양심의 결단으로 정의된다. 이 도덕원리는 공정성, 인간권리의 상호성과 평등, 개인으로서의 인간 존엄성에 대한 존중 등이다. 각 수준과 단계를 표로 요약하면 〈표Ⅱ-1〉과 같다.

〈표Ⅱ-1〉 콜버그의 도덕발달단계

수준	단계
전인습적 수준	1단계: 벌과 복종에 의한 도덕성
	2단계: 욕구 충족 수단으로서의 도덕성
인습적 수준	3단계: 대인관계의 조화를 위한 도덕성
	4단계: 법과 질서 준수로서의 도덕성
후인습적 수준	5단계: 사회계약 정신으로서의 도덕성
	6단계: 보편적 도덕원리에 대한 확신으로서의 도덕성

한편 콜버그(1969)의 도덕발달이론에 동의하지만 그의 면접법이 가지는 신뢰도와 타당도에 문제를 제기한 레스트(1972)는 도덕판단력검사(The Defining Issues Test, DIT)를 개발하였다. 콜버그의 도덕판단 면접법은 채점의 신뢰도와 타당도에 대한 문제, 집단검사의 어려움, 검사 및 분석에 대한 소요시간 등의 문제점을 보완해서 레스트는 도덕판단에 필요한 보다 간편하고 정교한 객관식 검사를 제작했다. DIT에는 '남편의 고민', '학생데모', '탈옥수', '환자의 애원', '고용주의 처지', '학생신문' 등 총 여섯 개의 딜레마가 포함된다. DIT 간편형에는 완성형의 여섯 가지 딜레마 중 '남편의 고민', '탈옥수', '환자의 애원' 이렇게 세 가지의 딜레마가 포함된다. 각각의 딜레마에서는 '당신이라면 어떻게 하시겠습니까?'라는 질문이 주어지며, 딜레마의 중요한 이슈와 관련되는 12개의 하위 질문을 제시하여 각각의 질문이 중요하다고 생각하는 정도를 5점 리커트 척도에 평정하도록 한다. 또한 이러한 12개의 질문 중 '가장 중요하다고 생각되는 질문'을 순서대로 네 개씩 고르도록 한다. 12개의 질문들은 2, 3, 4, A, 5A, 5B, 6단계 사고를 반영하도록 구성되어 있고, 피험자의 검사받는 태도를 측정하기 위한 M문항도 포함되어 있다. 검사의 결과는 주로 P점수(principle morality score)로 평정되는데 P점수는 각 딜레마별로 주어진

12개의 질문에서 피험자가 서열화한 네 개의 질문 중 5단계와 6단계의 사고가 반영된 문항이 차지하는 비율이다. 5단계와 6단계는 도덕발달의 가장 상위 수준이므로, P점수가 높을수록 도덕판단력이 높다고 볼 수 있다. DIT는 면접법에서 보장되기 어려운 신뢰도와 타당도 문제를 해결하였으며, 측정 방식이 간편하고 집단검사가 가능하다는 장점을 가진다. 또한 인지구조가 급격하지 않은 점진적 변화를 겪는다는 점에서 도덕판단 단계가 동시에 중첩될 수 있다고 보는 도덕성 발달에 대한 복합단계모형을 가정한다. 피험자의 자유로운 반응을 관찰하기 어렵다는 점과 어린 연령의 아동에게는 실시하기 어렵다는 단점도 존재하지만, 그럼에도 불구하고 DIT는 세계 여러 나라에서 번안되어 사용되는 대표적 도덕판단력검사이다. 한국에서는 문용린(1986)에 의해 번안되고 표준화되어 관련 연구에서 사용되어 왔다.

(2) 친사회적 도덕추론

콜버그의 도덕추론은 벌, 규칙, 형식적 의무, 권위 등에 초점이 맞춰져 있어 금지 지향적 추론(prohibition-oriented reasoning)의 영역만을 다룬다는 한계가 있었다. 그 가운데 아이젠버그(Eisenberg-Berg, 1979a; 1979b)는 금지 지향적 추론이 아닌 보다 다양한 상황에서 도덕추론 능력을 제공할 수 있는 구체적 개념의 틀을 제시하고자 시도하였다. 그는 벌이나, 규칙, 형식적 의무, 권위 등의 외적 규제가 최소화된 친사회적 상황에서는 도덕추론이 다르게 나타날 수 있다고 가정하고 긍정적인 도덕추론의 영역, 즉 친사회적 도덕갈등 상황에서의 도덕추론 능력에 대한 연구를 진행한 것이다. 친사회적 도덕추론(prosocial moral reasoning)이란 '법률, 규칙, 벌, 권위, 형식적 의무 등과 그 외 외부적 규제의 역할이 최소한 상태에서 자기 자신과 타인의 욕구, 필요 중 어떤 것을 만족시킬지 결정해야 하는 갈등상태에서의 추론'으로 정의된다(Eisenberg-Berg, 1979a). 그는 아동과 청소년들에게 친사회적 도덕 딜레마를 담고 있는 이야기를 들려주고 각 이야기의 주인공이 어떤 행동을 해야 한다고 생각하는지, 또 그렇게 생각하는 이유가 무엇인지 질문함으로써 도덕추론 유형을 측정한 뒤 이를 5수준으로 나누었다. 아이젠버그의 친사회적 도덕추론 단계를 표로 정리하면 〈표Ⅱ-2〉와 같다.

〈표Ⅱ-2〉 아이젠버그의 친사회적 도덕추론단계

수 준	내 용
1수준: 욕구충족적, 실용주의적 지향	도덕적 고려보다는 이기적이고 실용적 결과에 관심을 둠
2수준: 타인의 필요지향	자신의 욕구와 갈등하는 타인의 신체적, 물질적, 심리적 욕구에 관심을 둠
3수준: 승인과 인간관계지향	타인의 승인 및 수용에 대한 고려가 친사회적 행동이나 돕지 않는 행동 여부와 그에 대한 정당화에 사용됨
4a수준: 공감적 지향	개인의 판단에 개인의 행위의 결과와 관련된 죄책감이나 긍정적 정서가 포함됨
4b수준: 과도기	명확하지는 않지만 내적인 가치, 원칙에 대한 고려가 친사회적 행동 여부에 대한 정당화에 포함됨
5수준: 내면화	돕거나 돕지 않는 행동에 대한 정당화가 내면화된 가치와 믿음에 기초함

친사회적 도덕추론의 단계를 콜버그(1969)의 도덕발달단계와 비교했을 때 콜버그의 1단계에 해당하는 벌, 복종 지향적 추론은 나타나지 않았으며, 학령기 이전의 어린 아동에게서도 콜버그의 3단계에 해당하는 대인관계 조화를 위한 추론이 나타났다(Eisenberg-Berg, 1979a). 다양한 양상을 보이기는 하지만 일반적으로 연령 증가에 따라 아동의 친사회적 도덕추론은 보다 공감적이고, 덜 욕구충족적이며, 내면화된 원리들을 지향하는 것으로 보고되었다(Eisenberg, 1982).

요약하면, 도덕판단 및 친사회적 도덕추론은 가상 상황에서 행동의 '선(善)'이나 '정의(正義)'를 평가할 수 있는 지적 능력 혹은 추론능력을 의미한다. 이러한 도덕적 인지능력의 발달은 실제생활에서 타인을 돕고 도둑질, 사기, 거짓말, 혹은 다른 비도덕적 행동에 대한 유혹에 저항할 수 있는 개인의 능력을 말한다. 이는 원만한 대인관계를 형성하고 바람직한 사회생활을 해 나가는데 중요한 역할을 담당한다. 이 관점에서 인지적, 사회적 자극이 결핍되고 탈북 이후 외상적 경험을 한 북한이탈청소년들의 도덕판단 및 친사회적 도덕추론을 살펴보는 것은 이들의 남한 사회 적응을 도울 방안을 모색할 수 있다는 점에서 중요하다.

3) 도덕성의 정서적 측면

(1) 수치심 및 죄책감

수치심은 다른 사람을 볼 낯이 없거나 스스로 떳떳하지 못하다고 느끼는 마음을, 죄책감은 자신이 저지른 잘못에 대해 책임을 느끼는 마음을 뜻한다.[1] 수치심과 죄책감은 실패한 자신 혹은 규칙을 어긴, 잘못을 저지른 자신의 모습에 초점을 둔 정서이며, 일정한 기준에 비추어 자신의 모습을 스스로 평가하고 판단함에 따라 경험하게 되는 점에서 자의식 정서(self-conscious emotion)이다(Lewis, 1992; Tangney & Fischer, 1995).

사람들의 수치심과 죄책감을 면접을 통해 조사한 연구(Lindsay-Hartz, De Rivera, & Mascolo, 1995)에 따르면 수치심과 죄책감은 그것들을 유발하는 상황에 따라서 네 가지 측면으로 구분된다. 먼저, 수치심은 자신이 이상적이라 생각하는 모습에 미치지 못할 때 경험하며, 죄책감은 도덕적인 질서를 어겼을 때 경험한다. 둘째, 수치심과 죄책감이 가져오는 변화로 수치심은 위축이나 무가치감 등을 경험하게 하고, 죄책감은 자신이 나쁜 사람이라는 느낌과 처벌에 대한 불안감 등을 경험하게 한다. 셋째, 수치심과 죄책감의 기능으로 수치심은 개인의 이상을 지지해 주는 역할을 하며, 죄책감은 개인으로 하여금 공동체 내에 다시 수용되기 위해 도덕 질서를 지키도록 유지시키는 역할을 한다. 넷째, 수치심과 죄책감을 경험한 후에 연이어 나타나는 행동이 다르다. 수치심의 경우에는 다른 사람들 앞에 서기를 꺼려 숨거나 접촉을 회피하고 도망가도록 하는 반면, 죄책감의 경우는 일을 원래대로 되돌리거나 자신의 잘못으로 인한 결과를 만회하고자 한다. 이 관점에서 본다면 수치심과 죄책감은 각각의 정서를 발생하게 한 원인부터 정서의 기능, 경험되는 과정과 변화에 이르기까지 서로 구별되는 특징을 지닌다고 볼 수 있다.

린지-하츠(Lindsay-Hartz)와 동료들(1995)이 설명한 대로 죄책감은 하지 말

---

1 국립국어원 표준국어대사전(http://stdweb2.korean.go.kr) 참고.

았어야 하는 행동을 했을 경우에 느끼는 정서이다. 죄책감은 도덕과 밀접하게 관련되기 때문에 대부분 사람들이 옳고 그름을 판단할 수 있는 규범과 질서를 어겼을 때 경험된다. 죄책감을 느끼는 수준은 구체적인 상황이나 개인의 특성에 따라 다를 수 있다. 반면 수치심의 경우에는 보다 다양한 상황에서 경험할 수 있다. 무단횡단을 하다가 교통경찰에게 걸린 경우, 혹은 누군가 두고 간 지갑을 주워서 열어 보고 있는데 주인이 찾으러 돌아왔을 경우에도 수치심을 느낄 수 있는데 이러한 상황들은 도덕적 규범이나 기대 등을 어겼을 때와 관련된다고 볼 수 있다. 하지만 옷이 흘러내려 보이지 않아야 할 신체의 부분을 다른 사람에게 보였을 경우라든가 사람이 많은 길가에서 크게 넘어진 경우, 목표했던 시험점수에 크게 미치지 못했을 경우에도 수치심을 느낄 수 있는데 이러한 경우들은 모두 도덕규범이나 기대와는 거리가 있다. 이렇듯 수치심은 죄책감처럼 도덕과 관련된 상황에서 경험할 수도 있지만, 반드시 그런 것만은 아니라는 점에서 차이를 보인다. 수치심과 죄책감이 유발된다고 보는 일반적인 상황들을 조사한 탱니(Tangney, 1992)의 연구에서 수치심은 주로 잘 해내지 못함, 옷을 잘못 입음, 성적 상황 등에서 느끼고, 죄책감은 주로 거짓말, 속이기, 훔치기, 외도, 타인을 도와 주지 않는 상황에서 느낀다고 주장했다. 이처럼 수치심이나 죄책감이 상황과 관련되는 것으로 나타났는데, 이러한 결과는 일반적으로 죄책감이 도덕적이라 볼 수 있는 상황과 더 밀접하다는 점을 지지해 준다.

한편 루이스(Lewis, 1971; 1987)는 수치심과 죄책감을 다른 방식으로 구분하였는데 그는 자기 비난의 초점이 자기 자신에 전적으로 있는지, 혹은 특정한 행동 자체에 있는지에 따라 수치심과 죄책감을 구분할 수 있다고 보았다. 그의 입장에 따르면 수치심은 자신이 원했던 이상적인 모습을 달성하지 못했다는 이유로 자기 인격 전체에 대한 부정적 감정을 경험하게 되어 결국 스스로를 못나고 다른 사람에게 비웃음을 받아 마땅한 존재라고 여기게 한다. 한편 죄책감은 하지 말았어야 하는 행동을 했거나 어떤 원칙을 어기는 행동을 했을 때 그 행동 자체를 문제시하며, 그 행동의 결과를 복구하거나 만회하고자 시도하게 한다. 죄책감을 경험한 사람은 자신이 온전히 나쁜 사람이며 가치 없고 비난받을 사람이라고 여기지도 않고 결국 자기를 손상시키지 않는다. 따라서 죄책감은 수치심보다 상대적으로 덜 고통스럽고 스트레스를 적게 느끼게 한다.

사회적 관계의 맥락 속에서 경험하게 되는 수치심과 죄책감은 '도덕적 정서'라 인식된다. 대인관계 내에서 다른 사람에게 피해를 줄 수 있는 행동이나 사회적으로 하지 말아야 할 행동을 스스로 통제하게 하며 다른 사람을 배려한 행동이나 올바른 행동을 하게끔 이끄는 역할을 하기 때문이다(Eisenberg, 1986; Erickson, 1971; Schulman & Mekler, 1985; Tangney, 1995). 사실 그동안 수치심과 죄책감 정서는 다양한 정서병리적 상황과 관련하여 설명되어 왔다(Freud, 1955; Lewis, 1971; Tangney, 1993). 수치심과 죄책감은 일상생활에서 우울, 불안, 정신분열, 강박, 약물남용, 섭식장애 등 다양한 정신적, 심리적 장애나 행동적 부적응으로 이어질 수 있다(Tangney, Wagner, Fletcher, & Gramzow, 1992)는 점에서 일반적으로 부정적인 정서로 인식되기도 했다. 하지만 이후 이 정서들이 타인에 대한 공감이나 관점 조망능력, 친사회적이고 도덕적인 행동 등과 관련된다는 연구결과들이 제시되면서 많은 학자들은 수치심과 죄책감이 사회적 맥락 속에서 발휘되는 적응적 기능과 측면에 관심을 두기 시작하였다(Eisenberg, 2000; Eisenberg & Fabes, 1991; Hoffman, 2000; Baumeister, Stillwell, & Heartherton, 1994; Leith & Baumeister, 1998; Tangney, Wagner, & Gramzow, 1992). 그 중에서도 죄책감이 지니는 적응 기능에 대한 증거들이 많이 발견되었다. 앞서 살펴보았다시피 죄책감은 자신의 잘못에 대해 책임감을 느낀 이후에 잘못을 만회하여 다른 사람과 자신의 관계를 회복하거나 공동체 내에 다시 수용되고자 하는 복구 의지를 반영하는 행동으로 연결된다는 점(Lindsay-Hartz, De Rivera, & Mascolo, 1995)에서 개인의 적응 행동을 유도하고 그가 맺고 있는 관계를 긍정적으로 유지할 수 있도록 돕는다. 죄책감은 수치심에 비해 적응적 기능을 수행한다. 그 이유는 죄책감이 타인의 정서에 대한 공감과 직접적으로 관련되며, 또한 단지 부끄러움이나 죄책감을 느끼고 괴로워하는 수준에 머무르는 것이 아니라 이후 자신의 잘못을 만회하고 자신의 잘못으로 인해 생긴 부정적 결과를 복구하는 행동을 하게 하기 때문이다.

그동안 수치심과 죄책감을 측정하기 위한 도구들이 개발되어 왔다. 탱니, 와그너, 그램조우(Tangney, Wagner, & Gramzow, 1989)가 개발한 '정서의식검사(Test of Self-Conscious Affect, TOSCA)'는 수치심과 죄책감을 측정하는 대표적 도구이다. 이 도구는 시나리오에 기반한 자기보고식 질문지로 수치심의 경향성과 죄책감의 경향성을 평가한다. 일상생활에서 흔히 접할 수 있는 상황이 제시되고, 자기의식적 정서를 현상학적으로 나타내는 몇 가지 대안 반응에 대해 평정하게 구성되어 있다. 먼저 일상생활에서 겪을 수 있는 간략한 시나리오들이 제시되고, 각각의 시나리오 아래에는 수치심과 죄책감뿐 아니라 분리, 무관심, 외현화, 자부심 등을 나타내는 반응 양식들이 제시된다. 그리고 각 대안에서 예상 반응의 정도를 5점 척도상에 평정하도록 한다. 시나리오에 기반한 이 측정법은 추상적 의미에서 수치심과 죄책감을 구분해야 할 필요성을 느끼지 않게 하고 대상자의 언어능력에 크게 의존하지 않는다는 장점이 있다(정서의식검사(TOSCA)에서는 실제로 수치심이나 죄책감과 직접적으로 관련된 단어가 사용되지 않기 때문에 수치심에 대한 자기부정이나 자기방어의 응답 가능성이 낮다). 가장 중요한 특성은 한 가지 상황에서 경험할 수 있는 대상자의 정서를 수치심과 죄책감 등 다양한 대안으로 제시함으로써 그 상황 속에서 다른 정서를 동시에 경험할 수 있다는 점을 고려하고 있다는 것이다. 한편 하더와 잴마(Harder & Zalma, 1990)가 개발한 개인감정검사지(Personal Feelings Questionnaire-2, PFQ-2)도 수치심과 죄책감을 측정하는 도구이다. 이는 단어 제시형 자기보고식 질문지로 대상자들이 "양심의 가책을 느끼는(remorse)", 혹은 "다른 사람의 웃음거리가 된 것 같은 기분이다(feeling ridiculous)"라는 단어(혹은 문구) 등을 읽고 평소에 자신이 이러한 느낌을 얼마나 자주 경험하는지를 5점 척도에 평정하도록 구성되어 있다. PFQ-2는 형용사 측정법을 사용함으로써 구체적 상황에서 촉발되는 수치심이나 죄책감이 아니라 일상생활 전반에서 지속적으로 경험하는 수치심이나 죄책감의 수준을 측정할 수 있는 장점이 있다. 위에서 소개된 두 도구는 구성 방법과 원리가 달라 서로 다른 장단점을 가지고 있다. PFQ-2는 대상자들이 척도의 내용을 이해하기 위해서 수치심과 죄책감을 구별할 추상적 언어능력에 의존한다는 점이 단점으로 지적되는 반면, TOSCA는 단어제시형 질문지에 비해 내적 일치도가 낮고, 각 대상자에게 적합한 수치심 및 죄책감의 유발상황이 제한적이라는 점이 단점으로 지적되었다(Tangney & Dearing, 2002).

선행연구들은 이 두 가지 척도를 이용하여 수치심 및 죄책감이 개인의 어떤 특성과 관련되는지를 연구해 왔다. TOSCA에서 수치심 및 죄책감은 우울증, 불안, 자기비난, 신체적 통증 등과 정적 관계가 있다고 보는데(Tangney, Wagner, Fletcher & Gramzow, 1992), 수치심을 통제하였을 때에는 죄책감과 정신병리 증상의 유의한 관계가 사라졌고, 죄책감을 통제한 수치심은 파괴적 수준의 분노 반응, 대인관계에서 공감능력의 부족 등과 관련되는 것으로 나타났다(Tangney, 1991; 1995; Tangney, Wagner, Fletcher & Gramzow, 1992). 이러한 결과는 TOSCA에서 수치심이 제거된 죄책감은 정신병리적 증상과 관계가 없으며, 죄책감이 제거된 온전한 수치심이 개인의 정신병리적 증상, 분노 반응, 타인에 대한 공감과 관련된다는 점을 시사한다. 한편 PFQ-2에서의 수치심과 죄책감은 우울증, 불안, 자기비난, 신체적 통증 등과 정적 관계를 보였다(Gillbert & Miles, 2000; Harder, Cutler, & Rockart, 1992; Tangney, Wagner, Fletcher & Gramzow, 1992). TOSCA에서와는 달리 PFQ-2에서는 수치심을 통제하였을 때에도 죄책감과 정신병리적 증상 간의 관계가 유의하게 나타났다(Harder et al., 1992). 이러한 결과는 PFQ-2의 수치심과 죄책감 두 척도가 겹쳐지는 부분이 있으며 각각을 정확히 구분하여 측정해 내지 못하는 경향이므로 둘 사이에 높은 상관관계가 있거나 TOSCA와 PFQ-2가 서로 다른 종류의 죄책감을 측정한다고 해석할 수 있다. 이렇게 두 개의 도구가 수치심과 죄책감의 수준이나 수치심과 죄책감이 가져올 수 있는 결과를 서로 다른 방식으로 측정한다는 점에서 이 도구들을 함께 사용하여 그 결과를 비교하여 해석하는 연구들이 시도되었다. 이 연구들은 수치심과 죄책감을 보다 깊이 있게 이해하는 성과를 거두었다(Harder et al., 1992; Tangney, Wagner, Fletcher & Gramzow, 1992).

여러 선행연구에서 수치심과 죄책감이 대인관계 속에서 친사회적이고 도덕적인 판단과 행동을 하는 데 관련된다는 증거들이 제시되었다. 즉, 도덕적 판단과 추론과 같은 인지적 측면을 강조하는 것만으로는 도덕성을 온전히 이해하기 어려우며, 도덕성의 기반이 될 수 있는 수치심 및 죄책감과 같은 정서적 측면에도 관심을 기울임으로써 북한이탈청소년 및 남한청소년의 도덕성에 대해 보다 균형 있고 통합적 시각으로 접근할 필요가 있다.

(2) 공감

호프만(Hoffman, 1976; 1982)에 따르면 공감은 '비자발적으로, 때로는 종종 억제할 수 없을 정도로 타자의 감정 상태를 함께 경험하는 것이며, 자신의 처지보다 다른 사람의 처지에 더 적절한 정서 반응'이다. 아이젠버그와 밀러(Eisenberg & Miller, 1987)는 '다른 사람의 정서 상태나 조건에 대한 이해로부터 발생한 정서적 상태'라 보았다. 이렇듯 공감은 다른 사람들의 모습에서 정서나 감정을 유발하거나 다른 사람이 느끼는 것을 함께 느끼는 과정을 포함한다. 정신분석이론(Freud, 1961)과 정신분석이론을 기반으로 하여 발전한 대상관계이론의 관점(Mahler, 1975; Sullivan, 1953)에서는 생후 초기에 어머니와 자녀가 맺는 관계에서 원시적 형태의 공감이 시작된다고 보았다. 즉, 어머니가 신생아 자녀와 맺는 심리적 유대감에서 공감이 시작된다고 본다. 어머니의 정서가 자녀에게 전달되어 자녀가 어머니의 심리 상태에 이르게 됨으로써 공감이 발생한다는 것이다.

한편 인지발달이론의 관점에서 공감은 다른 사람의 생각과 입장을 이해하고 타자의 관점에서 바라볼 수 있는 능력이 있어야 이루어진다고 본다. 공감에 인지능력이 반드시 필요하다는 입장에서는 공감이 그 사람의 인지발달 수준과 밀접한 관련이 있다고 본다. 인지발달이론가인 피아제(1954)는 유아기의 자기중심적 사고가 7세경 탈중심화되면서 공감이 발달하기 시작한다고 주장했다. 그는 탈중심적 사고가 가능한 시기에는 다른 사람의 입장과 관점에 서 보는 능력이 더욱 발달하게 된다고 보았다. 미드(Mead, 1934)도 공감을 '타자의 역할을 취해 보고 대안적 관점을 조망해 볼 수 있는 능력'이라 정의하고 이 공감이 다른 사람의 행동을 예측하게 하고 주어진 상황에 적절히 대처할 수 있게 해 준다는 점에서 사회적 관계 내의 상호작용을 촉진한다고 보았다. 즉, 공감을 인지적 측면에서 설명하는 데 필수적으로 언급되는 능력은 역할수용 능력(role-taking) 혹은 조망수용 능력(perspective-taking)이다. 셀먼(Selman, 1975)은 타인의 생각이나 감정을 인지하지만 자기중심적으로 해석하는 미분화된 조망수용 단계(3~6세경)에서, 타인의 생각이나 감정이 나와 다르다는 인식을 하기 시작하지만 아직 명확하지 않은 사회정보적 조망수용 단계(4~9세경)로 나아가며, 그 이후에 타인의 생각과 감정을 보다 명확히 이해하고 추론할 수 있게 되어 그 사람의 관점을 수용할 수 있는 자기반성적 조망수용 단계(7~12세경)로 발전된다고 보았다.

인지발달 관점에서 본다면, 공감에는 다른 사람의 관점을 이해하고 수용하는 능력의 발달과정이 반드시 필요하다. 한마디로, 공감은 정서 측면과 인지 측면을 포함하는 개념이며, 타인에 대해 생각하고 그들의 감정이나 느낌에 정서적으로 반응하며, 타인의 경험을 이해하고 그들의 관점을 조망할 수 있는 능력을 의미한다. 타인과의 상호작용 속에서 상대방의 느낌을 대신 느끼는 정서적 각성 상태를 경험하는데, 그러한 정서적 각성을 불러일으키는 매개 역할을 인지가 담당하는 것이라 볼 수 있다(Hoffman, 1977b; 1982).

한편 많은 연구들에서 공감이 수치심 및 죄책감과 관련된다는 결과가 제시되었다. 탱니(Tangney, 1991)의 연구에서는 공감 중에 타자 중심의 공감(empathy)은 죄책감과 정적인 상관관계, 수치심과는 부적인 상관관계를 보였고 자기 중심의 공감(sympathy)은 수치심과 정적인 상관관계를 보였다. 이는 다른 사람에게 초점을 두는 공감은 죄책감과 정적으로 관련되며, 자신에게 초점을 두는 공감은 수치심과 정적으로 관련된다는 것으로, 자신의 행동에서 기인한 타인의 반응이나 처지로 인해 유발된 정서가 죄책감이고, 실수하거나 실패한 자신에 대한 실망감과 부끄러움으로 인해 유발된 정서가 수치심이라는 점을 반영한다. 다차원적 공감모델을 제시한 데이비스(Davis, 1980; 1983)는 수치심은 다른 사람의 처지에 대해 동정하고 그것에 대해 고통을 느끼는 정서 측면인 공감과 관련되며, 죄책감은 다른 사람의 생각이나 느낌을 이해하고 그들의 관점을 수용하는 인지 측면인 공감과 관련된다고 보았다. 즉, 공감의 종류에 따라 수치심이나 죄책감과 관련되는 방식이 다르지만, 감정을 경험하고 마음을 이해하는 능력인 공감은 어떤 방식으로든 수치심과 죄책감과 관련된다는 점을 제시한 결과들이다.

종합해 보면 공감은 직접적으로 도덕성 획득에 기여할 수도 있고, 수치심이나 죄책감과 관련되는 방식으로 도덕적 사고와 행동을 이끌어 낼 수 있다. 즉, 공감은 대인관계 속에서 다른 사람의 입장과 감정을 충분히 이해할 수 있도록 해 주고, 그에 따라 긍정적 상호작용을 나눌 수 있도록 해 주며, 대인관계 내에서, 혹은 보다 넓은 사회 속에서 올바르고 바람직한 행동을 추구할 수 있도록 하는 토대가 되어 줄 수 있다는 점에서 도덕성을 이루는 중요한 요소라고 볼 수 있다.

2. 법의식 발달

1) 법과 법의식

법은 국가의 강제력을 수반하는 사회규범이며, 국가 및 공공 기관이 제정한 법률, 명령, 규칙, 조례 등을 말한다. 법과 사회 운동의 선구자인 프리드먼(Friedman, 1977)에 따르면 '법의 세계는 권위가 있는 규칙의 세계이며, 그것들을 실시하는 제도이자 사회에 미치는 영향력의 세계'이다. 즉, 법이란 사회적 상호작용에서 적용되는 규칙과 행위규범이며, 그것들이 공식 제도로 규정되어 강제성을 가진 영향력을 발휘하는 것을 의미한다. 법은 지키도록 강요되며, 지키지 않는 경우 제재나 처벌을 받을 수 있다는 점에서 개인의 양심이나 내적 원리에 따르는 도덕과 차이가 있다. 튜리엘(Turiel, 1980)은 규칙의 성격과 의미에 따라 도덕적 규칙과 임의적 규칙을 구분하였다. 선악의 판단과 같이 도덕적 성격을 강하게 내재하고 있어 보편적으로 수용되는 규칙, 그리고 사회적 필요에 의해 규정되어 규칙의 내용과 적용 방법이 임의적인 규칙, 두 가지가 있다고 보았다. 이 관점에서 본다면 법은 도덕적 규칙과 임의적 규칙 중에 임의적 규칙에 가깝다고 볼 수 있다. 법은 도덕과 동일한 개념이 아니지만 공통 부분을 포함하고 있다. 법에는 도덕적 성격이 강한 법도 있고, 그렇지 않은 법, 즉 사회적 필요에 의해 합의되어 제도로 규정된 법이 있을 수 있다. 다시 말해 법이 그 자체로 도덕인, 혹은 도덕에 가까운 요소들을 규칙으로 규정한 것일 수도 있으며, 혹은 도덕과는 거리가 있지만 사회의 질서를 유지하는 데 필요한 요소들을 규칙으로 규정한 것일 수도 있다. 따라서 법 안에 '도덕과 가까운 법'과 '도덕과 거리가 있는 법'이 공존한다고 볼 수 있다.

한편 법의식(legal consciousness)은 인간이 가지고 있는 규범의식을 말하는데 법에 대한 감정 및 태도와 같이 정서적 요소 등을 포함하는 의미로 사용된다(Rehbinder, 1977). 학자들은 법의식이 인지 차원, 정서 차원, 행동 차원을 포괄하는 개념이라고 본다. 레빈더(Rehbinder, 1977)는 구체적으로 법의식을 법인식, 법견해, 법태도의 세 가지 차원으로 구분하였다. 먼저 법인식은 법규범이 존재한다는 것과 법규범의 내용이 어떻게 구성되는지를 알고 있는 것을 말하며, 법지식이라고도 한다. 법견해는 법규범에 대해 찬성 혹은 반대와 같은 생각을 가지고 있는 것, 즉 주관적 평가라고 볼 수 있다. 마지막으로 법태도는 법규범을 지킬 것인지에 대한 태도이다. 이에 대해 국내에서 임희섭(1974)은 법의식을 인지 차원, 정서 차원, 행동 차원으로 구분하였다. 먼저 인지 차원은 법지식을 의미한다. 정서 차원은 법적 동일시감을 의미하는데, 그 안에는 개인이 법을 자신의 생활 속에서 중요하게 느끼는 정도와 가깝게 느끼는 정도, 법의 타당성과 공정성에 대한 정서 반응, 자신의 권리가 보호받고 있다는 느낌, 법에 대한 책임감과 의무감 등이 포함된다. 행동 차원은 실제로 자신의 권리를 지키기 위해 법을 사용할 의도와 법사용 및 그에 대한 자신감과 같은 법적 능력을 의미한다. 즉, 레빈더(Rehbinder, 1977)와 임희섭(1974)이 정의한 법의식은 법지식, 법에 대한 생각과 반응, 법 사용 태도와 능력 등을 포괄하는 개념이며, 그 안에 인지 요소, 정서 요소, 행동 요소를 모두 담고 있다.

많은 학자들이 법의식의 개념과 구성요소들을 연구했던 결과를 토대로 곽한영(2007)은 법의 인지 영역, 정서 영역, 행동 영역의 내용 및 구성요소들을 재개념화하였다. 그는 레빈더(Rehbinder, 1977)와 임희섭(1974)이 법의식을 법지식과 동일하게 여긴 점에 대해 인지는 특정 대상에 대한 생각과 지식 모두를 총칭하는, 지식보다 더 포괄적 개념이므로 법의식의 인지적 측면을 법에 대한 지식, 단순한 법을 얼마나 알고 있는지만으로 평가할 수 없다고 지적하였다. 또한 정서 차원에서도 위법행위에 영향을 미치는 '위법행위에 대한 감정적 평가'를 포함해야 한다고 보았다. 그는 '태도'가 사람들이 일상생활에서 환경을 인지하고 이해하고 평가하게 하며, 나아가 행동을 이끌어 낸다고 보는 관점에서 법의식을 정의하고자 하였다. 그가 재구성한 법의식의 인지적 요소에는 법지식, 법에 대한 인식, 법의 필요성에 대한 지각, 법추론이 포함되며, 정서적 요소에는 법적 동일시감, 친근감, 신뢰감, 중화기제, 비행에 대한 우호적 태도가 포함된다. 그리고 행동적 요소에는 법적 효능감, 법 사용의사, 법적 관용성이 포함된다. 김준호(1996)도 법의식을 총체적으로 바라보는 관점에서 법의식을 정의하였는데, 그는 법의식이 법추론과 법에 대한 태도로 구성되는 심리적 복합물이라 규정하였다. 이 중 법추론은 법은 무엇이고, 무엇이어야 하는가, 즉 법 현상 및 법의 당위성과 관련되는 신념과 사고라는 점에서 '인지적 요소'라 볼 수 있다. 법에 대한 태도는 법에 대한 정서적이고 평가적 반응과 그러한 반응을 바탕으로 한 행위적 지향성을 의미한다는 점에서 앞서 다른 연구들에서 언급했던 '정서적 요소'와 '행동적 요소'가 혼합된 것이다. 법의식이 세부적으로 어떤 요소들로 구성되어 있다고 보아야 할지에 대해서 학자마다 입장이 다를 수 있지만, 대체로 법지식과 법에 대한 신념과 사고 등의 인지적 요소, 법에 대한 생각과 감정, 평가 등의 정서적 요소, 법 사용의사와 법적 효능감 등의 행동적 요소를 포괄하는 개념이라고 본다.

2) 법사회화

법사회화는 인간이 주변 환경의 영향을 받으며 법에 대한 가치와 규범을 습득하며 법을 존중하고 따르는 태도와 그것을 적절히 사용할 줄 아는 능력을 가진 사람으로 성장해 나가는 과정을 의미한다. 법사회화가 이루어지는 과정에 대한 관점은 크게 두 가지로 나뉜다. 한 가지는 개인의 인지수준이 그 사람의 법의식을 형성한다고 보는 인지발달이론의 관점(Levine, 1979; Levine & Tapp, 1977; Tapp & Kohlberg, 1977)이다. 다른 한 가지는 인간의 사회화 맥락 속에서 법의식이 형성된다고 보는 사회학습이론의 관점(Akers, 1977; 1985; Bandura, 1969a; 1969b)이다. 도덕성에 대한 피아제(1932)의 인지발달론적 입장에 영향을 받은 콜버그(1969)의 도덕성발달이론이 법사회화에 적용된 것이 법사회화에 대한 인지발달이론적 관점이다. 콜버그(1969)는 인간의 도덕성이 일정한 발달단계를 따른다고 보았다. 도덕성이 처음에 벌과 복종, 자기 욕구와 교환에 초점이 맞춰진 전인습적 수준에서 관계의 유지, 사회체계와 규범의 존중에 초점이 맞춰진 인습적 수준으로 발전되고, 마지막으로 다수를 위한 선, 보편적인 윤리와 원리에 초점이 맞춰진 후인습적 수준으로 발전된다고 보았다. 탭과 레바인(Tapp & Levine, 1974; 1977)은 도덕성에 대한 콜버그(1969)의 이론이 법에도 적용될 수 있다고 보고 법, 정의, 준수, 처벌, 권위에 대한 총 79개의 개방형 질문을 사용한 법의식 측정 면담조사(Tapp & Levine Rule-law interview)를 통해 법에 대한 사람들의 추론을 알아보았다. 분석 결과, 사람들의 법의식 발달단계는 콜버그(1969)의 도덕성 발달단계와 유사한 것으로 나타났다. 전인습적 수준에서는 처벌과 신체적 보복에 대한 두려움으로 권력에 전적으로 복종하며(1단계), 다음으로 자신의 욕구를 만족시키는 것을 가장 중요시하는 도구적 상대주의(2단계)가 나타나고, 인습적 수준에서는 착한 사람이 되어 타인을 기쁘게 하고 인정받기 위해(3단계), 사회질서 유지를 위해 정해진 규칙과 권위를 따르려는 목적(4단계)으로 법을 지키는 양상을 보였다. 마지막으로 후인습적 수준에서는 사회 전체의 동의와 개인의 권리를 우선적으로 고려하는 법에 대한 상대성이 나타나고(5단계), 나아가 인간의 권리에 대한 원칙적 사고를 하며 윤리적이고 보편적인 원리를 존중했다(6단계). 탭과 콜버그(1977)는 이렇게 인지발달이론의 관점을 법사회화에 적용하여, 법의식이 발달되는 과정을 '규칙-복종(rule-obeying)의 단계', '규칙-유지(rule-maintaining)의 단계', '규칙-형성(rule-making)의 단계'로 설명하였다. 이는 개인의 인지발달 과정이 도덕성이나 법의식 모두에 영향을 미친다고 본 것이다. 이렇게 법 인지발달이론에서는 법의식 형성에서의 인지발달의 영향력을 강조하고, 특히 법추론을 중요시한다. 이 관점에서 법인지 수준은 '법과 규칙의 가치와 기능', '법과 규칙을 따르는 이유', '법과 규칙의 변화 가능성' 세 가지에 대한 응답을 통해 예측될 수 있는데, 응답에 담긴 추론 논리에 따라 응답자의 법추론 수준이 규칙 복종 단계, 규칙 유지 단계, 규칙 형성 단계로 구분될 수 있다.

한편 탭과 레바인(Tapp & Levine, 1977), 그리고 레바인(Levine, 1979)이 설명한 법사회화 과정은 피아제와 콜버그의 이론에서 더 나아가 법추론 발달이 변증법적 과정을 통해 달성된다고 본다. 즉, 법추론의 발달은 이미 정해진 질서를 따르는 상호배타적인 단계적 진보로 이루어지는 것이 아니라 동시에 일어나는 다양한 단계의 추론이 변증법적 과정을 통해 개인의 안정적이고 통합적인 인지 성장을 이끈다고 보았다. 즉, 법과 관련된 상황에서 서로 다른 단계에 해당하는 추론들이 공존하면 다른 사람의 견해와 입장을 바라보고 이해하고자 관점수용 능력이 발달하며, 그러한 과정 속에 법의식이 발달된다는 것이다.

한편 사회학습이론에서는 환경의 영향력을 더 크게 고려하며 인간의 행동과 사고의 체계가 환경의 영향 속에 학습된다고 본다. 개인의 도덕성이 착한 행동은 보상을 받고, 나쁜 행동은 벌을 받는 결과나 다른 사람들의 모습을 관찰하는 것으로부터 학습되는 것처럼, 개인의 법의식이 보상에 대한 추구나 처벌에 대한 회피, 그리고 무엇보다 사회적 강화 모델에 대한 관찰을 통해 형성된다고 본다. 이들의 관점은 인간이 가지고 있는 내적 잠재력에 의해 달성되는 인지적 성숙이 도덕성과 법의식의 발달을 이끈다고 보는 인지발달이론과 다르다.

범죄사회학 분야 연구자인 서덜랜드(Sutherland, 1939)는 '차별적 접촉이론(differential association theory)'을 통해 비행의 학습은 학습 상황과의 차별적 접촉을 통해 이루어진다고 보며, 접촉의 우선성과 강도를 강조한다. 즉, 개인은 친구나 부모와 같이 친밀한 주변인들과의 상호작용을 통해 주로 법에 대한 태도와 가치관을 형성하며, 그렇게 형성된 태도와 가치관이 그들이 보이는 범죄와 관련된 행동에 결국 영향을 미친다고 보았다. 따라서 친밀한 사람들과의 관계 속에서 법에 대한 태도와 가치관을 긍정적으로 형성하면 범죄행동이 억제되며, 반대로 그들과의 관계 속에서 법에 대한 태도와 가치관을 부정적으로 형성하면 범죄행동이 유발된다는 것이다. 이와 동일한 맥락에서 청소년의 법의식과 비행의 관계에 대한 김준호(1996)의 연구에서는 주변 사람이 법규범을 잘 지키지 않을수록, 친구와의 관계에 대한 손실의 부담이 적을수록 법 위반 행위를 정당화하는 심리적 기제를 발전시킬 가능성이 더 높을 뿐 아니라 자신의 비행성향도 높아진다는 결과를 제시했다. 친밀한 사람들과의 관계적 맥락이 법 위반 행위나 비행에 더 큰 영향을 미칠 수 있다는 이러한 결과는 서덜랜드의 이론과 같은 입장이라고 볼 수 있다.

구체적으로 김준호(2007)는 청소년의 법의식 발달 정도가 그들의 법에 대한 태도에 영향을 미치고, 법에 대한 태도가 남자 고등학생들의 경미한 비행 및 심각한 비행 모두에 영향을 미치며, 법의식의 발달 정도는 심각한 비행에 직접적으로 영향을 미치기도 하는 것으로 보고했다. 또한 그들이 보이는 법의식 수준은 가정의 양육태도, 학교에서의 처벌의 일관성, 사회적 인물들의 준법 정도 세 가지 중 가정의 양육태도에 유일한 영향을 받는 것으로 밝혀졌다. 특히 가정에서 부모들이 법이나 규칙에 대한 효용적이거나 도구적 측면을 강조하여 양육할 경우 법의식 발달에 부정적 영향을 미친다는 결과를 제시했다. 즉, 가정에서 부모와 같이 친밀한 관계 속에서 이루어지는 사회모델 관찰학습이 그들의 법의식 수준에 영향을 미치게 된다. 그렇게 형성된 법의식은 법에 대한 우호적 태도 혹은 비우호적 태도를 형성하여 그들이 보이는 비행의 수준으로 이어진다는 것을 나타낸다. 법의식이 형성될 때 추상적 수준의 추론과 인지가 행동으로 이어지는 과정을 가정에서나 친밀한 관계의 사회적 맥락 속에서 학습된 가치나 태도가 매개한다고 본다는 점에서 사회적 학습이론의 관점과 맥락을 같이한다.

결론적으로 인지발달이론과 사회학습이론은 법사회화에 대한 유용하고 의미 있는 관점을 제공하며, 이 두 가지 이론의 관점을 모두 적용하여 청소년들의 법사회화를 고찰할 때 법의식이 형성되고 발달되는 과정을 보다 총체적으로 살펴볼 수 있을 것이다. 특히 법의식을 구성하는 요소 중 '인지적 요소'는 법사회화에 대한 인지발달이론의 관점에서 개인 내적인 인지구조에 의해 도출되는 법추론으로 평가될 수 있다. 또한 법의식의 '정서적 요소'와 '행동적 요소'는 법사회화에 대한 사회학습이론의 관점에서 사회적 환경에 노출되어 그것의 영향을 받게 되는 법에 대한 감정과 평가, 그리고 법 관련 행동으로 나타나는 전반적 법적 태도로 살펴볼 수 있다. 따라서 이러한 관점에서 기존 연구들을 토대로 법의식을 인지 측면에서 법추론, 법에 대한 필요성 인식, 정서 측면에서 법에 대한 친근감, 신뢰감, 준법에 대한 호의적 태도, 행동적 측면에서 법 사용의사, 법적 효능감으로 구성되는 개념으로 정의하고, 청소년들의 법사회화를 총체적으로 살펴볼 필요가 있다.

3) 청소년의 법의식

법사회화는 보편적으로 이루어지는가? 서구의 이론가들이 서구 청소년을 중심으로 구성한 법사회화 이론이 한국 청소년들에게 그대로 적용될 수 있을 것인가? 이 질문은 법사회화의 보편성에 대한 질문이다. 김준호(1996)는 법에 대한 연상어 분석으로 청소년들의 법의식 실태를 알아보았는데, 법 연상어는 법의 본질과 기능, 국가와 통치, 법집행기관, 실정법적 관심, 법적 제재, 일반적 인상 등 총 여섯 가지 의미군으로 분류되었다. 일반적 인상(31.7%), 법의 본질과 기능(30.9%), 법적 제재(19.3%), 법집행기관(14.2%), 실정법적 관심(2.0%), 국가와 통치(1.9%)의 순으로 청소년들이 많이 응답하여 이들이 일반적 법에 대한 인상, 법의 본질과 기능, 법적 제재 등에 주로 관심을 두고 있다는 점을 알 수 있었다. 구체적으로 살펴보면 법에 대한 일반적 인상에는 공정, 정확, 자유, 정당성 등과 같은 법에 대한 긍정적 인상과 억압감, 강압, 강제성, 부패, 비리, 위선, 부정, 악 등의 부정적 인상이 공존하고 있다. 법에 대한 긍정적 인상과 부정적 인상이 공존한다는 사실은 무엇을 의미하는가? 어려서부터 공식적 교육을 통해 긍정적 인상을 형성했으며, 많은 사람들이 최종적으로 기댈 곳은 법이라고 생각한다는 사회적 인식이 반영된 것으로 평가될 수 있다. 그러나 실제 현실에서 초법적 현상이 나타나고 있으며, 일부 사람들이 법을 무시하거나 법을 악용하는 사례를 접하게 된 결과로도 볼 수 있다. 그가 속한 사회에서 초법적, 또는 법을 악용하는 사례가 빈번히 회자될수록 그 사회에 속한 청소년들의 사회를 바라보는 관점은 부정적이 될 것이다.

청소년들은 법의 본질과 기능으로 규칙, 규범, 사회질서 유지, 도덕, 양심, 사회 정의 등을 제시했다. 또한 이들은 법적 제재로는 형벌, 처벌, 감옥, 교도소, 구속, 범죄, 죄인, 위반 등을 들었다. 김준호(1996)는 이 결과를 통해서 한국 청소년들이 법을 도구적 관점으로 바라보고 있다고 주장했다. 한국 청소년들은 법에서 주로 처벌이나 제재를 떠올리며, 법규범이나 가치를 개인적 가치로 내면화하기보다 주관적이고 직관적 수준에서 다소 부정적으로 인식하고 있다고 보았다. 동일한 맥락에서 청소년들은 법의 변화 가능성에 대한 질문에 비해 법의 본질과 기능에 대한 질문에서 상대적으로 더 높은 법추론 수준을 보여 주었다. 단순 비교는 어렵지만 법의 변화 가능성에 대해서는 다소 회의적인 청소년들이 법의 본질에 대해서는 상당히 높은 수준으로 추론하고 있다는 것이다.

법의식 발달 단계에서 한국 청소년들은 규칙 복종 단계나 규칙 유지 단계에 더 머물러 있으며, 규칙 형성 단계에 덜 머물러 있다. 이는 법을 지키려는 태도는 강하나 법의 변화 가능성을 고려하거나 규칙 형성적 측면에서 법을 바라보는 관점은 충분히 발달시키지 못하고 있음을 의미한다.

그 외 우리나라 청소년들은 법사회환경에 대해 대체로 부정적으로 평가하였으며, 법이 공정하지 않게 적용되고 있다고 생각하고, 사회질서도 불평등하고 비도덕적이라고 여기는 경향이 나타나기도 했다. 김준호(1996)는 이를 사회에 만연한 도덕 불감증이 청소년들의 의식에도 반영되어 있음을 알려주는 결과로 보고 도덕 불감증과 냉소주의의 확대를 우려하였다.

한편 초등학생에서 대학생까지 총 634명을 대상으로 한 안경환, 문용린, 황경식, 이순형(1995)에서는 아동과 청소년들이 법이라는 말을 듣고 연상한 단어들을 법의 집행성, 보편타당성, 당위성, 응보성, 강제성의 5개 의미군으로 분류하였다. 법의 집행성에는 법원, 판검사, 변호사, 경찰, 그리고 그들에 의해 집행되는 제도라는 응답이, 법의 보편타당성에는 도덕, 정의, 평등, 보편적이고 공정성이라는 사회이념과 그것들을 담고 있는 제도라는 응답이 포함되었다. 법의 당위성에는 법이 국가의 통치방법이며 질서와 의무를 명시한 것으로 국민이 그를 따르고 지켜야 한다는 응답이 포함되었으며, 법의 응보성에는 법을 지키지 않은 사람인 범법자, 그리고 범법자는 징죄되어야 하는 존재라는 점, 그리고 처벌을 받거나 감옥에 가야 한다는 응답이, 법의 강제성에는 법의 불공정성, 냉혹성, 강제성 등의 응답이 포함되었다. 응답을 분석한 결과, 법의 집행성에 대한 용어는 8.8%, 보편공정성에 대한 용어는 6.3%, 당위성에 대한 용어는 19.6%, 응보성에 대한 용어는 23.2%, 강제성에 대한 용어는 21.2%로 응보성, 강제성, 당위성, 집행성, 보편공정성의 순으로 많이 나타났다.

법의식은 연령에 따라 변화하는가? 연령이 높아지면서 인지적 발달이 이루어지면 법의식이 달라질 것을 예상할 수 있다. 발달 초기에는 법의 당위적 본질을 강조하다가 성인기에 가까워지면 법의 변화 가능 본질을 더 강조할 것이다. 실제 조사 연구(안경환 외, 1995)에서 이러한 점이 뒷받침되었다. 법에 대한 연상어의 특성은 연령에 따라 다르게 나타났다. 초등학생의 경우 법의 당위성을, 중학생의 경우 법의 응보성을, 고등학생과 대학생의 경우 법의 강제성을 가장 중요시하는 것으로 나타났다. 이러한 결과는 연령의 증가에 따라 인지 수준이 향상되면서 법의 특성 중 중요하게 받아들이는 것이 달라진다는 점을 반영하고 있다. 청소년 초기에는 법을 자신의 행위에 대한 절대적 규범으로 여겨 당위성을 강조하며, 법이 가지고 있는 처벌성에 관심을 둔다. 점차 청소년기가 되면 처벌을 죄에 대한 대가를 치르는 것으로 인식해 응보성을 강조한다. 청년기 후기가 되면 법을 사회 치안 유지 및 통치 수단으로 본다. 이는 법의 기능성에 대한 인식이 강화되고 법의 개별성에 대한 인식이 약화되는 것이라고 할 수 있다. 이러한 법의식은 사회에 대한 청소년들의 관점을 반영하는 것이다. 즉 사회의 구성원들이 스스로 자유의지를 지니고 도덕적 존재로 기능하며 법적 처벌이 불필요한 사회로 보는가, 아니면 사회를 도덕적으로 자율인이 될 수 없는 인간의 모임으로 정의하여 그들에게 맡겨서는 불안하고, 비행과 부정 등 문제가 많은 사회가 될 것으로 예상하므로 이들을 규제할 법이 필요하다고 보는가이다. 청소년들은 연령이 높아져 성인기에 가까울수록 후자의 관점을 취하는 것으로 밝혀졌다. 즉 사회가 불합리하고 부도덕한 인간이 있을 수 있으므로 이들을 제재하는 기준을 법으로 보고, 법을 통해서 그들을 규제해야 사회가 유지될 수 있다고 보는 것이다. 이러한 결과는 김준호(1996)의 연구와 맥을 달리한다. 김준호의 연구가 초법적 지위자 사례를 보면서 청소년들이 가진 사회 비판적 의식의 반영으로서 법의식을 보고 있는 반면, 안경환과 동료들의 연구는 어디까지나 인지 발달 수준에 따라서 법의 사회적 기능을 달리 본다는 점에서 다르다.

청소년들의 법의식은 사회 변화에 따라 달라지는가? 김준호(1996)나 안경환 외(1995)의 연구는 20여 년 전에 수행된 연구들이다. 사회는 언제나 역동적 흐름 속에서 변화를 겪는다는 점을 고려하면 20년이라는 기간 동안 우리나라의 정치적, 사회적 환경에도 적지 않은 변화가 있었을 것이다. 구체적으로 살펴보면 그 안에는 상당히 많이 변화한 측면도 있을 것이고, 예전과 비슷하게 유지되고 있는 측면도 있을 것이다. 현재 우리나라 청소년들이 법에 대해 가지는 생각과 가치관, 태도가 어떠한지를 알아본다면 기존 연구들과의 비교를 통해 시대의 변화와 흐름과 관계없이 동일하게 나타나는 청소년기에 보이는 일반적인 법의식 양상을 발견할 수도 있고, 시대의 흐름에 따라 변화된 부분을 통해 환경의 영향 속에 법의식이 형성되고 발달되어 가는 과정에 대한 이해를 높이는 기회가 될 수 있다.

우리나라 청소년들 중에서도 출생 · 성장 국가와 정착 국가의 법문화가 다른 경우라면 많은 의식의 차이를 보일지 모른다. 북한이탈청소년들은 북한에서 태어나 유일사상과 주체사상으로 이념화되고 단일 법체계를 가진 사회에서 성장했다. 알려져 있다시피 북한 사회는 지난 60년 동안 정치적 지배집단이 변화된 적이 없으며, 단일 당체제를 유지해 왔다. 당과 지배자에 대한 순종은 당연시 되었으며, 법적으로나 정치적으로 비판세력은 존재한 적이 없는 특수한 사회이다. 이러한 사회를 이탈하여 남한에 정착한 청소년들은 남한과 북한의 차이를 보고 많은 혼란을 경험할 것으로 예상된다. 수십 년 동안 비판이나 반대 세력이 부재한 사회에서 성장했던 이들이 하루가 멀다 하고 공개적 비판과 반대가 이루어지는 풍토를 보고 자기 인지 체계로 해석하고 이해할 수 없을지 모른다. 북한에서 일당체제의 정점인 지도자의 말은 곧 법이었고 통치의 기준이었다. 지도자는 스스로 큰 것부터 작은 것까지 법을 만들어 전파시키고 인민들은 그것을 따라야 했다. 그 법에 반대하거나 비판하는 것은 스스로의 생존을 위협하는 것이었기 때문에 수십 년 동안 충성과 순종만이 있었을 뿐이다.

그러나 이들이 정착해서 본 남한 사회는 법의 제정부터 집행까지 비판적 과정을 보인다. 북한 사회에서라면 도저히 문제를 제기할 수 없는 것들이 이곳에서는 누구에게서나 가능하다. 법 제정 시의 타당성은 물론이고 법이 누구에게나 공정하게 집행되는가가 가장 큰 관심사이기도 하여 법이 집권세력이나 부유한 자들에게 더 유리하게 집행되고 있지나 않은가에 관심이 첨예하다. 북한이탈청소년들은 법이 가진 자들의 편에 서는가를 늘 비판하고 있는 전문가와 시민사회가 놀라울 것이다. 이들은 남한 정부의 허락 없이 북한을 방문하여 남한에 대한 비판까지 했던 사람들이 남한에 돌아와서 중벌을 받거나 사회에서 퇴출되지 않고 정상적 생활을 영위했다는 사실을 알고 놀랐을 것이다. 게다가 이들이 남한의 국회의원이 되었다는 사실이나, 취중이라고는 하지만 자신들을 향해 변절했다고 한 데 더 충격을 받았을 것이다. 북한이탈청소년들은 시간이 흘러 언젠가는 남한 사회의 새로운 법제도나 문화에 적응하겠지만 그 적응과정은 문화적응과 마찬가지로 충격, 조정과 적응의 긴 과정으로 이어질 것임을 예상할 수 있다. 그리고 그 과정은 심리적 갈등과 어려움이 지속되는 지난한 과정일 것이다.

북한이탈청소년들의 심리적 적응 문제는 세계사적으로도 드물게 나타나는 연구과제이다. 북한이탈청소년들의 상황이 서독에 정착한 동독 청소년들의 상황과 유사하다고는 하지만 실제로 매우 다르다고 보는 편이 정확하다. 동독과 북한의 문화 및 서구 노출 정도가 매우 다르기 때문이다. 같은 공산권 사회이지만, 집권세력이나 지도자에 딸린 권력의 특성과 권위가 다르기 때문에 북한에서 성장한 청소년들과 동독에서 성장한 청소년들의 지도자 상이나 권력에 대한 개념이 다를 수밖에 없을 것이다.

이렇게 연구대상의 고유성에 입각하거나 한국 사회의 현실적 과제를 해결하기 위해서라도 북한이탈청소년을 대상으로 법의식이 시급히 연구되어야 했으나, 지금까지는 이들을 대상으로 한 법의식 연구가 없었다. 북한이탈청소년들이 남한에 정착해 적응하는 과정을 파악하기 위해서는 두 가지 방법이 가능할 것이다. 첫째, 이들의 내면적 법의식이 어떻게 변화되는가를 시간의 경과에 따라 종단적으로 연구하는 것이다. 이는 바람직한 연구방법이기는 하지만 연구기간이 길고 연구대상이 많아야 하기 때문에 현실적 어려움이 있다. 둘째, 북한이탈청소년들과 연령이 비슷한 남한청소년들을 비교해 법의식을 살펴보는 횡단적 연구방법이다. 엄격한 의미에서 인과관계를 찾기 어렵다는 한계가 있지만, 서로 다른 정치적, 사회적 환경 속에 성장한 두 집단의 청소년들이 보이는 법의식이 어떤 면에서 유사하고, 어떤 면에서 차이를 보이는지 분석해 보는 것은 법사회화 관점에서 법의식이 형성되는 과정과 그 과정에 관련되어 있는 많은 변수들의 영향력에 대한 증거를 찾을 수 있다는 점에서 상당히 의미 있는 연구일 것이다. 즉, 그들이 현재 보이는 법의식 수준과 양상의 공통점과 차이점을 통해 서로 다른 정치적, 사회적 환경에서 성장한 청소년들이 어떻게 법의식을 형성했는지를 파악할 수 있다. 실제로 법의식 수준은 준법에 대한 태도나 비행으로 연결될 수 있다는 점에서 그들의 행동을 예측하는 데 기여할 수 있다. 궁극적으로 이러한 연구는 북한이탈청소년과 남한청소년이 합리적으로 법적 사고를 하고, 법을 존중하고 실천하며, 자신의 법적 능력과 권한을 능동적으로 행사할 수 있는 민주시민으로 성장할 수 있도록 교육하고 지원하는 데 필요한 관점과 정책적 시사점을 얻을 수 있을 것이다.

3. 권위 인식 발달

1) 권위와 권력

평등은 인류가 추구하고자 하는 보편적 원리이고 가치이다. 평등이 이상적이기는 하지만 현실은 다르다. 모든 인간이 평등하기를 원하더라도 개인이 타고난 적성과 능력은 각기 다르다. 자신의 인생을 살아가는 동안 삶을 살아가는 방식이나 노력을 기울이는 정도가 동일할 수 없으므로 엄격한 의미의 평등은 찾기 어려울 것이다.

사회는 다양한 사람들로 이루어져 구성원들 간의 불평등성을 기본적으로 내포하고 있다. 애정관계를 토대로 이루어진 가정조차도 불평등성을 벗어나기 힘들다. 갓 태어난 아기는 스스로 할 수 있는 것이 거의 없이 부모와 가족에게 전적으로 의존하는 존재이다. 이 시기에는 자녀가 부모에게 일방적으로 의존하는 불평등한 부모-자녀 관계를 유지한다. 하지만 자녀가 연령이 높아지고 성장함에 따라 자율성을 획득하고 그들의 관계는 점차 평등한 관계로 변모해 간다(De George, 1985; Halsey, 1977; Raz, 1990). 가정뿐 아니라 어느 사회에서나 관계의 불평등성이 존재하며, 불평등성은 지위와 자원의 불평등한 배분에 따라 발생한다. 지위는 그에 해당되는 자원을 가지고 있다. 이 자원은 물질 자원과 지위 자원을 의미하기도 한다. 물질 자원은 돈을 포함한 생산물을 말하고 지위 자원은 '권력(power)'과 '권위(authority)' 등의 심리적 자원을 말한다.

구체적으로 두 개념을 정의해 보면, '권력'에 대해서 베버(Weber)는 '어떠한 저항에도 불구하고 자신의 의지를 실현시킬 수 있는 개인의 가능성'이라 정의했다. 프렌치와 레이븐(French & Raven, 1959)은 권력을 주어진 체계 내에서 어떤 개인이나 집단이 다른 사람이나 집단에 영향력을 행사할 수 있는 잠재적 능력이라고 정의했다. 코프랜드(Copeland, 1994)는 '자신의 의지나 목표와 일치하는 방향으로 타인의 행동이나 태도를 변화시킬 수 있는 개인의 잠재력'이라 보았다. 일반적으로 권력이란 사회적인 관계 내에서 한 개인이 원하는 바를 이루기 위해 다른 사람으로 하여금 행동적, 심리적 변화를 이끌어 낼 수 있는 가능성이나 힘을 의미한다. 드프레와 피스크(Depret & Fiske, 1993)는 이와 유사한 의미로 권력을 사회적 관계에서 나타나는 결과 통제력(outcome control) 또는 결과 의존성(outcome dependency)이라 정의했다. 즉, 상대방의 결과를 통제할 수 있는 사람이 상대적으로 더 많은 권력을 가지기 때문에 사회적으로 힘이 세고, 반대로 자신의 결과를 상대방에게 의존하고 있는 사람은 상대적으로 더 적은 권력을 소유하고 있기 때문에 사회적으로 힘이 약하다. 이렇게 사람 간의 관계 속에서 누군가가 상대적으로 더 많은 권력을 가진다면 그 사람은 자신의 의지에 따라 상대적으로 적은 권력을 가진 사람에게 어떤 변화를 이끌어 낼 수 있는 통제력을 갖는다.

권력의 근원을 세분해서 구분한 프렌치와 레이븐(French & Raven, 1959)은 대인관계에서 나타날 수 있는 권력의 근원에 따라 권력을 다섯 가지로 구분하였다. 보상적 권력(reward power)은 바람직한 행동을 강화할 수 있는 능력, 강압적 권력(coercive power)은 바람직하지 않은 행동을 처벌할 수 있는 능력, 합법적 권력(legitimate power)은 규준과 기대에 의해 영향력을 미치는 능력, 전문적 권력(expert power)은 어떤 분야에 대한 전문지식, 경험, 능력 등에서 비롯된 능력, 그리고 준거적 권력(referent power)은 존경하고 닮고 싶은 대상인 사람의 개인적 자질에 기반해 형성한 능력이다.

권력이 힘에 근거한 지배력이라면, 권위는 정당성에 대한 믿음을 토대로 자발적인 복종을 이끌어 내는 정당한 힘이나 지배력을 말한다(Weber, 1947). 따라서 개인이 발휘하는 힘이나 영향력이 '정당성(legitimacy)'을 가지고 있는지에 따라 권위와 권력은 구분되기도 한다. 즉, 권력은 정당성의 유무와 관련 없이 일방적으로 강제될 수 있으며 어떤 방식으로든 목적을 달성하고자 영향력을 발휘하는 것이다. 반면, 권위는 관계 내에서 존재하는 영향력을 상대방의 자발적인 존중과 인정에 기반하여 그 영향력이 유효성을 갖는 것이다. 진정한 권위는 권력과 구분되며, 정당하고 합법적이라 여겨지는 통제력이다. 한편 권위는 권위주의(authoritarianism)와도 구분되어야 하는데 권위주의는 권위라는 이름 아래 다른 사람을 정당하지 않은 방법으로 복종시키려거나 누군가 가진 권위에 맹목적으로 따르는 태도, 혹은 권위에 의해 일을 판단하고 처리하며 사회조직을 구성하고 운영하려는 태도를 말한다. 이러한 권위주의에서 빗어진 권위는 통제력과 영향력이 가지는 정당성에 대한 상호 간 합의에 기초하여 발휘되는 권위와는 다르다.

정당성을 근거로 권위에 의해 맺어진 관계에 대해 보다 자세히 살펴보면 권위를 가진 사람, 즉 권위자는 헌신에 대한 책임을 가지며, 추종자는 권위자에 대한 복종의 의무가 있다(Demon, 1977; Tisak, 1986; Youniss, 1978). 여기에서 추종자가 권위자에게 복종하게 되는 이유에 대해서 주브넬(Jouvenel, 1957)은 추종자가 권위자에게 복종하는 것이 자신에게도 이익이 되는 경우에 권위가 정당화되고 강화될 수 있기 때문이라고 보았다. 한편 라즈(Raz, 1990)는 추종자가 권위자에게 복종하는 것이 권위자로 하여금 추종자의 이익을 위해 헌신할 수 있도록 하기 때문이라고 보았다. 권위는 권위자로 하여금 주도성과 통제력을 허락하며, 추종자로 하여금 권위자에 대한 복종을 통해 개인적 이익을 얻도록 하여, 결국 상호 간 혜택을 보장하는 역할을 담당한다.

한편 권위는 개인 간의 관계를 넘어서 보다 넓은 사회에서도 적용될 수 있는 개념이다. 이 관점에서 본다면 권위는 권위자가 자신들이 속한 집단을 위해 헌신하게 하고, 추종자도 마찬가지로 자신이 속한 집단을 위해 복종하도록 만든다. 따라서 권위가 사회조직의 형성 및 유지, 나아가 사회의 공동이익이라는 목적을 달성하게 해 준다는 점에서 필수적이다. 사회 내에서 권위가 없어진다면 공동 이익의 창출이 어려울 뿐 아니라 사회조직과 문명이 와해될 수도 있기 때문이다.

권위를 형성할 때 권위에 대한 정당성 확보는 그것이 법, 규칙, 사회규범 등을 기반으로 할 때 가능하다. 권위자가 권위에 해당하는 권리를 부여받는 것도 그들이 가진 권위가 법, 규칙, 사회규범 등에 의해 '정당성'을 확보하기 때문이며, 정당성을 확보한 권위는 강력한 힘을 가진다(Carter, 1979; Raz, 1990). 그럼에도 불구하고 권위가 정당성을 확보했는지가 실제로 발휘되는 권위임을 보장하지는 않는다. 사회규범에 의해 정당성을 확보한 권리를 직위상 권위, 권리상 권위, 형식상 권위라고 한다. 실제로 행사되는 권위는 실질적 권위, 실제적 권위, 사실적 권위라고 부른다. 정당성을 확보한 권위와 실제적 권위가 반드시 일치하지는 않는다(Peters, 1966). 즉, 사회규범에 의해 정당성을 확보했다 할지라도 실제적으로는 행사되지 않는 권위일 수 있다. 베버는 과거로부터 이어지던 전통과 관습에 의해 직위상 권리와 실질적 권위가 통합되어 나타나는 권위를 '전통적 권위'라 보았다. 관습적으로 이어지던 전통적 권위가 존중되지 않고 구성원 간의 합리적인 절차를 통해 전통적 권위를 보완하는 새로운 권위를 형성하게 되면 이를 '합법적 권위(legal authority)' 혹은 '합리적 권위(rational authority)'라 보았다. 전통적 권위는 법, 규칙, 사회규범뿐 아니라 개인의 능력과도 관련되지만 합법적 권위는 개인의 능력이 아니라 규칙이 합리적인지 여부로 권위를 정당화한다. 따라서 전통적 권위와 합법적 권위에 대한 도전은 합법적 규칙에 의해 부여된 직위상 권위보다는 개인의 능력이나 자질 등 개인적 특성에 의해 실질적으로 행사되는 권리를 더 요구하는 경향이 있다. 여기에서 '카리스마적 권위'라는 개념이 등장하며, 추종자는 권위자가 직위상 권위뿐 아니라 본인 스스로의 뛰어난 능력으로 실질적 권위를 갖추기를 바라게 되는 것이다. 이렇게 카리스마적 권위는 한 개인이 가지고 있는 뛰어난 인품, 영웅성, 업적, 규칙과 규범에 대한 헌신을 바탕으로 형성되는데 이 중 한 가지 또는 중복된 특성으로 형성되는 듯하다.

종합해 보면 '권력'은 사회적인 관계 내에서 한 개인이 원하는 바를 이루기 위해 다른 사람으로 하여금 행동적, 심리적 변화를 이끌어 낼 수 있는 힘이나 가능성으로, '권위'는 정당성에 대한 믿음을 토대로 자발적 복종을 이끌어 내는 정당한 힘이나 지배력으로 정의된다. 권위는 정당성이 더해진 권력이라 본다면, 정당성은 권위를 인정하고 수용하는 데 인지적인 근거로 작용한다. 즉, 개인의 힘이나 지배력이 정당성을 갖추고 있는지에 대한 인지적 판단은 그것을 합법적 권위로 인정하고 수용하도록 이끈다. 한편 권위를 인정하고 수용하는 데 심리적 근거가 있다면, 그것은 바로 권위에 대한 존경심이다.

'존경심'이라는 감정은 누군가의 마음속에서 실제로 일어나는 것이며, 사물이 아닌 인격에 대한 감정이라고 칸트(Kant, 1907)는 말했다. 존경심은 어떤 사람의 외적인 부분이나 그 사람이 가지고 있는 타고난 위대한 능력이 아니라, 능력이나 자질을 갈고 닦아 온 그동안의 노력과 근면함 등에 대한 것이다. 단순히 사회적 힘을 가지고 있거나 누군가에게 영향력을 미칠 수 있는 사람이라는 이유로 누군가에게 반드시 존경받으리라 예상할 수는 없다. 또한 누군가가 법, 규칙, 사회규범 등에 의해, 혹은 자기 자신의 뛰어난 능력과 자질에 기반하여 자신이 가진 권위에 정당성을 확보했다 할지라도 그러한 권위를 소유하고 있는 것만으로 존경받을 수는 없으며, 그가 실제로 그 권위를 행사하고 있다 할지라도 권위 행사가 그 자체로 존경의 대상은 아니다. 정당성을 확보한 권위를 가진 사람이 그러한 권위를 행사하는 과정 속에서 자신의 자리에서 최선을 다하고 헌신적이며 자신의 역할을 다하기 위해 개인의 능력과 자질을 끊임없이 발전시켜 나갈 때 그를 따르는 사람들로 하여금 마음속에서 진심으로 우러나오는 존경심이 생기게 한다. 이렇게 존경심은 타인의 명령이나 강제에 의해 촉발될 수 있는 것이 아니라 자발적으로 일어나는 것이다. 나아가 칸트(1907)는 존경심이 가지는 자발성이 기꺼움이라는 특성을 동반한다고 보았는데 이것은 누군가를 자발적으로 존경하게 됨에 따라 어떤 행동을 즐거운 마음으로 기꺼이 수행하는 것이다. 존경심은 추종자로 하여금 권위자의 권위를 존중하며 전적으로 따르게 할 뿐 아니라 기꺼이 권위자, 혹은 집단공동체를 위해 자신의 책임과 의무를 다하게 만든다.

종합해 보면, 권위는 개인적 능력의 차이를 가지고 있는 사람들 간의 불평등한 관계 내에서 능력이 뛰어난 사람이 전체의 공동선을 위해 규칙을 정하고, 그것을 시행해 나갈 권리를 갖는 반면, 집단의 구성원이자 추종자는 권위자가 시행하는 규칙에 복종할 의무를 가지는 것이다. 다만 권위자는 규칙에 의해 자신의 권리를 정당하고 합법적으로 얻었다 할지라도, 그러한 권위가 실제적으로 영향력을 행사하는 실질적 권위가 될 수 있도록 자신의 능력 개발을 위해 노력하는 일을 게을리 하지 않아야 하며, 전체 집단의 이익과 발전을 위해 스스로 헌신해야 한다. 그런 모습을 통해 추종자는 존경심을 느끼게 되고, 권위는 보다 확고해질 수 있다.

2) 권위와 청소년의 도덕적 사회화

인간이 가장 먼저 경험하는 권위는 가정 내에서 맺는 부모-자녀관계에 있다. 이 관계에서 부모가 자녀에 대해 가지는 권위는 자녀에게 사회의 가치를 전달하는 양육 수행의 방법으로 기능한다(Tisak, 1986; Youniss, 1978). 부모와 자녀는 사회체제 속에 존재하는 규칙이나 사회구성원들이 공유하는 가치에 대한 지식의 불균형 속에서 더 많은 지식을 가지고 있는 부모가 권위를 지니게 된다. 부모는 아동에게 적절한 사회규범이나 행동양식을 가르치고 그들에게 적합하지 않은 행동을 금지하고 훈육하는 역할을 담당하며, 자녀는 부모의 가르침에 따르고 요구에 부응하는 과정을 통해 한 사회의 구성원으로서 올바르고 책임감 있게 생활하는 주체가 된다. 피아제(1932)도 부모가 자녀에게 그들이 어린 시기부터 일종의 규칙을 제공한다고 보았다. 예를 들어 일상생활에서 식사를 하고 옷을 입는 방법들도 부모가 자녀에게 제시하는 사회생활의 규칙이다. 유아기 자녀는 부모의 역할이 가지는 권위와 그들의 권위가 제시하는 규칙에 따르며 그러한 부모-자녀 관계 속에서 자연스럽게 사회의 질서와 규범을 획득해 나간다. 이 측면에서 본다면 한 인간의 도덕 사회화는 권위의 불평등을 이루는 초기 부모-자녀 관계 속에서 자녀가 부모의 권위를 수용하고 그들의 기대와 요구에 부응하며 순종하는 과정을 통해 달성되는 것이다. 즉, 자녀가 사회질서와 규범을 알고 도덕성을 내면화하기 위해서는 부모의 권위가 반드시 필요하다.

그러나 사실 자녀는 언제까지나 부모의 권위에 따라 일방적으로 이끌어지는 존재가 아니다. 피아제(1932)는 6세에서 14세 아동을 대상으로 권위에 대한 복종과 불복종의 상황에서 어떻게 사고하는지 아동의 추론을 조사하였다. 6세에서 8세의 아동은 정당성에 대한 개념이 없어 권위에 따른 명령을 신성하고 불변한 것으로 생각하기 때문에 무조건적 복종을 보였다. 반면 8세에서 11세의 아동은 명령이 정당하지 않을 경우 그 명령을 수행해서는 안 된다고 생각하는데, 이러한 변화는 타율적 도덕성이 자율적 도덕성으로 변화하는 과도기에 나타난다. 아동이 더 성장하여 11세에서 14세경에 이르면 자신에게 주어지는 명령에 대해 권위자의 연령, 친밀도, 애정 등의 요인을 종합적으로 고려하여 그것의 정당성을 판단하고 자신의 행동을 결정한다. 즉, 아동은 처음에는 권위를 가진 부모가 요구하는 규범이나 행동양식이 가지는 기능이나 목적에 대해 제대로 이해하지 못한 채 부모의 우월함 그 자체에 대해 맹목적으로 복종하는 단계가 있다. 이 단계는 피아제(1932)의 관점에서 본다면 강제의 도덕성(morality of constraint) 단계와 동일하다. 아동이 점차 또래들과 보다 많은 사회적 교류를 하면서 그들의 도덕성은 한 차원 성숙된다. 더 이상 규칙은 맹목적으로 복종해야 하는 것이 아니며 실제로 상호 간 이익을 주며 사회적으로 가치가 있다고 합의되었을 때 따라야 하는 것이라는 융통성 있는 관점을 형성할 수 있다. 이 단계는 협동의 도덕성(morality of cooperation) 단계라고 볼 수 있다. 즉, 부모라는 존재가 가지는 권위에 일방적으로 따르는 것이 아니라 상호적 개념을 형성하게 된다(Youniss & Smollarm, 1985). 점차 자신들이 따라야 하는 규범이나 가치가 가지는 기능이나 목적을 고려하게 되며, 자율적으로 판단하고 행동하게 되는 것이다. 성인이 가지는 권위에 대해서 처음에 그들이 가진 힘이나 처벌성에 관심을 두는 수준에 머물다가, 이후에는 그들이 가진 지식이나 경험, 능력 등을 인정하고 수용하는 수준으로 변화한다. 나아가서는 성인과 '권위'에 대한 합의를 함께 이끌어 내는 수준으로 발전한다(Laupa & Turiel, 1986; Smetana, 1988). 마지막 단계에서는 부모라는 이유로, 힘을 가진 성인이라는 이유로 자녀의 행동을 일방적으로 강제할 수 없다고 여긴다. 점차 그들이 가진 권위에 대한 비판이나 도전이 가능해진다. 즉, 개인은 연령의 증가에 따른 인지적 성숙과 함께 권위에 대해 맹목적으로 복종하는 타율적 인간에서 권위의 정당성 유무나 권위자가 요구하는 규칙, 규범의 기능과 목적을 종합적으로 고려하여 합리적 판단을 내리는 자율적 인간으로 성장해 나가는 것이다.

자연스러운 발달과정을 고려할 때, 청소년기에 보이는 타인에 대한 권력 인식 및 판단은 아동기에 보이는 그것과 분명히 다를 수 있다. 청소년기에는 부모나 교사와의 관계를 통해 제한된 범위 내에서 이루어지는 개인적 권위를 접하게 되며 그를 통해 태도를 형성해 간다. 좁게는 학교 내의 규칙, 넓게는 법 또는 경찰이나 정부에서 제시하는 보다 공적이고 개인적이지 않은 권위를 경험하게 된다(Elmer & Reicher, 1987). 청소년기의 주요 과업인 정체성 발달(Erickson, 1968) 및 논리적 추론능력의 비약적인 향상(Piaget, 1936)과 더불어 부모나 교사뿐 아니라 권위를 가진 대상들을 비판적으로 바라보는 사고가 나타난다. 청소년기에 보이는 성인에 대한 권위에 대한 개념과 태도는 아동기와 다르며, 아동기에는 일방적으로 따르기만 했던 부모의 권위와 자신의 자율 결정권이 갈등하기 시작한다(Elmer & Reicher, 1987; Smetana & Asquith, 1994; Smetana & Bitz, 1996).

따라서 청소년의 도덕 사회화를 고찰할 때 사회적 권위에 대한 근거와 정당성을 고려할 필요가 있다. 청소년들이 보이는 경찰, 법, 교사, 군인 등 다양한 권위의 중요한 근거들(혹은 잠재적 근거들)에 대한 태도를 조사한 연구들이 있다. 영국 청소년을 대상으로 한 연구에서 많은 수의 청소년이 교사나 경찰에 대해서는 부정적 태도를 보였지만, 대다수의 권위에 대해서는 긍정적 태도를 보였다(Murray & Thompson, 1985). 오스트레일리아 청소년을 대상으로 한 연구(Ridby, Scholfield, & Slee, 1987)에서는 부모, 교사, 경찰, 법 등을 포함하는 제도적 권위에 대해 상대적으로 긍정적 태도를 지닌 양상을 확인할 수 있었다. 이 결과는 다른 연구들(Elmer & Reicher, 1987; Murray & Thompson, 1985; Ridby & Densley, 1985)에서도 유사하게 나타났다. 영국, 오스트레일리아, 스코틀랜드 등 여러 문화권에서 일반적으로 사회적 권위에 대해 긍정적 태도를 보이다가 연령이 높아짐에 따라 다소 비호의적 태도로 변화될 수 있는데, 특히 고등학교 시기에 그러하다(Lapsley, Harwell, Olsen, Flannery, & Quentana, 1984). 한편 리드비(Ridby)와 동료들의 연구(1987)에서 부모와 교사에 대한 태도는 부정적으로 변화했지만, 법이나 경찰에 대한 태도는 그런 변화를 보이지 않아, 대상에 따라 권위에 대한 태도가 변화하는 양상이 상이하게 나타났다. 청소년의 권위 인식에 대한 해외 연구들은 일반적으로 10대 중반 시기까지 권위에 대한 태도가 안정적으로 나타나며, 연령이 더 높아져도 권위에 대해 적대감이 급격하게 증가하는 양상은 나타나지 않는다고 결론지었다(Murray & Thompson, 1985; Ridby & Rump, 1981; Rigby & Densley, 1985).

성인의 권위와 청소년의 자율성이 갈등하는 시기에 성인이 권위가 적용되는 행동 영역에서 적절한 지식이나 행동양식을 전달할 뿐 아니라 청소년 스스로 그러한 내용의 근거와 이유들을 이해하고 판단하는 능력을 키우도록 가르쳐야 하는 이유는 그 가운데 성인 권위의 정당성이 인정되기 때문이다(Peters, 1966). 이러한 과정을 통해 청소년들은 외부의 통제를 자율적 통제로 대체하고, 자신의 판단과 행동에 대해 책임지는 것을 배운다. 만약 이러한 발달적 변화를 자연스럽게 경험하지 못하면 권위에 대해 공격적이고 파괴적인 행동을 보이고 반항적 방법으로 권위에 도전하게 되며, 나아가 정해진 규칙을 심각하게 위반하거나 사회적으로 위험한 행동을 보일 수도 있다. 규칙이나 행동규범을 무시하거나 도덕적 판단력이 미흡한 청소년들이 비행을 저지른다는 점이 이를 입증해 준다(Kohlberg, 1978; Smetana, 1990).

콜버그(1978)는 개인의 도덕성 발달 과정은 힘과 처벌에 초점을 두고 일방적으로 권위에 복종하는 단계에서 전통이나, 집단, 질서 유지 등에 기초한 권위에 제약을 받는 단계로 발전하고, 나아가 자율적 판단력과 결정력을 갖추는 단계에 이르게 된다고 보았다. 또한 이러한 과정 속에서 비행청소년들은 주로 2단계인 도구적 상대주의에 근거하여 도덕판단을 한다는 결과를 제시하여 인지적 도덕판단 능력과 비행행동이 관련 있음을 제시하였다. 스메타나(Smetana, 1990)도 도덕적 추론에 영향을 미치는 사회인구학적 변인들을 통제한 이후에도 비행청소년 집단과 일반청소년 집단에서 도덕판단 능력에 유의한 차이를 보였다는 결과를 제시하고, 이는 청소년의 비행과 불복종 행동이 도덕판단 능력의 발달 실패 또는 지연에 의한 것이라 설명했다. 낮은 수준의 도덕판단 능력이 비행과 관련된다는 결과들은 적절한 수준의 도덕판단 능력을 갖추는 것이 도덕 행동과 준법 행동을 유도한다는 점을 시사해 준다. 어린 시기에서부터 부모-자녀 관계 혹은 보다 넓은 사회적 관계 속에서 정당성을 갖춘 성인의 권위를 경험하는 가운데 그들이 요구하는 규범이나 행동양식을 수용하고 내면화하며, 성숙한 도덕적 판단력과 사고력을 길러 나감으로써 도덕적이고 준법적인 성인으로 성장할 수 있다고 보는 것이다. 한편 낮은 도덕판단 능력보다 권위에 대한 비호의적 태도가 청소년 비행 문제와 더욱 관련이 높다고 본 연구결과(Elmer & Reicher, 1987; Johnson, Hogan, Zonderman, Callens, & Rogolsky, 1981; Levy, 2001)들도 있다. 이들은 낮은 도덕판단 능력이 비행과 직접 연관되는 것이 아니라는 입장에서 여러 가지 사회적 영향 속에 권위에 대한 의심과 불만을 품게 됨에 따라 법, 규칙, 사회규범 그 자체, 혹은 그것들에 기반하고 있는 권위를 경시하고 부정하려는 태도가 형성되고 그에 따라 비도덕적이고 준법적이지 않은 행동이 유발된다고 본다.

위의 연구들은 청소년들의 도덕성과 법의식이 어떤 경로로든 다양한 사회적 권위에 대한 인식 및 존중 의식 등에 의해 영향을 받고 형성된다는 점을 강조했다. 이를 고려하여 북한이탈청소년과 남한청소년의 도덕성과 법의식 수준을 보다 깊이 있게 이해하기 위해 일차 양육자인 부모를 포함한 주변 인물들뿐 아니라 다양한 사회적 인물들이 가지고 있는 권위에 대한 그들의 생각을 알아볼 필요가 있다. 아직 우리나라에서는 북한이탈청소년뿐 아니라 남한청소년들을 대상으로 권위 인식에 대해 알아본 연구가 없다는 점에서 북한이탈청소년과 남한청소년이 주변 인물이나 사회적 인물들의 힘과 영향력을 어느 정도로 인식하며, 그들이 가진 권위에 얼마만큼의 존경심을 표현하는지 알아보고, 나아가 권위의 근거에 따라 권위를 인정하고 수용하는 수준이 어떠한지를 알아보는 이 연구는 권위와 도덕적 사회화의 연관성을 찾아보는 의미 있는 시도가 될 것이다.

제3장

연구방법 및 대상

이 연구는 양적 연구방법과 질적 연구방법을 사용하여 진행되었다. 연구 내용의 대부분을 차지하는 도덕성, 법의식, 권위 인식 등에 대한 북한이탈청소년과 남한청소년의 비교는 양적 연구방법을 통해 이루어졌다. 북한이탈청소년의 도덕성 및 권위 인식의 사회화 과정과 변화과정은 질적 연구방법을 통해 탐구하였다. 이 장에서는 사용된 양적 연구방법과 질적 연구방법에 대해서 간략하게 소개하고자 한다.

1. 양적 연구 및 질적 연구의 조사대상 및 방법

1) 조사방법

양적 조사는 예비조사와 본조사로 이루어졌다. 예비조사는 설문지 구성의 타당도를 확인하고, 초점 연구대상인 북한이탈청소년들이 설문지 이해 및 작성에 어려움이 없는지를 직접 알아보기 위한 목적으로 2011년 1월 한 달 동안 이루어졌다. 예비조사는 공부방 형태로 운영되는 북한이탈청소년 관련 기관 세 곳에 직접 방문하여 총 15명의 북한이탈청소년들을 대상으로 실시하였다.

예비조사에서는 설문지에 기록한 응답 자체보다 설문지 작성 과정에 초점을 두어 예비조사에 참여하여 설문지를 작성하는 대상자에게 보다 많은 피드백을 얻기 위해 면대면 조사방법을 사용하였다. 한 명당 세 시간 정도가 소요되었으며, 총 15명을 대상으로 한 예비조사를 통해 척도 구성의 타당성을 보완하고, 이해하기 어려운 단어나 문항들을 수정하였다.

예비조사를 통해 설문지를 보완하고 수정한 후 2011년 3월에 본조사가 시작되었다. 대안학교 네 곳을 방문하여 북한이탈청소년들을 조사하였다. 5월에는 연락된 학교에 우편을 통해 설문지를 전달하고 전달받는 형식으로 비교집단인 일반 중 · 고등학교에 재학 중인 남한청소년을 대상으로 하는 조사가 진행되었다. 8월에는 특성화학교 한 곳을 직접 방문하여 북한이탈청소년들을 대상으로 조사를 진행하였다. 북한이탈청소년들을 대상으로 한 조사에서는 가능한 많은 조사자가 동시에 기관을 방문하고 학생들을 가능한 작은 집단으로 나누었다. 그들이 설문지를 이해하고 작성하는 데 어려움을 최소화할 수 있도록 실시간으로 도움을 제공하고 질문과 피드백이 계속 오고가는 조사 상황을 조성하였으며, 한국어 능력의 제한 때문에 직접 설문지를 작성하기 어려운 경우 조사가가 일대일로 대상자의 응답을 대리기록하는 방식을 사용하기도 했다.

이 연구의 초점 집단인 북한이탈청소년의 대부분이 중 · 고등학교 과정 중이라는 점을 고려하여 북한이탈청소년의 학업과정에 상응하는 학업과정에 있는 남한청소년을 대응 표집하였다. 북한이탈청소년의 연령이 전반적으로 높다는 점을 고려하여 남한청소년의 표집 대상을 중학교 3학년 이상으로 제한하였다. 더불어 대학입시준비로 학교의 협조를 구하기 어려운 고등학교 3학년 학생도 표집 대상에서 제외하였다. 따라서 남한청소년의 경우 일반 중 · 고등학교에 재학 중이며, 중학교 3학년에서부터 고등학교 2학년에 해당하는 학생을 중심으로 표집하였다.

이러한 목적으로 서울 및 경기도의 중류층 가정이 거주하는 지역을 중심으로 중학교 세 곳(서울시 강서구, 경기도 의정부, 경기도 안산시)과 고등학교 세 곳(서울시 강북구, 서울시 동대문구, 경기도 부천시), 총 여섯 학교에 조사 협조를 구했다. 표집 시 학교의 소재지인 서울시와 경기도의 비율, 남학생과 여학생의 비율 및 각 학년별 비율 등을 고려하는 할당표집 방법을 사용하였다.

남한청소년들을 대상으로 한 조사에서는 조사방법 및 유의사항에 대해 각 담임교사에게 전화 혹은 서면으로 구체적 지시를 제공하여 교사가 직접 아이들의 설문 작성을 지도하고, 질문을 받고 피드백을 줄 수 있도록 협조를 구했다. 북한이탈청소년 및 남한청소년이 설문지 응답을 마치면 조사자가 직접 설문지 전체를 처음부터 끝까지 살펴 누락된 응답은 없는지, 중복된 응답은 없는지, 기입방식이 잘못된 응답은 없는지, 주관식 응답이 부실하지 않은지 등을 꼼꼼히 살핀 후에야 설문이 완료될 수 있도록 하여 부실 응답된 질문지를 최대한 줄였다. 북한이탈청소년들을 대상으로 한 조사 진행 과정 동안 설문지의 이해 및 작성에 상당히 큰 어려움이 있었던 경우 전체 설문지를 신뢰하기 어렵다는 점에서 분석에서 제외하였다. 마찬가지로 남한청소년들의 설문지에서도 누락된 응답이 많거나 성실하지 않은 응답을 한 설문지를 분석에서 제외하였다. 따라서 대안학교 집단 76명, 특성화학교 집단 43명, 일반 중·고등학교 집단 358명의 설문지가 최종적으로 분석에 사용되었다. 조사 진행 과정 및 최종분석에 사용된 설문지의 수는 〈표Ⅲ-1〉에 제시되어 있다.

〈표Ⅲ-1〉 조사 진행 과정 요약 및 최종분석에 사용된 설문지의 수

구분	집단	기관 혹은 학교의 종류	기관의 수	진행시기	최종분석용 설문지의 수
예비조사	북한이탈청소년	공부방	3개	2011년 1월	15부
본조사	북한이탈청소년	대안학교	4개	2011년 3월	76부
		특성화학교	1개	2011년 8월	43부
	남한청소년	일반 중·고등학교	6개	2011년 5월	358부

수집된 자료는 PASW18 프로그램을 이용하여 분석되었으며, 통계 방법으로는 빈도, 백분율, 평균, 표준편차, 다중회귀분석, 로지스틱 회귀분석을 사용하였다. 먼저 연구대상의 일반적 특성을 파악하기 위해 빈도, 백분율, 평균, 표준편차 등을 알아보았다. 북한이탈청소년 및 남한청소년의 도덕성, 법

의식, 권위 인식의 전반적 경향을 파악하기 위해 연구문제에 따라 빈도, 백분율, 평균, 표준편차를 선택적으로 알아보았다. 북한이탈청소년 및 남한청소년의 도덕성, 법의식 비교를 위해 다중회귀분석과 로지스틱 회귀분석을 실시하였다. 마지막으로 북한이탈청소년 및 남한청소년의 권력 인식 비교를 위해 독립표본 t-test를 실시하였다.

질적 자료 수집을 위해서 북한이탈청소년들을 대상으로 한 대안학교와 특성화학교 남학생 5명과 여학생 13명, 총 18명의 청소년을 심층 면접하였다. 이들의 연령은 17~24세였으며 중학교 과정과 고등학교 과정을 다니고 있었다. 면접조사는 2011년 7월과 8월에 걸쳐 이루어졌으며, 주로 대상자들이 서울대학교를 방문하여 이루어졌다. 면접은 연구자들과 연구에 참여한 대학원 석 · 박사과정 보조원에 의해 이루어졌다(표Ⅲ-2).

〈표Ⅲ-2〉 면접조사 대상자의 성별과 연령

면접번호	성별	나이	소속
1	여	19	대안학교
2	여	18	대안학교
3	남	18	대안학교
4	여	19	대안학교
5	여	22	대안학교
6	여	20	대안학교
7	남	23	대안학교
8	여	22	대안학교
9	여	24	대안학교
10	여	20	대안학교
11	남	24	대안학교
12	여	21	대안학교
13	여	20	대안학교
14	여	17	특성화학교
15	여	18	특성화학교
16	여	18	특성화학교
17	남	19	특성화학교
18	남	19	특성화학교

면접조사 내용은 북한에 있을 때 가정과 학교에서 도덕과 법의식을 어떻게 교육받았는지, 여러 가지 유형의 권위에 대해 어떻게 인식하고 있는지, 이러한 도덕성과 권위 인식이 탈북과정과 남한 정착 후 어떤 변화를 겪게 되었는지, 구체적 딜레마 상황에서 어떻게 행동할 것인지 등으로 구성하였다. 반구조화된 조사 내용으로 면접할 수 있도록 연구보조원을 훈련한 후 일대일 개인 면접조사를 실시하였다. 개인별로 약 1시간 30분에서 2시간 정도 소요되었고, 대상자의 동의하에 내용을 녹음하여 녹취록을 작성하였다.

2) 양적 조사 대상자 특성

설문조사에 참여한 북한이탈청소년과 남한청소년 수는 남학생 229명과 여학생 248명을 포함하여 전체 477명이었다. 북한이탈청소년은 총 119명(남 50명, 여 69명), 남한청소년은 총 358명(남 179명, 여 179명)으로 남한청소년의 표집 수가 북한이탈청소년의 세 배 정도였다. 다음으로 평균연령을 살펴보면, 북한이탈청소년의 평균연령은 19.9세(SD=2.2)로 남학생의 평균연령이 20세(SD=2.4), 여학생의 평균연령이 19.8세(SD=2.0)였다. 남한청소년의 평균연령은 17세(SD=0.8)로 남학생의 평균연령이 17세(SD=0.8), 여학생의 평균연령이 17세(SD=0.8)였다. 전체적으로 북한이탈청소년의 평균 연령이 남한청소년에 비해 약 2세에서 3세 정도 높았다(표Ⅲ-3).

〈표Ⅲ-3〉 전체 표집 대상의 연령

구분	북한이탈청소년			남한청소년		
	빈도(명)	평균	표준편차	빈도(명)	평균	표준편차
남자	50	20.0	2.4	179	17.0	0.8
여자	69	19.8	2.0	179	17.0	0.8
계	119	19.9	2.2	358	17.0	0.8

(1) 북한이탈청소년의 연령 및 학업과정

이 연구에 참여한 북한이탈청소년의 연령 분포를 구체적으로 살펴보면, 전체 북한이탈청소년 중 가장 큰 비중을 차지한 연령대는 18세에서 20세 사이의 학생으로 총 71명(59.7%)이었다. 그 다음으로는 21세에서 23세 사이의 학생이 23명(19.3%), 15세에서 17세 사이의 학생이 14명(11.8%), 24세에서 26세 사이의 학생이 11명(9.2%) 순이었다. 연구에 참여한 북한이탈청소년이 대체로 10대 후반에서 20대 초반 연령임을 알 수 있었다(표Ⅲ-4).

〈표Ⅲ-4〉 북한이탈청소년의 연령 분포

구분	성별				전체	
	남		여			
	빈도(명)	비율(%)	빈도(명)	비율(%)	빈도(명)	비율(%)
15~17세	7	14.0	7	10.1	14	11.8
18~20세	28	56.0	43	62.3	71	59.7
21~23세	8	16.0	15	21.7	23	19.3
24~26세	7	14.0	4	5.8	11	9.2
계	50	100.0	69	100.0	119	100.0

〈표Ⅲ-5〉 북한이탈청소년의 현재 학업과정

구분		성별				전체	
		남		여			
		빈도(명)	비율(%)	빈도(명)	비율(%)	빈도(명)	비율(%)
정규과정	중1	3	6.0	1	1.4	4	3.4
	중2	0	0	1	1.4	1	0.8
	중3	0	0	1	1.4	1	0.8
	고1	5	10.0	2	2.9	7	5.9
	고2	6	12.0	16	23.2	22	18.5
	고3	16	32.0	17	24.6	33	27.7
검정고시 준비	중입검정	3	6.0	9	13.0	12	10.1
	고입검정	8	16.0	10	14.5	18	15.1
	대입검정	5	10.0	7	10.1	12	10.1
	수능	4	8.0	5	7.2	9	7.6
계		50	100.0	69	100.0	119	100.0

현재 학업과정을 살펴본 결과, 정규과정에 있는 학생은 중학교 1학년이 4명(3.4%), 중학교 2학년이 1명(0.8%), 중학교 3학년이 1명(0.8%), 고등학교 1학년이 7명(5.9%), 고등학교 2학년이 22명(18.5%), 고등학교 3학년이 33명(27.7%)

이었다. 한편 검정고시를 준비하는 학생 중 12명(10.1%)이 중입검정을, 18명(15.1%)이 고입검정을, 12명(10.1%)이 대입검정을 준비하였다. 마지막으로 고등학교 과정을 북한에서나 남한에서 모두 마친 후 대학교 입학을 위한 수능시험을 준비하는 학생이 9명(7.6%)이었다. 고등학교 3학년에 재학 중인 학생이 가장 많았으며, 그 다음으로 고등학교 2학년, 고입검정을 준비하는 학생의 순으로 많았다(표Ⅲ-5).

(2) 북한에서의 최종학력 및 학업기간

북한에서의 최종학력은 다음과 같다. 전체 119명 중 16명(13.4%)이 북한에 있을 때 학교에 다닌 적이 없었다. 북한에서의 최종학력이 인민학교 재학 혹은 졸업인 경우는 전체 대상 중 33명(27.7%)이었으며, 고등중학교 재학 혹은 졸업인 경우는 58명(48.7%)이었다. 총 12명은 북한에서의 최종학력에 응답하지 않았다. 북한이탈청소년 중에서 학교를 다닌 적이 없는 경우보다 학교를 다니다가 남한으로 온 경우가 훨씬 많았으나 그럼에도 불구하고 인민학교 1학년에서부터 고등중학교 6학년에 이르기까지 정규과정을 다하지 못하고 중도에 학업을 그만둔 경우가 상당히 많다는 점을 알 수 있었다(표Ⅲ-6).

〈표Ⅲ-6〉 북한이탈청소년의 북한에서의 최종학력

구분		성별				전체(N=107)	
		남		여			
		빈도(명)	비율(%)	빈도(명)	비율(%)	빈도(명)	비율(%)
학교에 다닌 적 없음		6	12.0	10	14.5	16	13.4
인민학교	1학년	4	8.0	2	2.9	6	5.0
	2학년	3	6.0	3	4.3	6	5.0
	3학년	3	6.0	4	5.8	7	5.9
	4학년	6	12.0	8	11.6	14	11.8
	계	16	32.0	17	24.6	33	27.7
고등중학교	1학년	1	2.0	5	7.2	6	5.0
	2학년	4	8.0	8	11.6	12	10.1
	3학년	3	6.0	2	2.9	5	4.2
	4학년	5	10.0	2	2.9	7	5.9
	5학년	5	10.0	3	4.3	8	6.7
	6학년	6	12.0	14	20.3	20	16.8
	계	24	48.0	34	49.2	58	48.7

북한이탈청소년이 북한에서 정규교육을 받았던 학업기간의 평균은 5.2년이었다. 인민학교가 4년제, 고등중학교가 6년제임을 고려하면 연구에 참여한 북한이탈청소년들이 북한에 있는 동안 평균적으로 고등중학교 1학년 정도까지의 학업과정을 마친 것을 알 수 있었다(표Ⅲ-7).

〈표Ⅲ-7〉 북한이탈청소년의 북한에서의 평균 학업기간

구분	성별				전체(N=107)	
	남(N=46)		여(N=61)			
	평균	표준편차	평균	표준편차	평균	표준편차
북한에서의 평균 학업기간(년)	5.2	3.5	5.3	3.6	5.2	3.5

(3) 가정의 교육수준 및 소득수준

북한이탈청소년 가정의 부모의 교육수준을 살펴본 결과, 아버지의 교육수준은 고등중학교 졸업인 경우가 36명(30.3%)으로 가장 많았고, 대학교 졸업인 경우가 27명(22.7%)으로 그 다음으로 많았다. 어머니의 교육수준은 고등중학교 졸업인 경우가 59명(49.6%)으로 가장 많았고 대학교 졸업인 경우가 29명(24.4%)으로 그 다음으로 많았다. 전반적으로 고등중학교를 졸업한 경우가 가장 많은 수를 차지했으며, 그 다음으로 대학교 졸업인 경우도 많은 편이었다. 다만, 전체적으로 부모의 교육수준을 정확히 알지 못하고 있는 경우가 많아 기타 및 무응답의 비율이 상대적으로 높았다(표Ⅲ-8).

〈표Ⅲ-8〉 북한이탈청소년 가정의 교육수준

교육수준	부		모	
	빈도(명)	비율(%)	빈도(명)	비율(%)
소학교 졸업	2	1.7	3	2.5
고등중학교 졸업	36	30.3	59	49.6
대학교 졸업	27	22.7	29	24.4
대학원 졸업	4	3.4	3	2.5
기타 및 무응답	50	42.0	25	21.0
계	119	100	119	100

북한이탈청소년 가정의 현재 소득수준을 살펴보면, 월 100만 원 미만인 경우가 50명(42%)으로 가장 많았다. 그리고 월 100만 원 이상에서 월 200만 원 미만인 경우가 26명(21.8%), 월 200만 원 이상에서 월 300만 원 미만인 경우 13명(10.9%)으로 월 300만 원 미만에 해당되는 경우가 전체의 75%에 가까운 비중을 차지했다. 다만, 부모의 학력에 대한 질문과 마찬가지로 소득수준에 대한 질문에서 북한이탈청소년에게 기타 및 무응답의 비율이 높았다(표Ⅲ-9).

〈표Ⅲ-9〉 북한이탈청소년 가정의 소득수준

월 소득	빈도(명)	비율(%)
100만 원 미만	50	42.0
100만 원 이상~200만 원 미만	26	21.8
200만 원 이상~300만 원 미만	13	10.9
300만 원 이상~400만 원 미만	3	2.5
400만 원 이상~500만 원 미만	0	0
500만 원 이상	1	0.8
기타 및 무응답	26	21.8
계	119	100

(4) 제3국 체류경험 및 입국 후 기간

북한이탈청소년의 탈북 관련 경험을 알기 위해 북한이탈 후 체류한 국가의 수, 제3국 체류기간, 체류국가 등에 대해 살펴본 결과는 각각 〈표Ⅲ-10〉, 〈표Ⅲ-11〉과 같다. 먼저 북한이탈 후 체류한 제3국 국가의 수는 평균 2.1(SD=1.3)이었으며, 대체로 2개국 정도의 체류경험이 있다는 것을 알 수 있었다.

북한이탈 후 제3국에서 체류한 총기간의 경우 평균 32개월(SD=42.3)이었으나 응답 분포상 체류기간의 차이가 크게 나타나 24개월 미만의 단기체류와 24개월 이상의 장기체류로 구분하여 살펴볼 필요가 있었다. 24개월 미만의 단기체류인 경우에는 체류기간 평균이 5.7개월(SD=5.2)로 반년보다 약간 짧은 정도였으며, 24개월 이상의 장기체류인 경우에는 체류기간 평균이 79.3개월(SD=38.4)로 약 6년 반 정도였다. 제3국에서 24개월 미만 단기체류한 경우가 24개월 이상 장기체류한 경우보다 훨씬 많았지만, 전반적으로 제3국 체류기간에 편차가 상당히 큰 편이었다.

〈표 Ⅲ-10〉 북한이탈청소년의 제3국 체류기간

제3국 체류기간	빈도(명)	평균	표준편차
24개월 미만 단기체류	65	5.7	5.2
24개월 이상 장기체류	36	79.3	38.4
계	101	32	42.3

한편 북한이탈청소년들이 체류했던 제3국가에 대해 더 자세히 알아보기 위해 체류했던 국가들의 이름을 체류순서대로 물어본 결과, 101명(84.9%)이 중국에서, 6명(5%)이 태국에서 가장 먼저 체류했다고 보고하였다. 두 번째로 체류했던 국가로는 51명(42.9%)이 태국, 13명(10.9%)이 라오스, 7명(5.9%)이 베트남을 지목하였다. 북한이탈청소년의 대부분이 중국에 체류한 경험이 있으며, 그 외 태국, 라오스, 베트남 등을 거쳐 남한에 입국했다는 점을 알 수 있었다.

〈표 Ⅲ-11〉 북한이탈청소년이 체류한 국가

체류순서	국가	빈도(명)	비율(%)
첫 번째 체류국가	중국	101	84.9
	태국	6	5
	기타	12	10.1
두 번째 체류국가	태국	51	42.9
	라오스	13	10.9
	베트남	7	5.9
	기타	48	40.3

〈표 Ⅲ-12〉 북한이탈청소년이 체류한 기간

입국 후 기간	빈도(명)	평균	표준편차
남한 거주기간(년)	116	3.0	1.6

북한이탈청소년의 남한 입국 후 기간을 살펴본 결과, 평균 3년(SD=1.6)으로 북한이탈청소년이 대체로 3년 정도 남한에서 생활했다는 점을 확인할 수 있다(표 Ⅲ-12).

(5) 남한청소년의 연령(학년)

여섯 개 학교에서 표집된 남한청소년의 성별 및 학년 분포는 <표Ⅲ-13>과 같다. 중학교 3학년에 재학 중인 학생은 136명(남학생 66명, 여학생 70명), 고등학교 1학년에 재학 중인 학생은 114명(남학생 57명, 여학생 57명), 고등학교 2학년에 재학 중인 학생은 총 108명(남학생 56명, 여학생 52명)으로 남한청소년은 모두 358명(남학생 179명, 여학생 179명)이었다.

<표Ⅲ-13> 남한청소년의 현재 학년

구분	성별				전체	
	남		여			
	빈도(명)	비율(%)	빈도(명)	비율(%)	빈도(명)	비율(%)
중3	66	36.9	70	39.1	136	38.0
고1	57	31.8	57	31.8	114	31.8
고2	56	31.3	52	29.1	108	30.2
계	179	100.0	179	100.0	358	100.0

(6) 남한청소년 부모의 교육수준 및 소득수준

남한청소년 가정의 교육수준을 살펴본 결과, 아버지의 교육수준은 고졸인 경우가 158명(44.1%)으로 가장 많았으며, 그 다음으로는 대졸이 147명(41.1%)으로 많았다. 어머니의 교육수준도 고졸인 경우가 201명(56.1%)으로 가장 많았으며, 그 다음으로는 대졸이 109명(30.4%)으로 많았다. 두 집단 모두에서 부모의 고졸과 대졸 학력이 전체적으로 높은 비중을 차지했다(표Ⅲ-14).

<표Ⅲ-14> 남한청소년 부모의 교육수준

교육수준	부		모	
	빈도(명)	비율(%)	빈도(명)	비율(%)
초등학교 졸업	5	1.4	5	1.4
중학교 졸업	16	4.5	19	5.3
고등학교 졸업	158	44.1	201	56.1
대학교 졸업	147	41.1	109	30.4
대학원 졸업	15	4.3	12	3.4
기타 및 무응답	17	4.6	12	3.4
계	358	100	358	100

남한청소년 가정의 소득수준을 살펴보면, 월 200만 원 이상에서 월 300만 원 미만인 경우가 86명(24%), 월 300만 원 이상에서 월 400만 원 미만인 경우가 83명(23.2%)으로 가장 많았다. 남한청소년의 경우, 가족의 소득이 월 100만 원 이상에서 월 200만 원 미만인 경우에서부터 월 500만 원 이상인 경우에 이르기까지 전 소득수준대에 고른 분포를 보였으며, 북한이탈청소년 가정에 비해 월 소득이 300만 원 이상인 경우의 비율이 상대적으로 높았다. 기타 및 무응답 비율은 상대적으로 낮은 편이었다(표Ⅲ-15).

〈표Ⅲ-15〉 남한청소년 가정의 소득수준

월 소득	빈도(명)	비율(%)
100만 원 미만	9	2.5
100만 원 이상 ~ 200만 원 미만	60	16.8
200만 원 이상 ~ 300만 원 미만	86	24.0
300만 원 이상 ~ 400만 원 미만	83	23.2
400만 원 이상 ~ 500만 원 미만	52	14.5
500만 원 이상	61	17.0
기타 및 무응답	7	2.0
계	358	100

2. 양적 연구의 조사도구

북한이탈청소년과 남한청소년의 도덕성 및 법의식에 대해 알아보기 위해 〈표Ⅲ-16〉과 같이 조사도구를 사용하였다.

〈표Ⅲ-16〉 조사도구 요약

영역	측정개념	도구(개발자)	사용방법	문항 유형
도덕성	도덕판단	DIT(Rest, 1972) 번안판 DIT(문용린, 1986)	딜레마 선별 후 수정하여 사용	남편의 고민, 탈옥수, 환자의 애원
	친사회적 도덕추론	친사회적 도덕갈등 상황(Eisenberg-Berg, 1979a) 친사회적 도덕추론과제(이옥경, 이순형, 1996; 이혜영, 이순형, 2007)	수정하여 사용	내집단-시간적 대가 내집단-금전적 대가 내집단-관계적 대가 외집단-시간적 대가

도덕성				외집단-금전적 대가 외집단-관계적 대가
	수치심 및 죄책감	TOSCA-A(Tangney, Wagner, Gavlas, & Gramzow, 1991)	번역 및 검토, 문항 선별 후 사용	수치심(8개), 죄책감(8개)
		PFQ-2(Harder & Zalma, 1990)	번역 및 검토 후 사용	수치심(10개), 죄책감(6개)
	공감	IRI(Davis, 1980)	번역 및 검토 후 사용	관점 취하기(7개) 상상하기(7개) 공감적 관심(7개) 개인적 고통(7개)
법의식	법추론	법적 추론(김준호, 1996)	문항 선별 후 사용	법의 본질과 기능(3개) 법의 변화 가능성(3개)
	법의식	법의식(곽한영, 2007)	문항 선별 후 수정하여 사용	법의 필요성 인식(2개) 법에 대한 친근감(4개) 법에 대한 신뢰감(5개) 법에 대한 호의적 태도(4개) 법 사용의사(2개) 법적 효능감(4개)
	법 용어 연상	법 용어 연상(안경환, 문용린, 황경식, 이순형, 1995)		자유연상어(3개)
권위	권력 인식	권력 인식 체크리스트	자체 제작	인물별 체크(21개)
	존경심	존경심 체크리스트	자체 제작	인물별 체크(21개)
	권위의 서열화	권위의 종류에 따른 집단 서열화	자체 제작	1순위~7순위(7개)

1) 도덕성

(1) 도덕판단

청소년의 도덕판단 수준의 측정을 위해 레스트(Rest, 1972)가 제작하고 문용린(1986)에 의해 번안 · 표준화된 객관식형 도덕판단력검사(DIT)를 연구목적과 연구대상에 맞게 객관식 및 주관식 혼합형으로 수정하여 사용하였다. 레스트(Rest, 1972)가 제작한 도덕판단력검사(DIT)는 콜버그(1969)의 발달이론에 기초를 두고 있는 가장 대표적인 도덕판단력 검사이다. DIT는 객관식 측정법으로 콜버그는 도덕판단 면접법(MJI)에 비해 검사실시가 수월하며, 집단검사가 가능하고, 채점에 신뢰도와 타당도가 높다는 등 장점에도 불구하고 중학교 3학년 이상의 언어능력을 요구하기 때문에 난이도가 다소 높다.

이 연구의 주 연구대상인 북한이탈청소년이 비슷한 연령대의 남한청소년에 비해 한국어 능력의 한계가 있다는 점을 고려할 때 DIT검사의 딜레마와 딜레마별로 주어지는 12개의 하위 질문의 내용 그 자체에 대한 이해뿐 아니라 각 질문이 중요하다고 여기는 정도에 따라 자신의 생각을 평정하는 검사방법에 대한 이해에도 어려움이 있을 것이라 예상되었다. 따라서 기존의 DIT검사를 그대로 사용한다면 DIT검사를 통해 기대하는 북한이탈청소년들의 도덕판단력에 대한 객관적이고 신뢰성 있는 결과를 얻기 어려울 수 있다. 한편 문용린(2004)이 한국에서 번안된 한국판 DIT의 언어적 난이도를 대폭 낮추어 초등학교 3학년까지도 적용할 수 있도록 개발한 K-DIT도 초등학생들을 대상으로 하여 수정 · 보완된 검사도구이기 때문에 북한이탈청소년들에게 그대로 적용하면 타당성에 문제가 있을 것으로 예상하였다.

따라서 이 연구에서는 DIT 간편형의 '남편의 고민', '탈옥수', '환자의 애원'이라는 세 가지 딜레마를 사용하되, 북한이탈청소년들의 검사에 대한 정확한 이해를 돕고 자신의 생각을 보다 쉽고 자유롭게 표현할 수 있도록 DIT와 콜버그의 도덕판단 면접법의 장점을 혼합한 검사방법을 사용하게 되었다. 이 방법은 각 딜레마 상황을 제시한 후, '만약 당신이라면 어떻게 하시겠습니까?'라는 의사결정에 대한 질문을 하고 보기로 주어지는 세 가지 중 한 가지를 선택하도록 하며, 그러한 의사결정의 이유에 대해 주관식으로 직접 기입하도록 하였다. 즉, 선택형(문항 1개)과 주관식형(문항 1개)을 혼합한 방식을 사용하였다. 각 대상자에게 동일한 딜레마 상황을 집단검사로 제시하고 주어진 상황에서 어떻게 할지에 대한 판단을 선택형으로 결정하도록 하는 점에서는 DIT와 유사하다. 그에 대한 이유를 어떤 구체적인 틀에 구애받지 않고 자유롭게 표현할 수 있도록 하였다는 점에서는 콜버그의 도덕판단 면접법과 유사하다고 할 수 있다. 즉, 이 연구 대상자에게 가장 적합한 방법으로 그들의 도덕판단 수준을 측정하기 위해 이러한 방법을 사용하였으며, 이 연구에서 사용한 딜레마 종류와 내용, 그리고 딜레마의 세부 문항 구성의 예는 〈표Ⅲ-17〉, 〈표Ⅲ-18〉과 같다.

〈표 Ⅲ-17〉 이 연구에서 사용한 딜레마 종류와 내용

구분	딜레마명	내용
1	남편의 고민	암으로 죽어가는 부인을 둔 남편이 암을 치료할 수 있는 약을 개발한 약국을 찾아갔으나 그가 열심히 일해 모은 돈이 약값의 반밖에 되지 못함. 주인에게 사정을 말한 후 약을 반값에 주면 나중에 갚겠다고 애원하지만 약국 주인이 그 애원을 들어주지 않자 약을 몰래 훔치는 방법밖에 없다고 생각하기 시작함.
2	탈옥수	10년 감옥살이를 해야 하는데 1년을 살다가 감옥에서 도망친 어떤 사람이 다른 곳으로 가서 이름을 바꾸고 8년간 열심히 일해서 큰 부자가 되었고 양심적으로 회사를 운영하고 가난한 사람들을 많이 도와주는 훌륭한 부자로 유명해짐. 어느 날 이 부자가 예전에 감옥에서 도망친 범인이라는 것을 알게 된 옆집 부인이 경찰이 그를 찾고 있다는 사실에 이 범인을 경찰에 신고해야 할지 말아야 할지 망설이고 있음.
3	환자의 고민	암에 걸려 6개월밖에 살 수 없는 젊은 여자는 암이 주는 고통 때문에 매우 괴로워하였고, 약효가 너무 강해 오히려 빨리 죽게 할 위험이 있지만 고통을 덜어 줄 수 있는 진통제를 더 많이 주어서 아픔 없이 죽게 해달라고 의사에게 애원함. 이 상황에서 의사는 환자의 애원을 들어 주어야 할지 말아야 할지 고민하고 있음.

〈표 Ⅲ-18〉 딜레마의 세부 문항 구성의 예(남편의 고민)

문항 번호	질문 내용	실제 문항	응답 방법	보기
1	의사결정	만약 당신이 이 남편이라면, 당신은 어떻게 하시겠습니까?	선택형	-훔친다 -잘 모르겠다 -훔치지 않는다
2	의사결정의 이유	왜 그렇게 생각하나요?	주관식형	

한편 대상자의 도덕판단 수준은 도덕갈등 상황에 대한 그들의 의사결정과 그러한 의사결정에 부여하는 이유, 이렇게 두 가지를 근거로 하여 콜버그(1969)의 도덕발달단계에서 제시하는 각 단계별 도덕판단 유형 중 어떤 유형에 해당하는지를 분석하는 방식으로 채점하였다. 도덕판단 유형 분류에서 도덕갈등상황에 대한 의사결정과 의사결정의 이유 두 가지를 모두 함께 고려하지만, 의사결정에서 세 개의 응답 중 어떤 응답을 선택하는지 그 자체보다 어떤 응답을 선택하더라도 그 응답을 선택한 이유가 더 중요하다. 어떤 선택을 했더라도 그 선택에 대한 이유를 이끌어 내는 논리를 통해 도덕추론 수준이 결정된다는 점에서 의사결정 그 자체에 의미를 두어 점수화하지는 않는다.

이 연구에서도 도덕성 발달에 대한 복합단계모형을 전제로 하여 피험자가 단 하나의 단계에 속해 있다고 보기보다는 도덕성의 단계가 중첩되어 나타날

수 있음을 인정한다. 따라서 각 도덕적 갈등상황에서의 응답자의 의사결정과 그러한 의사결정에 대한 이유를 통해 추론할 수 있는 도덕발달단계 중 가장 상위 단계를 그들이 최종적으로 도달해 있는 도덕발달단계로 보았다. 그렇게 결정된 가장 높은 수준의 도덕발달단계를 통해 현재 시점에서 그들의 도덕판단 수준을 평가하고자 하였다. 연구대상 개인의 도덕판단 수준이 이 연구에서 결정된 그들의 도덕판단 단계, 오로지 그 단계의 수준에만 전적으로 고정되어 있다고 보지 않았음에 주의할 필요가 있다.

이러한 입장을 바탕으로 하여 설정된 도덕판단 수준의 채점 기준과 각각의 도덕판단 수준으로 분류된 답변 예시는 〈표Ⅲ-19〉에 제시되어 있다. 도덕판단의 1수준은 도덕판단의 유형이 '벌과 복종'에 해당하는 경우로 1점, 2수준은 '도구적 목적과 교환'에 해당하는 경우로 2점, 3수준은 '개인 상호 간의 기대에 따른 동조'에 해당하는 경우로 3점, 4수준은 '사회체제의 유지와 양심'에 해당하는 경우로 4점, 5수준은 '사회계약으로서의 도덕성' 혹은 '직관적 인간주의로서의 도덕성'에 해당하는 경우로 5점, 마지막으로 6수준은 '이상적 협동원리로서의 도덕성'에 해당하는 경우로 6점 처리되었다. 1점에 가까울수록 도덕판단 수준이 낮고, 5점에 가까울수록 도덕판단 수준이 높다고 볼 수 있다. 총 세 개의 딜레마에 대한 각각의 도덕판단 수준 점수뿐 아니라 그것들의 평균을 내어 전체적인 도덕판단 수준을 살펴보았다.

한편 채점 과정에서 주관식형 문항에 대한 답변은 얼마나 길게 작성되어 있는지보다 답변 안에 도덕적 판단의 근거와 논리가 얼마나 명확히 포함되어 있는지가 도덕판단 수준을 결정하는 데 중요하다. 무응답 경우 이외에 도덕적 판단의 근거와 논리를 정확하게 판별하기 어려운 응답의 경우도 전체 도덕판단 수준 결과의 신뢰도를 낮추는 위험을 배제하고자 분석에서 제외하였다. 제외된 응답의 수와 응답의 예는 〈표Ⅲ-20〉에 제시되어 있다. '남편의 고민' 딜레마의 경우, 북한이탈청소년에게서 총 119개 응답 중 12개, 남한청소년에게서 총 358개 응답 중 5개 응답이 분석에서 제외되었다. '탈옥수' 딜레마의 경우, 북한이탈청소년에게서 총 119개 응답 중 11개, 남한청소년에게

〈표 Ⅲ-19〉 도덕판단 수준의 채점 기준 및 답변 예시(남편의 고민)

수준	유형	답변 예시	점수
1수준	벌과 복종	-훔치는 것은 나쁜 짓이다 -훔치는 것은 옳지 못하다 -부모님이 도둑질은 나쁜 짓이라고 하셨으니까 -약을 훔치다 잡히면 감옥에서 오랫동안 벌을 받아야 하니까	1점
2수준	도구적 목적과 교환	-그 약을 먹고 꼭 낫는다는 보장이 없으므로(있다면) -훔치고 얻게 되는 이익보다 잃게 되는 손실이 크니까	2점
3수준	개인 상호 간의 기대에 따른 동조	-정말로 아내를 사랑한다면 약을 훔치는 게 당연하니까 -사랑하는 사람을 살리기 위해 더한 일도 할 수 있다 -약사도 사람인데 더 애원하면 들어줄지도 모르니까 -그 약국 주인도 고생했는데 내 요구만 할 수 없다	3점
4수준	사회체제의 유지와 양심	-약을 훔치는 것은 범죄이므로 -이유가 무엇이든 법이 금지하는 일은 하지 말아야 한다 -약을 훔치면 죄책감에 시달리게 될 테니까 -그 약에 대한 약국 주인의 권리도 존중되어야 한다	4점
5수준	사회계약으로서의 도덕성	-법을 어겨서라도 아내의 목숨을 살리려고 하는 것이 낫다 -법을 지키는 것이 사람의 목숨을 살리는 데 오히려 방해가 될 때가 있다	5점
	직관적 인간주의로서의 도덕성	-남편은 사람 위에 법이 있을 수 없다고 생각했을 것이다 -법을 지키는 것보다 중요한 것이 사람의 목숨을 구하는 일이다	
6수준	이상적 협동원리로서의 도덕성	-법도 사람이 정한 것이므로, 법보다 인간의 존엄성을 지킬 수 있는 방법을 택해야 한다 -사람은 언제라도 수단이 아니라 목적 그 자체가 되어야 하니까 -어떤 것이 진정으로 모두를 위한 길인지 생각해 보아야 한다	6점

〈표 Ⅲ-20〉 분석에서 제외된 주관식 응답의 수와 응답의 예

딜레마명	북한이탈청소년(N=119)	남한청소년(N=358)	제외된 응답의 예
남편의 고민	12	5	-어떻게 해야 할지 모르겠다 -훔쳐야만 한다 -그런 상황을 겪어 보지 못해 잘 모르겠다 -선택을 못할 것 같다 -다른 방법을 찾아야 한다
탈옥수	11	9	
환자의 애원	15	3	
전체	38	17	

서 총 358개 응답 중 9개 응답이 분석에서 제외되었다. '환자의 애원' 딜레마의 경우, 북한이탈청소년에게서 총 119개 응답 중 15개, 남한청소년에게서 총 358개 응답 중 3개 응답이 분석에서 제외되었다. 전체적으로 북한이탈청소년

에게서 총 357개 응답 중 38개, 남한청소년에게서 총 1,074개 응답 중 17개 응답이 분석에서 제외되었는데, 제외된 응답의 수가 비교적 많지 않았다.

도덕판단 수준의 채점은 사전 교육을 통해 이 연구의 도덕판단 수준의 분류 기준 및 채점 기준, 그리고 이 연구의 기반이 되는 콜버그의 도덕발달단계의 구성과 원리를 충분히 이해하고 있다고 판단된 서울대학교 대학원 아동학 전공 박사과정 학생과 유아교육 전공 박사과정 학생, 이렇게 두 명에 의해 이루어졌다. 두 채점자는 총 3개 딜레마의 선택형 문항과 주관식형 문항에 대해 연구 대상자인 북한이탈청소년 총 119명(대안학교 집단 76명, 특성화학교 집단 43명)과 남한청소년 총 358명이 응답한 바를 동시에 분석하였다. 두 채점자가 처음 채점했던 점수를 토대로 각 딜레마별 평정자 간 신뢰도를 알아보면, '남편의 고민' 딜레마의 경우 .87, '탈옥수' 딜레마의 경우 .90, '환자의 애원' 딜레마의 경우 .95, 전체 .90으로 상당히 높은 수준이었다. 두 명이 채점한 점수가 다른 경우, 해당 응답을 연구팀이 여러 번 재검토하고 충분히 논의하여 최종 점수를 확정지었다.

(2) 친사회적 도덕추론

개인의 친사회적 도덕추론을 측정하기 위해 이혜영, 이순형(2007)의 친사회적 도덕추론 과제를 수정하여 사용하였다. 이혜영, 이순형(2007)은 아이젠버그(Eisenberg-Berg, 1979a)가 개발한 친사회적 도덕갈등 상황과 기존의 척도들을 참고로 하여 이옥경, 이순형(1996)이 한국 아동에게 맞게 갈등상황을 수정 및 재구성한 과제 중 일부를 사용하였다. 그 연구에서는 친숙하지 않은 사람보다 자기와 유사한 사람을 더 도와주는 경향(Staub & Sherk, 1970)과 북한 사회에서의 강한 집합주의의 영향(김윤영, 2002; 독고순, 1999)을 고려하여 세 가지 이야기 상황에서 대상자의 친사회적 도덕추론을 도움 수혜자, 즉 친사회적 행동의 대상이 되는 타인과의 관계(내집단, 외집단)에 따라 별개로 살펴보고 있다. 이혜영, 이순형(2007)이 사용한 과제의 내용은 〈표Ⅲ-21〉과 같다.

〈표Ⅲ-21〉 친사회적 도덕추론 과제의 구성 및 내용

구분	도움 수혜자와의 관계	내용
과제 1	내집단	다리를 다친 친구를 버스 정류장까지 데려다 주면 평소에 매우 좋아하는 TV 프로그램을 볼 수 없음.
과제 2	외집단	
과제 3	내집단	친구 어머니의 입원비를 위해 자전거를 사려고 모아둔 돈을 빌려 주면 자전거를 사기 위해 반년 더 돈을 모아야 함.
과제 4	외집단	
과제 5	내집단	돌에 걸려 넘어진 할아버지가 손수레를 끌어다 달라고 부탁했는데, 주인공은 격렬한 운동과 청소로 몸이 많이 피곤함.
과제 6	외집단	

이혜영, 이순형(2007)의 연구 대상자가 청소년이 아니라 아동이있다는 점에서 청소년을 대상으로 하는 이 연구에 적합하도록 친사회적 도덕추론 과제의 내용 중 일부를 수정할 필요가 있었다. 기존의 과제 1과 과제 2에서 언급된 '평소에 좋아하던 TV프로그램'을 '3일 전에 예매한 영화'로 변경하여 이 연구에서 과제 1과 과제 4를 구성하였다. 기존의 과제 3과 과제 4에서 '용돈을 모아 사려는 자전거'를 '게임이 되는 휴대폰'으로 변경하여 과제 2와 과제 5를 구성하였다. 한편 이 연구에서는 이혜영, 이순형(2007)의 연구에서 과제 1과 과제 2를 시간직 대가 상황으로, 과제 3과 과제 4를 금진직 대가 상황으로 해식하여 이를 그대로 유지한 반면, 과제 5와 과제 6을 신체적 대가 상황으로 해석하여 보다 성숙한 인간의 특성인 '사회성'을 반영하고자 이를 관계적 대가로 교체하였다. 즉, 기존의 과제 5와 과제 6에서 '할아버지의 부탁을 들어드리게 되는 경우 몸이 더욱 피곤해지는 신체적 대가를 치르는 상황'을 '할아버지의 부탁을 들어드리는 경우 6개월 만에 열리는 동창 모임에 나가지 못해 친구들을 만나지 못하고 친밀한 교류의 기회를 갖지 못하게 되어 관계적 대가를 치르는 상황'으로 변경하였다. 이 연구에서는 도움 수혜자와의 관계를 고려한, 즉 내집단과 외집단으로 구분하여 살펴본 이혜영, 이순형(2007)의 연구를 따르되, 친사회적 행동을 함으로써 자신이 감수해야 하는 대가에 따라 시간적 대가, 금전적 대가, 관계적 대가 세 가지로 분류하여 총 6개의 친사회적 도덕추론 과제를 구성하였다. 이 연구의 친사회적 도덕추론 과제 구성 및 내용은 〈표Ⅲ-22〉와 같다.

〈표 Ⅲ-22〉 이 연구의 친사회적 도덕판단 과제 구성 및 내용

도움 수혜자와의 관계	도움의 대가	과제	내용
내집단	시간적 대가	1	영화관으로 가던 중 친구가 넘어져서 다리를 많이 다친 것을 보게 됨. 버스정류장까지 데려다 달라는 친구의 부탁을 들어주면 3일 전에 예매한 후 손꼽아 기다려 왔던 만화영화를 보지 못하게 됨.
	금전적 대가	2	친구의 어머니가 갑작스럽게 병에 걸려 입원하게 되었으나, 매우 어려운 가정 형편 때문에 입원비가 모자라 친구가 몹시 걱정하고 있음. 게임이 되는 휴대폰을 사기 위해 지난 1년 동안 모은 용돈을 친구에게 준다면 친구의 어머니의 입원비가 마련되지만 그 돈을 되돌려받지 못할지도 모르고 휴대폰을 사기 위해 돈을 다시 모으려면 1년을 더 기다려야 함.
	관계적 대가	3	친구들을 만나러 가는 길에 커다랗고 무거운 가방 여러 개를 힘들게 메고, 들고 가는 할아버지와 마주침. 주변에는 도와줄 사람이 아무도 없었고 할아버지께서는 그중 하나를 집 근처까지 들어다 달라고 부탁한 상황에서 그 부탁을 들어 주면 6개월 만에 열리는 동창 모임에 참석하지 못하게 됨.
외집단	시간적 대가	4	내집단-시간적 대가 상황과 동일
	금전적 대가	5	내집단-금전적 대가 상황과 동일
	관계적 대가	6	내집단-관계적 대가 상황과 동일

이 연구에서는 위에서 구성한 총 6개의 과제를 통해 대상자의 친사회적 의사결정과 친사회적 도덕추론을 측정하였다. 친사회적 도덕추론 과제 6개는 각각 3개의 하위 문항으로 구성되는데, 이 문항들은 이혜영, 이순형(2007)의 연구에서와 동일하다. 먼저 '친사회적 의사결정'을 묻는 첫 번째 문항에서는 '당신이라면 어떻게 할까요?'라는 질문에 대해 '도와준다' 혹은 '도와주지 않는다'를 선택하도록 한다. 두 번째로, 이러한 의사결정에 대한 자신의 판단을 묻는 문항에서는 '자신의 선택에 대해 어떻게 생각하나요?'라는 질문에 '매우 잘못되었다'에서부터 '매우 옳다'에 이르기까지 옳고 그름에 대한 판단을 5점 리커트 척도에 평정하도록 하며, 세 번째로 의사결정에 대해 내린 판단의 이유를 묻는 문항에서는 '그렇게 생각하는 이유는 무엇인가요?'라는 질문에 자신의 생각을 주관식으로 기입하도록 한다. 즉, 첫 번째 문항은 친사회적 의사결정을, 두 번째 문항과 세 번째 문항은 친사회적 도덕추론 중 친사회적 도덕추론 수준 및 강도를 알아보고자 하는 것이다. 친사회적 도덕추론 과제 세부

〈표Ⅲ-23〉 친사회적 도덕추론 과제 세부 문항 구성(내집단-시간적 대가 상황)

문항 번호	질문 내용	실제 문항	응답 방식	
1	의사결정	당신이 이 친구라면 실제로 어떻게 할까요?	선택형	-도와준다 -도와주지 않는다
2	의사결정에 대한 판단	위의 자신의 선택에 대해 어떻게 생각하나요?	평정형	-매우 잘못되었다(1점) -조금 잘못되었다(2점) -보통이다(3점) -조금 옳다(4점) -매우 옳다(5점)
3	판단의 이유	그렇게 생각하는 이유는 무엇인가요?	주관식형	

문항 구성의 예는 〈표Ⅲ-23〉에서 볼 수 있다.

'친사회적 의사결정'은 각 과제에서 첫 번째로 제시되는 문항에 대해 친사회적 행동을 하거나 하지 않는다는 응답으로 측정되었다. 주어진 상황에서 도움을 주기로 결정하는 것을 친사회적 의사결정이라고 보며, 도와준다고 결정한 경우를 1점, 도와주지 않는다고 결정한 경우를 0점으로 한다. 그렇게 부여된 총 여섯 개의 과제에 대한 점수를 평균 내어 친사회적 의사결정 평균 점수를 구하며, 1점에 가까울수록 친사회적 의사결정 수준이 높다고 볼 수 있다.

'친사회적 도덕추론'은 추론 수준과 추론 강도로 나누어 살펴볼 수 있다. 기존의 연구들(Eisenberg-Berg, 1979b; Eisenberg, Lennon, & Roth, 1983; Eisenberg, Miller, Shell, MaNally, & Shea, 1991)에서는 도덕추론을 추론 수준과 추론 강도를 합산하여 점수화하였지만, 이 방법이 추론 강도에 대한 점수를 크게 부여하여 추론 수준에 의해 발생하는 차이가 오히려 상쇄될 가능성이 있다는 점(이옥경, 이순형, 2003)이 지적된 바 있다. 특히 자신의 의사결정에 대한 판단의 이유를 주관식형에 직접 기입해야 하는 경우, 실제 그 사람이 보여 줄 수 있는 친사회적 도덕추론 수준과는 별개로 그러한 도덕추론 수준을 최대한 그대로 담을 수 있는 언어전달력과 표현력의 문제가 개입될 수 있다. 따라서 이 연구에서는 친사회적 추론 수준과 친사회적 추론 강도를 나누어 살펴보고자 하며, 추론 강도가 추론 수준 그 자체를 직접적으로 담고 있다기보다 응답자가 이 응답을 통해 자신의 도덕추론 수준을 최대한 자세하고 분명하게 전달하고

〈표Ⅲ-24〉 친사회적 도덕추론 강도의 채점 기준 및 답변 예시(남편의 고민)

번호	강도	답변 예시	점수
1	전혀 추론을 하지 않았을 경우		0점
2	모호하고 정확하지 않은 추론을 했을 경우	-당연히 그래야 하니까 -상식이다	1점
3	명확하게 하나의 유형을 사용해 추론했을 경우	-영화보다 친구가 중요하니까 -지금 부탁을 거절하면 친구에게 미안한 마음이 들 것 같다	2점
4	매우 구체적이고 논리적인 추론을 했을 경우	-다쳤을 때 되도록 빨리 집이나 병원에 가서 치료를 하면 더 큰 사고가 나는 것을 예방할 수 있으며, 그 친구와의 사이도 더 가까워질 수 있기 때문이다 -정상인이 다친 사람을 포함한 사회적 약자를 돕는 것은 지극히 당연한 일이라 생각하기 때문이다. 또한 약자의 권리를 보호하고 지키는 것은 이 사회의 근간이기 때문이다	3점

있는지, 그리고 그 응답을 바탕으로 하여 채점된 도덕추론 수준 점수를 얼마나 신뢰할 수 있는지를 판가름할 보조적 목적을 위한 개념으로 상정했다.

'친사회적 도덕추론 강도'는 각 과제에 제시된 세 가지 하위 문항 중 세 번째 주관식 문항을 통해 결정되며, 자신의 의사결정에 대한 옳고 그름의 판단에 대해 이유를 제시하는 과정 속에서 드러난 도덕추론의 명확성과 구체성을 토대로 추론의 강도가 측정된다. 전혀 추론을 하지 않은 경우에는 0점, 모호한 추론을 하였을 경우에는 1점, 명확하게 하나의 유형을 사용해 추론했을 경우에는 2점, 매우 구체적이고 논리적인 추론을 하였을 경우에는 3점으로 처리된다. 0점에 가까울수록 친사회적 도덕추론의 명확성과 구체성이 떨어져 추론의 강도가 낮다고 보며, 3점에 가까울수록 친사회적 도덕추론의 명확성과 구체성이 높아 추론의 강도가 높다고 본다. 친사회적 도덕추론 강도의 채점 기준 및 답변 예시는 〈표Ⅲ-24〉에 제시되어 있다.

다음으로 '친사회적 도덕추론 수준'은 모두 각 과제에서 제시되는 세 가지 문항을 통해 결정된다. 주어진 친사회적 도덕갈등 상황에 대한 그들의 의사결정, 그리고 자신의 의사결정에 대한 옳고 그름의 판단과 판단의 이유, 세 가지를 모두 근거로 한다. 아이젠버그(Eisenberg-Berg, 1979b)는 자신이 개발한 친사회적 도덕갈등 상황에서 사용했던 분류 기준 및 채점기준을 토대로 대상자들의 응답을 친사회적 도덕추론의 아홉 가지 유형으로 분류하고, 분류된 유형으로 도덕추론의 수준을 5단계로 구분하였다. 구체적으로 '욕구충족적' 유형과 '실용주의적' 유형은 친사회적 도덕추론의 1수준, '타인의 필요지향' 유형은 2수준, '정형화된 추론' 유형과 '관계적 지향' 유형, 그리고 '승인과 사회적 수용' 유형은 3수준, '공감적 지향' 유형과 '내면화의 과도기' 유형은 4수준, '내면화' 유형은 5수준이라 보았다. 이렇게 분류된 친사회적 도덕추론의 수준에 따라 1수준인 경우 1점, 2수준인 경우 2점, 3수준인 경우 3점, 4수순인 경우 4점, 5수준인 경우 5점을 친사회적 도덕추론 수준의 점수로 부여하였다. 응답이 위의 유형 중 어떤 유형에 해당하는지를 분석하는 방식으로 측정된다.

이 연구에서는 친사회성 발달에 대해서도 복합단계모형을 가정하며, 피험자가 단 하나의 단계에 속해 있다고 보기보다는 친사회성의 단계가 중첩되어 나타날 수 있다고 본다. 따라서 각 친사회적 도덕적 갈등상황에서의 응답자의 의사결정, 의사결정에 대한 옳고 그름의 판단, 그러한 판단에 대한 이유를 통해 추론할 수 있는 그들의 친사회성 발달단계 중 가장 상위 단계를 그들이 최종적으로 도달해 있는 친사회성 발달단계로 보았고, 그렇게 결정된 가장 높은 수준의 친사회성 발달단계를 통해 현재 시점에서의 그들의 친사회적 도덕추론 수준을 평가했다. 이러한 검사 및 채점방법은 도덕판단 수준과 마찬가지로 개인의 친사회적 도덕추론 수준이 이 연구에서 결정된 그들의 도덕추론단계에만 전적으로 고정되어 있다고 보지 않았음에 주의할 필요가 있다.

친사회적 도덕추론의 1수준은 도덕추론 유형이 '욕구충족적, 실용주의적'에 해당하는 경우로 1점, 2수준은 '타인의 필요지향'에 해당하는 경우로 2점, 3수준은 '정형화된 추론', '관계적 지향', '승인과 사회적 수용'에 해당하는 경우로 3점, 4수준은 '공감적 지향' 혹은 '내면화의 과도기'에 해당하는 경우로 4점, 5수준은 '내면화' 에 해당하는 경우로 5점 처리되었다. 이 연구에서는 총 6개의 과제에 대한 각각의 친사회적 도덕추론 점수뿐 아니라 그것들의 평균을 내어 전체적인 친사회적 도덕추론 수준을 추가해 살펴보았다. 점수가 1점에 가까울수록 친사회적 도덕추론 수준이 낮으며, 5점에 가까울수록 친사회

〈표 Ⅲ-25〉 친사회적 도덕추론 수준의 채점 기준 및 답변 예시

<table>
<tr><th>수준</th><th>유형</th><th>답변 예시</th><th>점수</th></tr>
<tr><td rowspan="2">1수준</td><td>욕구충족적</td><td>-돈을 돌려받을 수 없을까봐(돌려받을 수 있다면)
-도와주면 대가를 받을 수 있으니까</td><td rowspan="2">1점</td></tr>
<tr><td>실용주의적</td><td>-시간이 있으니까(없으니까)
-아는 사람이니까(모르는 사람이니까)
-다른 사람이 도와줄 것이다</td></tr>
<tr><td>2수준</td><td>타인의 필요지향</td><td>-도와달라고 부탁하니까
-거절할 수 없으니까
-다쳤으니까</td><td>2점</td></tr>
<tr><td rowspan="3">3수준</td><td>정형화된 추론</td><td>-돕는 것은 좋은(착한) 일이니까
-돕는 것은 옳은(당연한) 일이니까</td><td rowspan="3">3점</td></tr>
<tr><td>관계적 지향</td><td>-친구니까(친구라면)
-친구는 소중하니까</td></tr>
<tr><td>승인과 사회적 수용</td><td>-그를 도와주면 그 친구가 고마워할 것이다
-도와주지 않으면 다른 친구들이 비난하므로</td></tr>
<tr><td rowspan="2">4수준</td><td>공감적 지향</td><td>-힘들어 하니까 안쓰러워서
-내가 그 상황이라면 도움 받길 원할 것이다</td><td rowspan="2">4점</td></tr>
<tr><td>내면화의 과도기</td><td>-내 기분이 좋아질 것 같아서
-나중에 양심의 가책을 느낄 것 같다</td></tr>
<tr><td>5수준</td><td>내면화</td><td>-우리는 모두 어려움에 처한 타인을 도울 책임과 의무가 있다
-자신보다 다른 사람을 먼저 생각하는 것은 사회적으로 가치 있는 일이니까</td><td>5점</td></tr>
</table>

적 도덕추론 수준이 높다. 친사회적 도덕추론 수준의 채점 기준 및 답변 예시는 〈표 Ⅲ-25〉에 제시되어 있다.

도덕판단 수준과 마찬가지로 친사회적 도덕추론 수준의 채점 과정에서도 주관식형 문항에 대한 답변이 얼마나 길게 작성되어 있는지보다 답변 안에 들어 있는 추론의 근거와 논리가 얼마나 명확한지가 도덕추론 수준을 결정하는 데 중요한 의미를 지닌다. 무응답한 경우 이외에 추론의 근거와 논리를 정확하게 판별하기 어려운 응답의 경우도 전체 도덕추론 수준 결과의 신뢰도를 낮추는 위험을 배제하고자 분석에서 제외하였다. 제외된 응답의 수와 응답의 예는 〈표 Ⅲ-26〉에 제시되어 있다. '과제 1'의 경우, 북한이탈청소년에게서 총 119개 응답 중 7개, 남한청소년에게서 총 358개 응답 중 2개 응답이 분

석에서 제외되었고, '과제 2'의 경우, 북한이탈청소년에게서 총 119개 응답 중 11개, 남한청소년에게서 총 358개 응답 중 4개 응답이 분석에서 제외되었다. '과제 3'의 경우, 북한이탈청소년에게서 총 119개 응답 중 10개, 남한청소년에게서 총 358개 응답 중 4개 응답이 분석에서 제외되었고, '과제 4'의 경우, 북한이탈청소년에게서 총 119개 응답 중 10개, 남한청소년에게서 총 358개 응답 중 7개 응답이 분석에서 제외되었다. '과제 5'의 경우, 북한이탈청소년에게서 총 119개 응답 중 13개, 남한청소년에게서 총 358개 응답 중 12개 응답이 분석에서 제외되었고, '과제 6'의 경우, 북한이탈청소년에게서 총 119개 응답 중 11개, 남한청소년에게서 총 358개 응답 중 4개 응답이 분석에서 제외되었다. 전체적으로 북한이탈청소년에게서 총 714개 응답 중 62개, 남한청소년에게서 총 2,148개 응답 중 33개의 응답이 분석에서 제외되었는데, 제외된 응답의 수가 비교적 많지 않았다.

〈표 III-26〉 도덕추론 수준 분석에서 제외된 주관식 응답의 수와 응답의 예

구분	북한이탈청소년(N=119)	남한청소년(N=358)	제외된 응답의 예
과제 1	7	2	-잘 모르겠다 -그냥 그렇게 해야 한다 -그냥 도와준다 -나의 마음이므로 도와준다 -내가 선택한 것이 잘못되지도 않고, 옳지도 않은 것 같다 -도와주어야 하는데 내가 아직 그렇게까지는 못할 것 같다
과제 2	11	4	
과제 3	10	4	
과제 4	10	7	
과제 5	13	12	
과제 6	11	4	
전체	62	33	

친사회적 도덕추론 수준의 채점은 이 연구의 친사회적 도덕갈등 상황 과제의 분류 기준 및 채점 기준의 기반이 된다고 볼 수 있는 아이젠버그(Eisenberg-Berg, 1979a)의 연구에서의 친사회적 도덕갈등 상황 과제의 분류 기준 및 채점 기준을 모두 충분히 이해하고 있다고 판단된 서울대학교 내학원 아동학 전공 박사과정 학생과 유아교육 전공 박사과정 학생, 이렇게 두 명에 의해 이루어졌다. 두 명의 채점자는 여섯 개 이야기의 선택형 문항과 주관식형 문항에 대해 연구 대상자인 북한이탈청소년 총 119명(대안학교 집단 76명, 특

성화학교 집단 43명)과 남한청소년 총 358명이 응답한 바를 동시에 분석하였다. 두 명의 채점자가 처음 채점했던 점수를 토대로 각 딜레마별 평정자 간 신뢰도를 알아보면, 첫 번째 이야기는 .87, 두 번째 이야기는 .90, 세 번째 이야기는 .83, 네 번째 이야기는 .89, 다섯 번째 이야기는 .98, 여섯 번째 이야기는 .81, 전체 .87로 상당히 높은 수준이었다. 두 명이 채점한 점수가 다른 경우, 해당 응답을 연구팀이 여러 번 재검토하고 충분히 논의하여 최종적인 점수를 확정지었다.

(3) 수치심과 죄책감

수치심 및 죄책감은 상황에 따라 경험하는 수치심과 죄책감, 일상적으로 경험하는 수치심과 죄책감으로 구분하여 측정하였다. 먼저 상황에 따라 경험하는 수치심과 죄책감을 측정하기 위해 탱니, 와그너, 그램조우(Tangney, Wagner, & Gramzow, 1989)가 제작한 TOSCA의 청소년용인 TOSCA-A(Tangney et al., 1991)를 사용하였다. TOSCA에서는 일상생활에서 흔히 만나는 상황이 제시되고, 자기의식 정서를 현상학적으로 나타내는 대안 반응(수치심, 죄책감, 분리 · 무관심, 외현화, 자부심)에 대해 평정하도록 하는 시나리오형 자기보고식 척도이다. 주어진 대안들에서 대안처럼 반응할 것 같은 정도를 5점 척도상에 각각 평정하도록 되어 있으며, 5점에 가까울수록 대안처럼 반응할 것 같은 정도가 매우 높다고 볼 수 있다. 각각의 대안을 개별적으로 평정하는 방식은 주어진 상황 속에서 다른 정서를 동시에 경험할 수 있는 가능성을 염두에 둔 것이라 할 수 있다. TOSCA-A의 신뢰도는 수치심이 .77, 죄책감 하위 요소에서 .81로 상당히 높은 수준이다(Tangney, 1993; 1996).

원 척도의 시나리오는 모두 15개로 구성되어 있으며 모두 65개 반응이 평정된다. 이 연구에서는 총 15개 시나리오 중 연구의 목적에 부합하며, 연구대상에 적합하다고 판단되는 8개(원 척도 시나리오 1, 4, 5, 9, 10, 11, 14, 15번)를 선별한 후, 연구책임자 1인 및 공동연구원 2인, 그리고 보조연구원 4명이 함께 번안하여 검토하였다. 북한이탈청소년들의 한국어 능력을 고려하여 가능한 쉽게 이해되면서도 의미가 정확하게 전달될 수 있도록 번안하고 반복하여 수정하는 작업을 거쳤다. 이렇게 완성된 8개의 시나리오에 대한 총 35개의 반응에 대해 그러한 반응을 보일 것 같은 정도를 5점 척도상에 '전혀 아니다'(1점)에서 '매우 그렇다'(5)로 평정하도록 하였다. 이 연구에서 사용한 총 35개 문항에 대한 신뢰도는 북한이탈청소년의 경우 .69, 남한청소년의 경우 .71, 전체가 .70으로 높은 편이었다. 정서의 하위 요소별 신뢰도는 먼저 수치심의 경우 북한이탈청소년이 .67, 남한청소년이 .65, 전체가 .64, 죄책감의 경우 북한이탈청소년이 .62, 남한청소년이 .51, 전체가 .53으로 나타나 보통 수준이었다. 이 연구에서는 수치심과 죄책감에 보다 초점을 두고 분석하기 위해 분리 · 무관심, 외현화, 자부심에 대한 분석 및 해석은 제외하였다. 연구에서 사용한 시나리오와 세부 문항 구성의 예가 각각 〈표Ⅲ-27〉에 제시되어 있다.

〈표Ⅲ-27〉 시나리오와 세부 문항 구성의 예

구분	시나리오 1번	시나리오 2번
내용	당신은 매점에서 발을 헛디뎌서 친구의 음료수를 엎질렀다.	당신과 학급친구들이 함께 열심히 과제를 했다. 선생님은 다른 누구보다 당신에게 더 높은 점수를 주었다.
수치심	나는 사람들이 나를 보며 비웃을 거라고 생각할 것이다.	나는 학급친구들로부터 혼자 동떨어져 있다고 느낄 것이다.
죄책감	나는 미안하게 느낄 것이다. 내가 주의하며 갔어야 했다.	나는 모든 사람이 같은 점수를 받아야 한다고 선생님께 말씀드릴 것이다.

다음으로 하더와 잴마(Harder & Zalma, 1990)가 수치심 경향성과 죄책감 경향성을 측정하기 위해 제작한 자기보고식 질문지인 PFQ-2를 사용하여 일상적 수치심과 죄책감을 측정하였다. 이 척도는 '당황스럽게 느껴진다(수치심)', '후회스럽다(죄책감)'와 같이 수치심, 죄책감과 관련된 16문항(수치심 10문항, 죄책감 6문항)의 정동적인 기술어를 제시하고 그것을 경험한 빈도를 5점 척도상에서 전혀 느끼지 않는다(0점)부터 지속적으로 혹은 거의 항상 느낀다(4점)로 평정하도록 하는 단어 제시형 자기보고식 척도이다. TOSCA와 PFQ-2는 수치심과 죄책감 측정을 위해 가장 널리 사용되는 도구이면서 차별적인 방식으로 구성되어 있기 때문에 같은 대상을 이해하는 데 더 포괄적인 결과와 의미를

제시해 줄 수 있다는 점에서 이 연구에서는 두 도구를 모두 사용하여 수치심과 죄책감을 측정하고 그 결과들을 비교했다.

이 연구에서는 PFQ-2의 총 16개 문항(수치심 10문항, 죄책감 6문항)을 제시하고, 그것을 경험한 빈도를 5점 척도상에서 '전혀 느끼지 않는다'(1점)부터 '항상 느낀다'(5점)로 평정했다. 점수가 높을수록 일상적 수치심과 죄책감이 높음을 의미한다. 이 연구에서 사용한 총 16개 문항에 대한 신뢰도는 북한이탈청소년의 경우 .90, 남한청소년의 경우 .90, 전체 .90으로 매우 높았다. 하위 요소별 신뢰도는 먼저 수치심의 경우 북한이탈청소년이 .87, 남한청소년이 .86, 전체가 .86, 죄책감의 경우 북한이탈청소년이 .77, 남한청소년이 .77, 전체가 .76으로 나타나 전체적으로 높은 수준이었다.

(4) 공감

공감을 측정하기 위해 데이비스(Davis, 1980)의 공감척도인 대인관계반응지수(IRI)를 사용하였다. 데이비스는 공감을 다차원 개념으로 보는 시각에 동의했다. 즉 공감은 타인의 관점수용, 불행한 타인에 대한 동정심, 소설이나 영화에 몰입하는 경향, 타인의 부정적 경험을 보았을 때의 불편함 등의 네 가지 하위 차원으로 구성된 복합적 개념이라 보았다. 대인관계반응지수(IRI)는 4개의 하위 차원으로 구성되어 있고, 각각 7개의 문항씩 총 28개 문항이다. 하위 차원은 조망수용(perspective taking), 상상하기(fantasy), 공감적 관심(empathic concern), 개인적 고통(personal distress) 차원으로 나뉜다. 관점 수용 차원은 다른 사람의 심리적인 관점이나 태도를 자발적으로 취해 보려는 경향이다. 상상하기 차원은 자신을 책이나 영화에 등장하는 허구적인 인물의 느낌이나 행동 속으로 전위시켜 보려는 경향이다. 공감적 관심은 타자지향적 동정을 느끼고 불행한 타인에 대해 관심을 갖는 경향이고, 개인적 고통은 다른 사람의 불행이나 고통을 보면서 자신도 괴로워하는 경향성을 의미한다. 이 네 가지 요소들 중 조망수용과 상상하기는 인지적 공감에, 공감적 관심과 개인적 고통은 정서적 공감에 속한다고 볼 수 있다.

원 척도는 각 문항에 대해 응답자가 5점 척도상에 '나를 잘 나타내지 못한다'(1점)에서 '나를 잘 나타낸다'(5점)로 평정하도록 하였으며, 응답자의 일관성 있는 반응을 확인하기 위해 의미상 반대의 의미로 작성된 총 7개 문항(5, 13, 16, 19, 20, 25, 27번)은 역코딩 처리하였다. 따라서 점수가 높을수록 공감능력이 높음을 의미한다.

이 연구에서는 대인관계반응지수(IRI)의 총 28개 문항(수치심 10문항, 죄책감 6문항)을 제시하고, 그것을 경험한 빈도를 5점 척도상에 전혀 느끼지 않는다(1점)부터 항상 느낀다(5점)로 평정하였다. 총 28개 문항에 대한 신뢰도는 북한이탈청소년의 경우 .69, 남한청소년의 경우 .71, 전체 .71로 높은 편이었다. 하위 차원별 신뢰도는 조망수용의 경우 북한이탈청소년 .65, 남한청소년 .57, 전체 .61, 상상하기의 경우 북한이탈청소년 .48, 남한청소년 .60, 전체 .57, 공감적 관심의 경우 북한이탈청소년 .59, 남한청소년 .69, 전체 .68, 개인적 고통의 경우 북한이탈청소년 .42, 남한청소년 .48, 전체 .47로 나타나 하위 영역 및 집단별 편차가 있었다.

2) 법의식

(1) 법추론과 법의식

법의식을 측정하기 위해 곽한영(2007)의 법의식 척도를 수정하여 사용하였다. 곽한영(2007)의 법의식 척도는 법의식을 법을 어떻게 인식하는지와 관련된 인지적 영역, 법에 대해 어떻게 느끼는지와 관련된 정서적 영역, 법을 실제로 사용하려는 의지나 법적 능력에 대한 인식과 관련된 행동적 영역, 이렇게 세 가지 영역으로 구분된다. 인지적 영역에서는 법지식, 법의 필요성 인식, 자아존중의식을 측정하고, 정서적 영역에서는 법에 대한 친근감, 법에 대한 신뢰감, 법에 대한 호의적 태도를 측정하고, 행동적 영역에서는 법 사용의사, 법적 효능감을 측정한다. 이 연구에서는 곽한영(2007)의 법의식 척도를 큰 틀로 사용하였고, '법지식' 항목은 김준호(1996)의 연구에서 사용한 '법추론'으로 대체하였으며 '자아존중의식' 항목은 곽한영(2007)의 연구에서 청소년의 비행과의 관련성을 살펴보기 위해 추가되었을 뿐 법의식을 구성하는 하나의 요소라 보기에는 무리가 있다는 판단에 의해 이 연구에서 제외되었다. 그 외 하위 요소들은 모두 각 요소별로 문항을 선별하는 작업을 거쳤는데, 이는 이 연구대상인 북한이탈청소년들의 문항 이해 및 설문 작성 가능 수준을 고려하여 가능한 문항의 수를 줄이고 연구목적에 가장 부합된다고 생각되는 문항만을 사용함으로써 더 신뢰성 있는 결과를 얻고자 하는 의도를 반영한 것이다. 즉, 인지적 영역에서 '법의 필요성 인식', 정서적 영역에서 '법에 대한 친근감', '법에 대한 신뢰감', '준법에 호의적 태도', 행동적 영역에서 '법 사용의사', '법적 효능감' 이렇게 총 여섯 가지 요소는 곽한영(2007)의 법의식 척도를 구성하는 같은 하위 요소이지만, 각 요소 내에서 문항을 선별적으로 사용한 것이다. 한편 '법 사용의사' 하위 요소에서는 기존의 문항 중 '내가 억울한 일을 당하면 법에 도움을 청할 것이다' 외에 '내가 사회에서 하고 싶은 일을 하려면 관련법부터 알아볼 것이다'라는 새로운 문항을 구성하여 추가하였다. 곽한영(2007)의 법의식 척도와 이 연구에서 사용된 법의식 척도를 구성하는 하위 요소와 문항 수의 비교는 〈표Ⅲ-28〉과 같다.

먼저 곽한영(2007)의 법의식 척도의 '법지식'은 김준호(1996)의 연구에서 사용된 '법추론'으로 대체되었다. 곽한영(2007)의 연구에서 '법지식'은 전미법교육프로그램 평가(NLREEP)의 문항을 활용하여 스스로 해당 영역의 법지식에 대해 알고 있는지와 실제로 이 내용들을 정확하게 알고 있는지를 확인하고자 한 항목이라는 점에서, 서로 다른 법체계를 가진 사회에서 법에 대해 서로 다른 형식적 혹은 비형식적 교육을 받아 온 북한이탈청소년과 남한청소년의 구체적인 법적 지식을 하나의 틀로 평가하는 것이 타당하지 않다고 보았다. 탭과 콜버그(Tapp & Kohlberg, 1977)는 인지발달 패러다임을 법사회화에 적용시켜 법에 대한 추론능력이 인지적 발달과 함께 발달한다고 보았는데 이러한 입장에서 나온 '법추론'을 법의 인지적 영역의 한 하위 요소로 대체하는 것이 더 적합하다고 판단되었다. 그에 따라 '법추론'을 측정하기 위해 탭-레바

〈표Ⅲ-28〉 법의식 척도 비교

구분	곽한영(2007)의 연구		이 연구	
	하위 요소	문항 수	하위 요소	문항 수
인지적 영역	법지식	24개	법추론(김준호, 1996)	6개
	법의 필요성 인식	7개	문항 선별 후 사용	2개
정서적 영역	법에 대한 친근감	10개	문항 선별 후 사용	4개
	법에 대한 신뢰감	15개	문항 선별 후 사용	5개
	준법에 호의적 태도	9개	문항 선별 후 사용	4개
행동적 영역	법 사용의사	6개	문항 선별 후 사용(1개) 새 문항 추가(1개)	2개
	법적 효능감	11개	문항 선별 후 사용	4개
전체		82개		27개

〈표Ⅲ-29〉 법추론 문항의 구성

법의 특성	하위 요소	문항 수
법의 본질과 기능	법의 본질	1개
	규칙의 본질	1개
	법과 규칙의 존중의 이유	1개
법의 변화 가능성	법이나 규칙의 필요성	1개
	법이나 규칙의 변화 가능성	1개
	법 위반에 대한 생각	1개

인(Tapp-Levine)의 법발달 수준에 따라 이루어진 법의식 측정 면담조사(Tapp & Levine Rule-law interview)(Tapp & Levine, 1974; Levine & Tapp, 1977)와 이를 간편하게 일곱 가지 개방형 질문으로 만든 콘과 화이트(Cohn & White, 1990)의 면담조사를 참조하여 선택형 질문으로 제작한 척도인 법의식 측정도구(김준호, 1996)의 하위 항목 중 하나인 '법추론' 문항을 사용하고자 하였다. 김준호(1996)의 '법추론'은 법의 본질과 기능에 대한 문항 4개, 법의 변화 가능성에 대한 문항 3개, 이렇게 총 7개 문항으로 되어 있다. 이 중 연구대상에 적합하다고 판단된 법의 본질과 기능에 대한 문항 3개, 법의 변화 가능성에 대한 문항 3개, 이렇게 총 6개의 문항이 최종적으로 사용되었다. 법추론과 그 외 하위 요소들과 측정 방법에 있어서 차이가 있기 때문에 법의식 영역에서 법추론 부분은 별도로 구분하여 살펴보고자 했다. 법추론 문항의 구성은 〈표Ⅲ-29〉에 제시되어 있다.

법추론에 해당하는 여섯 개의 문항은 '전인습적 및 규칙복종적 수준', '인습적 및 규칙유지적 수준', '후인습적 및 규칙형성적 수준'에 따라 작성된 3개의 선택안으로 구성된다. 이 중 '전인습적 및 규칙복종적 수준'의 추론은 법이나 규칙은 사람으로서 마땅히 지켜야 할 일을 하늘이 정해 준 것이므로 무조건적으로 따라야 하며 지키지 않았을 때는 벌을 받아야 한다고 보는 것이다. '인습적 및 규칙유지적 수준'의 추론은 법이나 규칙이 사회질서를 유지하기 위하여 사람들이 지켜야 하는 의무이므로 지켜지지 않을 때는 사회질서가 무너질 수 있으며 그것이 사회질서 유지를 위한 것이라면 따라야 한다고 보는 것이다. 마지막으로 '후인습적 및 규칙형성적 수준'의 추론은 법이나 규칙이 사람들의 권리와 안전을 보장하기 위하여 국민이 만든 원칙이므로 그렇지 않은 법이나 규칙이 있다면 사람들의 권리와 안전을 보장하기 위한 새로운 법이나 규칙을 만들어야 하며, 법이나 규칙을 어기는 것이 더 보편적인 도덕원리에 따른 것이라면 위반하는 것이 지키는 것보다 옳다고 보는 것이다.

이 연구에서는 '전인습적 및 규칙복종적 수준'의 추론을 '전인습적 수준'으로, '인습적 및 규칙 유지적 수준'의 추론을 '인습적 수준'으로, '인습적 및 규칙형성적 수준'의 추론을 '후인습적 수준'으로 각각 명명하였다. 총 6개의 문항에서 주어진 보기들은 이 세 가지 수준별로 나열되어 있으며, 응답자는 각 문항에서 주어진 선택안 중 자신의 추론과 일치하는 한 가지를 고른다. '전인습적 수준'은 1점, '인습적 수준'은 2점, '후인습적 수준'은 3점을 부여하였으며, 1점에 가까울수록 전인습적 수준에 가깝고 3점에 가까울수록 후인습적 수준에 가깝다. 김준호(1996)의 연구에서는 각 문항들을 요인분석한 결과 크게 '법의 본질과 기능'에 대한 항목과 '법의 변화 가능성'에 대한 항목으로 구분되지만, 모든 항목이 일정한 인식론적 기반 속에서 단일한 법추론 개념을 구축하는 것이라 보아 하나의 변인으로 취급해야 함을 언급한 바 있다. 따라서 이 연구에서도 총 여섯 개의 추론에 대한 평균을 낸 값을 법추론 수준이라 보았다. 법추론 수준에 대한 문항과 채점 기준의 예는 〈표Ⅲ-30〉에 제시되어 있다. 총 6개 문항에 대한 법추론의 신뢰도는 북한이탈청소년의 경우 .53,

〈표 Ⅲ-30〉 법추론 수준에 대한 문항과 채점 기준의 예(법의 본질)

수준	선택안	점수
전인습적 수준	사람으로서 마땅히 지켜야 할 일을 하늘이 정해 준 것이다	1점
인습적 수준	사회질서를 유지하기 위하여 사람들이 지켜야 하는 의무이다	2점
후인습적 추론	사람들의 권리와 안전을 보장하기 위하여 우리 국민들이 만든 원칙이다	3점

남한청소년의 경우 .37, 전체 .42로 높지 않았다.

곽한영(2007)의 법의식 척도에는 '자아존중의식'이 인지적 요소 중 한 가지로 구성되어 있다. 곽한영은 소년원에 있는 비행청소년들을 중심으로 법교육이 그들의 법의식에 미치는 영향을 알아보기 위한 연구목적하에 법의식 척도를 구성하였다. 그에 따라 법의식에 포함될 수 있는 다양한 요소 중 독립변인이라고 할 수 있는 법교육이 직접적으로 영향을 미칠 수 있으며, 특히 비행의 감소에 효과가 있을 것이라 예상하는 요소들이 선정되었다. 여기에서 '자아존중의식'은 비행의 감소에 효과가 있는 변수로 알려져 있다는 점에서 법의식 안에 포함되었다. 이 연구는 곽한영(2007)의 연구에서와는 달리 비행청소년이 아닌 일반청소년들을 대상으로 하며, 그들이 가지고 있는 일반적인 법에 대한 생각과 태도를 알아보는 데 목적이 있다. 즉, 무엇보다 법과 직접적으로 관련되는 요소들로 법의식을 구성하는 것이 타당할 것이라 판단하여 척도 구성의 통일성과 타당성을 위해 다른 하위 요소들과 성격이 다른 '자아존중의식' 하위 요소는 제외하였다.

법추론을 제외한 모든 하위 요소, 즉 법의 필요성, 법에 대한 친근감, 법에 대한 신뢰감, 법에 대한 호의적인 태도, 법 사용의사, 법적 효능감, 이렇게 총 7개의 하위 요소는 5점 리커트 척도를 사용해 측정되었다. 곽한영(2007)의 연구에서 대상이 되었던 소년원 학생들의 경우 무난하게 여겨지는 중간값을 선택하는 '중심화 경향'이 뚜렷하게 나타난다는 점을 우려하여 중간값을 제거한 4점 리커트 척도를 사용하였으나, 이 연구에서는 다른 척도들과 통일성을 주어 설문지 작성에 혼돈을 방지하기 위해 5점 리커트 척도를 사용하였다. 따라서 1점에 가까울수록 법의식 수준이 낮고, 5점에 가까울수록 법의식 수준이 높다고 볼 수 있으며, 부정적인 내용을 담고 있는 문항은 역코딩 처리하였다. 총 21개 문항에 대한 신뢰도는 북한이탈청소년의 경우 .72, 남한청소년의 경우 .73, 전체 .73으로 높은 편이었다. 하위 차원별 신뢰도는 법의 필요성의 경우 북한이탈청소년 .42, 남한청소년 .24, 전체 .29, 법에 대한 친근감의 경우 북한이탈청소년 .32, 남한청소년 .43, 전체 .41, 법에 대한 신뢰감의 경우 북한이탈청소년 .66, 남한청소년 .72, 전체 .73, 법에 대한 호의적인 태도의 경우 북한이탈청소년 .42, 남한청소년 .56, 전체 .53, 법 사용의사의 경우 북한이탈청소년 .39, 남한청소년 .29, 전체 .32, 법적 효능감의 경우 북한이탈청소년 .25, 남한청소년 .35, 전체 .34로 나타났으며, 각 하위 요소별로 선별된 문항 수가 작아 대체로 신뢰도가 다소 낮았으며 집단별 편차가 있었다.

(2) 법 용어 연상

법 용어 연상이란 법이라는 말을 들었을 때 어떠한 용어들을 연상하는가를 가지고 개인이 가지고 있는 법에 대한 개념을 분석하는 것으로 법 인지, 법 정서와 법 수행 간의 관련성을 중심으로 아동과 청소년의 법 의식을 조사했던 안경환 외(1995)의 연구에서도 사용된 방법이다. 이 연구에서는 법에 대해 자유롭게 연상했다고 응답한 604개의 자유연상어들을 분석한 결과 대략 45개의 범주로 나누고, 이를 용어 의미의 관계로 5개의 의미군으로 나누었다. 이 연구에서도 '법이라는 단어를 들으면 어떤 생각이 떠오르는지 자유롭게 적어 주세요'라는 질문을 제시하고, 1번부터 3번까지 자신의 생각을 적도록 하여 한 명당 최대 세 개씩의 법 용어 연상을 할 수 있도록 하였다. 법 용어에는 단어, 짧은 구문, 문장 등이 모두 포함되며 그것들의 '형식' 그 자체보다는 담고 있는 '내용'에 초점을 두고 안경환 외(1995)의 연구에서와 같은 분류 기준을 사용하여 총 다섯 가지 의미군으로 그것들을 분류하였다. '강제성'의 의미군에는 법은 불공평하고, 냉혹하며, 개인의 의지와 상관없이 강제적이라는 인식과 법에 대한 부정적인 느낌, 비판 등에 대한 용어 등을 포함한다. '집행성'의 의미군에는 법이 제도에 의해 집행되는 것이란 인식과 집행 기관, 집

〈표Ⅲ-31〉 법 용어 연상 의미군 분류 기준 및 답변 예시

의미군	내용	답변 예시
강제성	법은 불공평하고, 냉혹하며, 개인의 의지와 상관없이 강제적이라는 인식과 법에 대한 부정적 느낌, 비판 등에 대한 용어 포함	-강제적이다 -불공평한 것 -무섭다, 엄격하다, 거리감 -불필요한 법도 있다 -법보다 돈이 강하다
집행성	법이 제도에 의해 집행되는 것이란 인식과 집행 기관, 집행자, 집행 과정, 집행 도구 등에 대한 용어 포함	-법원, 국회 -판사, 검사, 경찰 -재판, 재판장 -법률, 규칙, 규정
보편타당성	법은 도덕, 정의, 평등과 같이 보편성이나 공정성에 대한 사회 이념을 담은 제도라는 인식과 그러한 보편타당적인 이념, 긍정적인 느낌 등에 대한 용어 포함	-도덕, 정의, 평등 -자유, 권리, 주권 -중요하다, 문제가 있을 때 도와준다, 반드시 있어야 하는 것
당위성	법은 국가의 통치방법으로서 국민을 질서와 의무를 명시한 것이며 그에 복종하고 지켜야 한다는 인식과 국가와 사회의 질서 유지, 안전 등에 대한 용어 포함	-다스림, 통제 -국민의 의견, 국민의 법 -대통령, 김정일 -법은 지켜야 하는 것 -죄를 짓지 말아야 한다 -올바른 사회, 질서 유지, 나라 안정 -국민보호, 지켜줌, 범죄를 막아줌
응보성	개인이 법을 지키지 않았을 때에는 범법자로 징죄받아야 하는 무력한 존재로서 처벌받고 감옥에 간다는 인식과 범법, 심판, 벌, 교화 등에 대한 용어 포함	-법을 어김, 죄, 범죄자 -벌, 벌칙, 벌금, 감옥, 교도소, 형무소, 형, 징역, 사형 -죄 지은 사람들을 교화시켜 준다 -잘못된 생각을 바로잡아 준다
기타	위의 다섯 가지로 구분되지 않는 그 외 용어들	-편안함, 단단함 -수위가 높다 -배우고 싶다, 재미가 없다 -예절

행자, 집행 과정, 집행 도구 등에 대한 용어 등을 포함했다. '보편타당성'의 의미군에는 법이 도덕, 정의, 평등과 같이 보편성이나 공정성에 대한 사회이념을 담은 제도라는 인식과 그러한 보편타당적인 이념, 긍정적 느낌 등에 대한 용어 등을 포함했다. '당위성'의 의미군에는 법이 국가의 통치방법으로서 국민을 질서와 의무를 명시한 것이며 그에 복종하고 지켜야 한다는 인식과 국가와 사회의 질서유지, 안전 등에 대한 용어 등을 포함했다. '응보성'의 의미

군에는 개인이 법을 지키지 않았을 때에는 범법자로 징죄받아야 하는 무력한 존재로서 처벌받고 감옥에 간다는 인식과 범법, 심판, 벌, 교화 등에 대한 용어 등이 포함되었다. 위 다섯 가지 의미군으로 분류되지 않는 용어의 경우 '기타'로 분류하였다. 법 용어 연상 의미군 분류 기준 및 답변 예시는 〈표Ⅲ-31〉에 제시되어 있다.

3) 권위 인식

(1) 권력 인식 및 존경심의 대상

이 연구에서 인물에 대한 권력 인식 수준 및 존경심의 수준을 측정하기 위해 권력 인식 및 존경의 대상이 될 수 있는 주변 인물 및 정치 · 사회적 인물 21명을 선정하였다. 주변 인물은 일상생활에서 직접 관계를 맺고 긴밀한 상호작용을 하는 사람을 의미하며, 아버지, 어머니, 친척어른, 동네어른, 교사, 또래 등을 의미한다. 정치 · 사회적 인물은 보다 넓은 사회적 맥락 속에서 접할 수 있는 인물이며, 크게 제도 관련 인물과 전문분야 관련 인물로 구분하였다. 제도 관련 인물은 국가 제도에 의해 역할과 책임을 부여받는 사람으로 보아 대통령, 김정일 위원장, 장관, 국회위원, 노동당원, 군인, 경찰, 법조인을 포함하였다. 전문분야 관련 인물은 특정 분야에서 탁월한 전문성을 발휘하는 사람으로 기업가, 의사, 과학자, 대학교수, 기자, 종교인, 인기 연예인을 포함하였다.

따라서 이 연구에서는 주변 인물 및 정치 · 사회적 인물 총 21명을 선정하고, 각 인물에 대해 개인이 인지하는 권위의 정도와 각 인물에 대해 스스로 느끼는 존경심의 정도를 측정하였다. 선정된 권력 인식 대상과 존경의 대상 목록은 〈표Ⅲ-32〉와 같다. 이에 따라 권력 인식과 존경심의 수준은 각각 별개의 5점 리커트 척도로 구성되었고, 권력 인식의 경우 '사회적으로 힘이 있다'에 대해 점수가 높아질수록 동의 정도가 높도록 평정되었다. 존경심의 경우에도 '나는 존경한다'에 대해 5점으로 갈수록 동의 정도가 높도록 평정되었다.

〈표Ⅲ-32〉 권력 인식 대상 및 존경의 대상 목록

구분		대상	
주변 인물		1	아버지
		2	어머니
		3	친척어른
		4	동네어른
		5	교사
		6	또래
정치 · 사회적 인물	제도 관련	1	대통령
		2	김정일 위원장
		3	장관
		4	국회위원
		5	노동당원
		6	군인
		7	경찰
		8	법조인
정치 · 사회적 인물	전문분야 관련	1	기업가
		2	의사
		3	과학자
		4	대학교수
		5	기자
		6	종교인
		7	인기 연예인

(2) 권위의 유형에 따른 인식

권위의 근거를 힘과 권력, 법과 제도, 전통과 관습, 사회적 부의 창출, 전문적 지식, 종교지도력, 대중선호도 및 인지도로 구분하고, 각각에서 권위를 가진 사람들로 총 7개의 집단을 구성하였다. 힘과 권력에 기반한 권위를 가질 수 있는 대상에는 대통령, 국방위원장, 국가 수장이, 법과 제도에 기반한 권위를 가질 수 있는 대상에는 대법원장, 검찰총장, 국무총리, 국군참모총장이, 전통과 관습에 기반한 권위를 가질 수 있는 대상에는 부모님, 조부모님, 어르신이, 사회적 부의 창출에 기반한 권위를 가질 수 있는 대상에는 대기업 회장, 대기업 및 중소기업 사장이, 전문적 지식에 기반한 권위를 가질 수 있는 대상에는 의사, 교수, 과학자가, 종교지도력에 기반한 권위를 가질 수 있는 대상에는 목사, 신부, 스님이, 대중선호도 및 인지도에 기반한 권위를 가질 수 있는 대상에는 인기 연예인, 스포츠스타가 선정되었다. 이러한 인물들을 1번에서부터 7번까지 집단화하여 제시하고 각 집단에 속한 인물들의 권위가 높다고 생각하는 정도에 따라 7개의 집단을 순서대로 서열화하도록 하였다. 권위의 종류에 따른 집단 구분과 각 집단별 인물의 예는 〈표Ⅲ-33〉과 같다. 즉, 첫 번째로 권위가 높은 집단부터 일곱 번째로 권위가 높은 집단을 순서대로 기입할 수 있도록 한 후, 첫 번째에서 세 번째로 권위가 높은 집단으로 선정된 집단들의 빈도와 백분율을 살펴봄으로써 주변 인물 및 정치 · 사회적 인물의 권위를 그들이 가진 권위의 근거에 따라 어떻게 인지하는지 알아보았다.

〈표Ⅲ-33〉 권위의 종류에 따른 인물의 예

구분	권위의 종류	인물의 예
집단 1	힘과 권력	대통령, 국방위원장, 국가 수장 등
집단 2	법과 제도	대법원장, 검찰총장, 국무총리, 국군참모총장 등
집단 3	전통과 관습	부모님, 조부모님, 어르신 등
집단 4	사회적 부의 창출	대기업 회장, 대기업 및 중소기업 사장 등
집단 5	전문적 지식	의사, 교수, 과학자 등
집단 6	종교지도력	목사, 신부, 스님 등
집단 7	대중선호도 및 인지도	인기 연예인, 스포츠스타 등

제4장
북한이탈청소년과 남한청소년의 도덕성 비교

1. 북한이탈청소년과 남한청소년의 도덕성

1) 도덕판단 수준

이 장에서는 콜버그의 도덕성 발달 6단계를 이용하여 추론 수준을 파악한 후 이를 통해 북한이탈청소년과 남한청소년의 도덕판단 수준을 파악하였다.

(1) 도덕판단 유형

북한이탈청소년과 남한청소년의 도덕판단 유형을 알아보기 위해 콜버그의 도덕성 발달 6단계를 기준으로 도덕판단의 유형을 여섯 가지로 구분하였다. 유형1은 '벌과 복종', 유형2는 '도구적 목적과 교환', 유형3은 '개인 상호간의 기대에 따른 동조', 유형4는 '사회체제의 유지와 양심', 유형5는 '사회계약으로서의 도덕성과 직관적 인간주의로서의 도덕성', 유형6은 '이상적 협동원리로서의 도덕성'이 도덕판단의 근거가 되었다. 그 외 응답을 전혀 하지 않은 경우와 위 여섯 개의 유형으로 분류되지 않는 경우를 기타에 포함시켰다. 세 가지 딜레마 상황에서 내린 의사결정에 대한 이유를 통해 그 안에 내재되어 있는 도덕판단의 근거를 추출하고 이 중 자신의 도덕행동 의사결정에 가장 강력히 의존한 근거를 토대로 여섯 개의 도덕판단 유형 중 한 가지로 분류하였다. 도덕판단력검사(DIT)의 세 가지 딜레마를 사용하였지만, 자신의 의사결정에 대한 이유를 주관식으로 직접 기입하게 했다는 점에서 기존의 측정방식과는 다르다.

딜레마별 도덕판단 유형을 알아본 결과는 〈표Ⅳ-1〉과 같다. '남편의 고민' 딜레마에서 두 집단 모두에서 가장 많이 도덕판단의 근거로 삼은 것은 '개인 상호 간의 기대에 따른 동조'였다. 응답 학생의 절반 이상이 이 유형으로 도덕판단을 하였다. 예를 들어 '사랑하는 아내이기 때문에' 혹은 '나에게 소중한 사람이라면' 약을 훔쳐서라도 살려야 한다는 응답을 한 경우를 말한다. 집단별 도덕판단 유형을 구체적으로 살펴보면 먼저 북한이탈청소년 집단의 경우 9명(7.6%)이 유형1에, 2명(1.7%)이 유형2에, 67명(56.3%)이 유형3에, 15명(12.6%)이 유형4에, 19명(16.0%)이 유형5에 속했다. 이 중 유형3이 가장 많았고 그 다음으로는 유형4, 유형5, 유형1, 유형2 순이었다. 남한청소년 집단의 경우 12명(3.4%)이 유형1에, 14명(3.9%)이 유형2에, 244명(68.2%)이 유형3에, 42명(11.7%)이 유형4에, 46명(12.8%)이 유형5에 속했으며, 이 중 유형3이 가장 많았고, 유형4, 유형5, 유형2, 유형1 순으로 나타났다. 두 집단 모두에서 유형3이 가장 많이 나타났다. 가장 높은 도덕판단 유형인 보편적 도덕유형인 유형6에 해당하는 학생은 없었다.

두 번째 딜레마인 '탈옥수'에서도 두 집단 모두에서 가장 많은 수가 도덕판단의 근거로 삼은 것은 '개인 상호 간의 기대에 따른 동조'였다. 예를 들어 '좋은 일을 많이 한 착한 사람이니까' 혹은 '다시 감옥에 넣는 것은 매정하므로' 고발하면 안 된다는 응답을 한 경우이다. 특히 이 딜레마에서는 북한이탈청소년의 절반 이상이 이 유형으로 도덕판단을 하여 다른 연구에서 보고한 일반청소년 집단의 유형 분포와 차이가 있었다. 반면 남한청소년들은 유형4로 도덕판단을 한 경우가 북한이탈청소년에 비해 상당히 높았다.

집단별로 각 도덕판단 유형이 어떻게 나타났는지 구체적으로 살펴보면, 북한이탈청소년의 경우 20명(16.8%)이 유형1에, 1명(0.8%)이 유형2에, 72명

(60.5%)이 유형3에, 16명(13.4%)이 유형4에, 2명(1.7%)이 유형5에 속했다. 이 중 유형3이 가장 많았고 그 다음으로는 유형1, 유형4, 유형5, 유형2 순이었다. 남한청소년의 경우 48명(13.4%)이 유형1에, 14명(3.9%)이 유형2에, 168명(46.9%)이 유형3에, 121명(33.8%)이 유형4에, 6명(1.7%)이 유형5에 속했으며, 이 중 유형3이 가장 많았고, 유형4, 유형1, 유형2, 유형5 순으로 나타났다. 첫 번째 딜레마에서와 마찬가지로 두 집단 모두에서 유형3이 가장 많이 나타났고, 유형6에 해당하는 학생은 없었다.

흥미로운 점은 두 집단의 유형1과 유형4 간의 응답률 차이이다. 남한청소년은 서구 사회의 자료에서 보였던 결과와 유사하게 유형3과 유형4의 응답이 대부분을 차지했다. 사회의 법질서 유지를 중시하는 민주시민 사회의 기본 원리를 가지고 있음을 알 수 있다. 그러나 북한이탈청소년의 경우에 유형3 다음으로 유형1이 많았다는 점에 주목할 필요가 있다. 사회질서 유지라는 관점에서의 도덕추론 비율이 개인의 욕구 충족이라는 유형1에 비해 적다. 유형1은 도덕 사회화가 전혀 이루어지지 않은 경우이며, 본능적 자기 충족에 가까운 도덕 추리로서 사회의 시민으로서 자율적으로 기능하기에는 매우 부족한 논리라는 점에서 우려할 만하다. 특히 감옥과 죄수라는 관계 설정이 어쩌면 이들이 탈북 전후에 늘 불안해했던 상황과 유사한 것이어서 그동안의 상황 경험이 반영된 것으로 설명될 수 있다.

세 번째 딜레마인 '환자의 애원'에서도 두 집단 모두에서 가장 많은 수가 도덕판단의 근거로 삼은 것도 '개인 상호 간의 기대에 따른 동조'였다. 예를 들어 '환자가 받는 고통을 생각한다면' 혹은 '환자도 원하는 바가 있다면' 그 애원을 들어주어야 한다는 응답을 한 경우를 말한다. 특히 이 딜레마에서 유형3에 속한 학생의 수는 나머지 두 딜레마에 비해 더 많았는데 두 집단 모두에서 70%에 가까운 비율을 보여 주었다. 집단별로 도덕판단의 유형이 어떻게 나타났는지 구체적으로 살펴보면 먼저 북한이탈청소년의 경우 80명(67.2%)이 유형3에, 17명(14.3%)이 유형4에, 7명(5.9%)이 유형5에, 2명(1.7%)이 유형2에 속했다. 이 중 유형3이 가장 많았고 그 다음으로는 유형4, 유형5, 유형2 순이었다. 남한청소년의 경우 1명(0.3%)이 유형1에, 13명(3.6%)이 유형2에, 253명(70.7%)이 유형3에, 54명(15.1%)이 유형4에, 36명(10.1%)이 유형5에 속했으며, 이 중 유형3이 가장 많았고, 유형4, 유형5, 유형2, 유형1 순으로 나타났다. 마찬가지로 두 집단 모두에서 유형3이 가장 많이 나타났고, 유형6에 해당하는 학생은 없었다. 북한이탈청소년이나 남한청소년이나 유사한 응답결과를 보인 것은 이 상황이 그간의 경험 중 정치적 경험을 포함하지 않은 것이기 때문일 것이다. 두 번째 죄수와 감옥 상황은 탈북과정이나 북한 내에서 많이 보고 불안해했던 상황으로서 정치적 경험뿐 아니라 개별 경험이 관련된 상황이었으나 세 번째 환자의 상황은 그러한 사회정치적 경험이 배제된 채 순수한 의미의 인간의 질병 문제를 가지고 있는 상황이기 때문이다.

위의 결과를 정리해 보면, 딜레마별로 각 유형이 차지한 비율에는 약간씩 차이가 나타났다. '남편의 고민' 딜레마에서는 다른 두 딜레마에 비해 상대적으로 유형5의 응답이 많았으며, '탈옥수' 딜레마에서는 상대적으로 유형1의 응답이 많은 반면 유형5의 응답이 적었고, '환자의 애원' 딜레마에서는 유형1과 유형2이 거의 드물었고 유형3에 응답이 상당수 몰려 있는 경향을 보였다. 그럼에도 불구하고 두 집단 사이에 대체로 유사한 양상을 보이는데, 딜레마의 종류와 집단에 관계없이 과반수 이상의 응답이 도덕판단 유형3으로 나타나 북한이탈청소년과 남한청소년들이 주로 '개인 상호 간의 기대에 따른 동조'를 근거로 하여 도덕판단을 한다는 점을 알 수 있었다. 또한 도덕판단 4단계와 5단계 수준에 해당하는 학생들도 딜레마에 따라 적게는 전체의 약 15.1%에서 많게는 전체의 35.5% 정도로 나타났다.

세 가지 딜레마에 대한 도덕판단 유형을 전체적으로 살펴보았을 때, 북한이탈청소년의 63.1%와 남한청소년의 61.9%가 3단계에 해당하는 도덕판단 수준을 보여 주었다. 4단계 혹은 5단계에 해당하는 도덕판단 수준을 보여 준 경우는 북한이탈청소년의 경우 19.1%, 남한청소년의 경우 28.4%였다. 일반적으로 3단계의 도덕판단 수준이 과반수 이상을 차지하는 가운데 4단계와 5단계의 도덕판단 수준도 함께 나타나며 점전적인 상향 발달이 이루어지고 있는 과정이라는 점이 확인되었다. 반면 딜레마의 종류와 집단에 관계없이 유형6으로 분류된 대상자가 한 명도 없는데 '이상적 협동원리로서의 도덕성'을 근거로 하여 도덕판단을 하는 수준에 이른 경우는 아직 없는 것으로 볼 수 있다.

〈표Ⅳ-1〉 북한이탈청소년과 남한청소년의 도덕판단 유형

딜레마명	도덕판단 유형	북한이탈청소년(N=119)		남한청소년(N=358)	
		빈도(명)	비율(%)	빈도(명)	비율(%)
남편의 고민	유형1	9	7.6	12	3.4
	유형2	2	1.7	14	3.9
	유형3	67	56.3	244	68.2
	유형4	15	12.6	42	11.7
	유형5	19	16.0	46	12.8
	유형6	0	0	0	0
	기타	7	5.9	0	0
탈옥수	유형1	20	16.8	48	13.4
	유형2	1	0.8	14	3.9
	유형3	72	60.5	168	46.9
	유형4	16	13.4	121	33.8
	유형5	2	1.7	6	1.7
	유형6	0	0	0	0
	기타	8	6.7	1	0.3
환자의 애원	유형1	0	0	1	0.3
	유형2	2	1.7	13	3.6
	유형3	80	67.2	253	70.7
	유형4	17	14.3	54	15.1
	유형5	7	5.9	36	10.1
	유형6	0	0	0	0
	기타	13	10.9	1	0.3
합계	유형1	29	8.4	61	5.7
	유형2	5	1.4	41	3.8
	유형3	219	63.1	665	61.9
	유형4	38	11.0	217	20.2
	유형5	28	8.1	88	8.2
	유형6	0	0	0	0
	기타	28	8.1	2	0.2

(2) 도덕판단 수준

도덕판단 유형별 판단 논리를 가지고 도덕판단의 수준을 의미하는 도덕판단 단계를 설정해 볼 수 있다. 6개의 도덕판단 유형을 도덕판단 수준으로 보아 콜버그의 분석방법대로 유형1은 1점, 유형2는 2점, 유형3은 3점, 유형4는

4점, 유형5는 5점, 유형6은 6점을 줄 수 있다. 이렇게 1점부터 6점까지 점수를 주었을 때, 세 가지 딜레마 중 '남편의 고민'과 '환자의 애원'에서는 두 집단 모두, '탈옥수'에서는 남한청소년의 도덕판단 점수가 3점보다 약간 높아 3단계를 상회하는 수준이었다. 〈표Ⅳ-2〉를 통해 구체적으로 살펴보면 '남편의 고민'에서 북한이탈청소년의 도덕판단 수준이 3.3(SD=1.0), 남한청소년의 도덕판단 수준이 3.3(SD=0.9)이었고, '환자의 애원'에서 북한이탈청소년의 도덕판단 수준이 3.3(SD=0.6), 남한청소년의 도덕판단 수준이 3.3(SD=0.7)로 두 딜레마 모두 북한이탈청소년과 남한청소년이 도덕판단 단계 중 3단계에 해당하는 도덕판단 수준을 보여 주었다. 한편 '탈옥수' 딜레마에서 남한청소년의 도덕판단 수준이 3.1(SD=1.0)로 도덕판단 단계 중 3단계 정도의 수준이었지만, 북한이탈청소년의 도덕판단 수준은 2.8(SD=1.0)로 3점보다 약간 낮아 도덕판단 단계의 2단계와 3단계 사이 정도의 수준이라고 볼 수 있었다. 이러한 응답률 차이는 앞에서도 언급했듯이 탈옥수라는 상황 차이로 보인다. 세 딜레마의 점수를 합산해 평균 내어 전체적인 도덕판단 수준을 알아보았을 때 북한이탈청소년의 경우 3.1(SD=0.6), 남한청소년의 경우 3.2(SD=0.6)로 모두 3점을 상회했다. 즉, 북한이탈청소년과 남한청소년들의 도덕판단 수준은 평균적으로 도덕판단 단계 중 3단계 정도에 해당했다.

여기에서 주목할 만한 부분은 '탈옥수' 딜레마에서 북한이탈청소년 및 남한청소년 모두에게서 다른 딜레마에서보다 상대적으로 낮은 수준의 도덕판단이 나타났다는 점이다. 이 연구에서 사용된 세 가지 딜레마에서는 각각 등장인물들이 처한 상황적 조건, 즉 각자가 가지고 있는 요구의 종류와 상대방에게 기대하는 바의 수준, 관련되어 있는 사회적 규범과 도덕적 원칙 등이 상이하다. '남편의 고민' 딜레마와 '환자의 애원' 딜레마는 '생명'과 관련된 문제인 반면, '탈옥수 딜레마'는 '정의'와 관련된 문제이다. 실제로 앞서 살펴보았던 도덕판단 유형에서 탈옥수 딜레마에서는 다른 딜레마에 비해 상대적으로 유형1의 응답이 많은 반면 유형2 혹은 유형5의 응답이 적었다. 감옥살이를 다 하지 않고 도망친 어떤 사람이 열심히 일해서 큰 부자가 되었고 양심적으로 가난한 사람들을 많이 도와주고 있을 때, 그럼에도 불구하고 이 사람을 신고해야 할지를 결정해야 하는 딜레마 상황에서 가장 중요한 논쟁점은 "죄를 저질렀을 때는 꼭 벌을 받아야 하는가"일 것이다. '죄를 저지르는 것은 나쁜 짓인데 나쁜 짓을 하면 무조건 벌을 받는다(1단계)'는 의미로 위의 논쟁점에 동의할 수도 있고, 혹은 '법이 금지하는 일은 하지 않았어야 하므로 그에 따라 합당한 죗값을 치르는 것이 사회질서를 위하는 길이다(4단계)'라는 의미로 동의할 수도 있다. 연구대상 두 집단에게서 사회적인 의미까지 고려하기보다는 '잘못에 대한 응보성' 혹은 '도덕적 실재주의(옳고 그름 그 자체)'에 초점을 두고 1점의 응답을 하는 경우가 상대적으로 많았다.

이 딜레마 상황에서 또 한 가지 주요 논쟁점은 "현재의 선행이 과거에 지은 죄를 만회해 줄 수 있는가?"이다. 여기에서도 '좋은 일을 많이 했고 지금은 착하게 살고 있으니 괜찮다(3단계)'라는 의미로 위의 논쟁점에 동의할 수도 있고, 혹은 '이유야 무엇이든 법대로 따라야 한다(4점)', '과거를 뉘우치고 타인을 돕고 사회에 기여하고 있는데 어떤 것이 정말 사회를 위한 일인지 생각해 보아야 한다(5단계)' 등의 의미로 동의할 수도 있다. 이 딜레마에서도 법이 존재하는 사회적인 이유에 대한 고찰이 이루어지기 이전에 '좋은 일', '착함', '인정' 등에 초점을 두고 3점의 응답을 하거나 '법의 당위성과 강제성', '의무와 책임' 등에 초점을 두고 4점의 응답을 하는 경우가 상대적으로 많았다.

한 가지 더 고려할 수 있는 점은 '탈옥수 딜레마'에서 탈옥수가 베푼 선행이 자신에게 직접적으로 혜택을 미치거나 개별적 이익을 얻게 해 주는 것이 아니고, 그 사람을 신고할지 말지의 문제는 단지 자신의 양심에 비추어 결정할 일이라고 볼 수 있으며, 그 사람만이 탈옥수를 신고할 의무를 가지고 있는 것도 아니라는 사실이다. 반면 '남편의 고민' 딜레마에서 법을 어겨서라도 살리고 싶은지를 고민해야 하는 대상은 바로 자신이 가장 사랑하는 배우자이고, '환자의 애원' 딜레마에서 의사가 환자의 애원을 들어주는 것은 단지 그 사람의 소망을 들어주는 것이 아니라 한 생명을 죽이는 일이 되어 이후에 돌아오게 될 충격과 개인적이고 사회적인 파장은 상당히 치명적인 것이다. 이러한 딜레마의 특성을 고려할 때, 청소년들이 '생명'보다는 '정의'와 관련된 상황에서, 그리고 자신과 직접 관련을 맺고 있지 않으며 자신과는 거리가 있는 대상에 대한 상황에서, 혹은 자신에게 돌아올 결정적인 피해가 없는 상황에서 상대적으로 낮은 도덕판단 수준을 보일 수 있다는 점을 예상할 수 있다.

〈표Ⅳ-2〉 북한이탈청소년과 남한청소년의 도덕판단 수준

구분	북한이탈청소년(N=119)			남한청소년(N=358)		
	빈도(명)	평균	표준편차	빈도(명)	평균	표준편차
남편의 고민	112	3.3	1.0	358	3.3	0.9
탈옥수	111	2.8	1.0	357	3.1	1.0
환자의 애원	106	3.3	0.6	357	3.3	0.7
전체	96	3.1	0.6	356	3.2	0.6

한편 대상의 성별이나 연령을 통제한 후 북한이탈청소년과 남한청소년의 도덕판단 수준의 차이가 유의한지를 확인하기 위해 집단을 가변수화한 후 중다회귀분석을 통해 그 영향력을 살펴보았다.[1] 먼저 북한이탈청소년은 1, 남한청소년 0으로 코딩하고, 성별의 경우 여학생은 1, 남학생은 0으로 코딩하여 북한이탈청소년의 도덕판단 수준은 남한청소년의 도덕판단 수준과, 여학생의 도덕판단 수준은 남학생의 도덕판단 수준과 비교하였다. 그리고 연령은 연속변수로 포함하였다. 이렇게 북한이탈청소년(집단), 여학생(성별), 연령을 독립변수로 하여 이들의 도덕판단 수준에 대한 영향력을 알아본 결과는 〈표Ⅳ-3〉에 제시되어 있다.

딜레마별로 구체적으로 살펴보면, 먼저 '남편의 고민' 딜레마에서는 독립변수 중 연령($t=2.6$, $p<.05$)이, '탈옥수' 딜레마에서는 독립변수 중 집단($t=-2.8$, $p<.001$)이 도덕판단 수준에 유의한 영향을 미치는 것으로 나타났다. '환자의 애원' 딜레마에서는 집단, 성별, 연령을 독립변수로 한 회귀모형이 $p<.1$ 수준에서 유의했고, 독립변수 중 성별($t=-2.5$, $p<.05$)만 도덕판단 수준에 유의한 영

1 이 연구에서는 중다회귀분석 시 독립변수들 간의 다중공선성과 잔차 간의 상호독립성 진단을 위해 VIF(variance inflation factor), Durbin-Watson 수치를 각각 확인하였다. 제시된 모든 분석결과에서 다중공선성 및 잔차 간의 상호독립성에 문제가 없었다.

향을 미치는 것으로 나타났다. 종합해 보면 두 집단에 따른 차이는 '탈옥수' 딜레마에서만 유의했고, 북한이탈청소년이 남한청소년에 비해 도덕판단 수준이 낮았다. '남편의 고민' 딜레마에서만 연령의 증가에 따라 도덕판단 수준의 향상이 있었고, '환자의 애원' 딜레마에서만 남학생이 여학생에 비해 도덕판단 수준이 높았다.

전체 도덕판단 수준에 대한 회귀분석에서는 독립변수 중 집단(t=-2.2, p<.05)과 연령(t=2.0, p<.05)이 도덕판단 수준에 유의한 영향을 미치는 것으로 나타났다. 성별과 연령을 통제한 후, 딜레마의 종류에 관계없이 북한이탈청소년의 도덕판단 수준이 남한청소년의 도덕판단 수준에 비해 전반적으로 낮게 나타났다. 한편 연령의 증가에 따라 두 집단의 도덕판단 수준이 유의하게 향상되었으며, 이는 종단 및 횡단 연구를 통해 도덕판단의 상향 발달 경향성을 확인하였던 선행연구(Kohlberg, 1969; Rest, 1986)에서의 입장과 일관된 양상을 보였다.

〈표Ⅳ-3〉 도덕판단에 대한 중다회귀분석

종속변수(도덕판단 수준)	독립변수	B	표준오차	β	t
남편의 고민 딜레마 (F=2.8, df=3, 466, p<.05)	북한이탈청소년	-0.21	0.14	-0.10	-1.5
	여학생	-0.11	0.08	-0.06	-1.3
	연령	0.08	0.03	0.16	2.6 *
	상수	1.91	0.56		3.4 ***
탈옥수 딜레마 (F=2.8, df=3, 464, p<.05)	북한이탈청소년	-0.42	0.15	-0.18	-2.8 **
	여학생	0.03	0.09	0.02	0.4
	연령	0.06	0.04	0.10	1.6
	상수	2.06	0.62		3.3 **
환자의 애원 딜레마 (F=2.2, df=3, 459, p<.1)	북한이탈청소년	-0.05	0.11	-0.03	-0.4
	여학생	-0.16	0.06	-0.11	-2.5 *
	연령	0.01	0.03	0.02	0.4
	상수	3.24	0.44		7.3
전체 (F=2.7, df=3, 448, p<.05)	북한이탈청소년	-0.20	0.89	-0.15	-2.2 *
	여학생	-0.08	0.05	0.07	-1.5
	연령	0.04	0.02	0.13	2.0 *
	상수	2.50	0.38		6.7 ***

* p<.05, ** p<.01, *** p<.001

2) 친사회성

(1) 친사회적 의사결정

사회에서 접하는 일상 상황에서의 일반적 도덕추론과 타인을 돕는 친사회적 도덕추론이 동일한가를 파악하기 위해서 우선 친사회적 도덕추론을 살펴보았다. 친사회적 도덕추론이 대상에 따라 달리 나타날 수 있다는 가정하에 자신과 가까운 내집단에 속한 사람인지, 자신과 거리가 있는 외집단에 속한 사람인지에 따라 달리 분석해 보았다. 북한이탈청소년과 남한청소년의 친사회성 과제에서 도움 수혜자가 나와 가까운 사이(내집단)거나 먼 사이(외집단)인 경우로 구분하였다. 그와 더불어 내가 도움을 줌으로써 치를 대가(손해의 측면)의 종류를 시간, 금전, 관계의 세 가지로 구분하여 총 여섯 가지의 상황을 제시하였다. 먼저, 제시된 상황 안에서 도움 제공 여부에 대해 어떠한 의사결정을 내릴지를 질문하여 친사회적 행동을 위한 의사결정 경향을 확인하였다.

〈표Ⅳ-4〉를 통해 북한이탈청소년과 남한청소년의 친사회적 의사결정에 대해 살펴보면, 도움 수혜자가 내집단에 있으며, 자신이 치를 대가가 시간적 대가인 경우 북한이탈청소년과 남한청소년 두 집단 모두에서 거의 대부분의 학생들이 '돕는다'고 결정했다. 북한이탈청소년의 경우 단 한 명을 제외하고 118명(99.2%)이 '돕는다'는 결정을 했고, 남한청소년도 345명(96.4%)이 동일하게 결정하였다. 도움 수혜자가 내집단에 있으며, 자신이 치를 대가가 금전적 대가인 경우 북한이탈청소년 중 109명(91.6%)이 '돕는다'는 의사결정을 했는데 이는 내집단-시간적 대가의 상황에서보다는 약간 떨어진 수치이긴 하지만 그래도 상당히 높은 수치였다. 남한청소년의 경우에는 '돕는다'는 결정을 한 학생이 239명(66.8%)으로 '돕지 않는다'고 결정한 학생 118명(33%)의 두 배였지만, 북한이탈청소년에 비해서는 '돕는다'는 결정은 더 적게 하고, '돕지 않는다'는 결정은 더 많이 했다. 도움 수혜자가 내집단에 있으며, 자신이 치를 대가가 관계적 대가인 경우 북한이탈청소년 집단의 108명(90.8%), 남한청소년의 309명(86.3%)이 '돕는다'는 결정을 했다. 북한이탈청소년의 경우에는 90%

가 넘는 학생들이 그러한 결정을 했다. 특성화학교 집단과 남한청소년 집단의 경우도 90%에는 미치지 못하지만 높은 비율이었다.

한편 도움 수혜자가 외집단에 있으며, 자신이 치를 대가가 시간적 대가인 경우 북한이탈청소년의 99명(83.2%), 남한청소년의 243명(67.9%)이 '돕는다'는 결정을 했다. '돕지 않는다'는 결정을 한 학생은 북한이탈청소년 중 19명(16%), 남한청소년 중 115명(32.1%)이었는데 남한청소년의 경우에 '돕지 않는다'는 응답은 북한이탈청소년 응답의 두 배 정도 많았다. 즉, 남한청소년들의 경우에 북한이탈청소년 집단에 비해 '돕지 않는다'는 결정을 더 많이 했다. 도움 수혜자가 외집단에 있으며, 자신이 치를 대가가 금전적 대가인 경우 북한이탈청소년과 남한청소년의 응답 양상이 대조적이었는데 북한이탈청소년 중 72명(60.5%)이 '돕는다'는 결정을 하고 47명(39.5%)이 '돕지 않는다'는 결정을 한 반면, 남한청소년 중 106명(29.6%)이 '돕는다'는 결정을 하고 252명(70.4%)이 '돕지 않는다'는 결정을 했다. 즉, 북한이탈청소년에게서는 '돕는다'는 결정이 '돕지 않는다'는 결정에 비해 20%p 이상 많았지만, 남한청소년에게서는 반대로 '돕지 않는다'는 결정이 '돕는다'는 결정에 비해 40%p 이상 많았다. 외집단-금전적 상황은 응답 비율이 상반되는 유일한 상황이었다. 북한이탈청소년의 경우에도 금전적 대가 상황에서 도움의 수혜자가 내집단인 경우보다 '돕는다'는 결정이 상대적으로 줄었지만, 남한청소년의 경우에는 그러한 양상이 상대적으로 훨씬 강해 '돕지 않는다'는 응답이 압도적으로 많았다. 마지막으로 도움 수혜자가 외집단에 있으며, 자신이 치를 대가가 관계적 대가인 경우 북한이탈청소년의 105명(88.2%), 남한청소년의 237명(66.2%)이 '돕는다'는 결정을 하였다. 두 집단 모두에서 '돕는다'는 결정을 하는 경우가 '돕지 않는다'는 결정을 하는 경우보다 많았는데, 북한이탈청소년에게서 '돕는다'는 결정이 차지하는 비율이 상대적으로 더 높았다.

위의 결과를 종합해 볼 때 북한이탈청소년 및 남한청소년들이 가장 친사회적 의사결정을 높게 보인 경우는 도움 수혜자가 내집단이며 도움의 대가가 시간적 대가인 상황이었다. 즉, 친한 사람이 도움을 필요로 할 때 내가 시간적인 손실을 경험하더라도 그를 도와야겠다는 생각을 다른 상황보다 더 많이 했다. 이는 외집단보다 내집단에 대해 친사회적 의사결정을 많이 한다는 선행연구들(이옥경, 이순형, 2003; 이혜영, 이순형, 2007)의 결과와 맥락을 같이 한다. 한편 도움의 수혜자가 똑같이 내집단인 상황 속에서도 시간적 대가를 금전적 대가나 관계적 대가에 비해 상대적으로 덜 부담스럽게 여기는 것이라 예상된다. 이 상황에 대한 응답에서 "영화는 나중에 봐도 되니까", "영화관에는 늦게 들어가도 되니까", "영화는 다운받아 봐도 되니까"라는 응답이 상당수 포함되어 있었다. 즉, 응답자는 금전적 대가나 관계적 대가 상황으로 인한 손실보다 시간적 대가 상황에 의한 손실이 덜 치명적이고 쉽게 복구가 가능할 것이라 여겼을 가능성이 있다.

또한 북한이탈청소년들의 경우, 남한청소년에 비해 같은 종류의 대가가 주어진 친사회적 의사결정 상황에서 도움 수혜자가 나와 가까운 사이인지 그렇지 않은지에 대해서는 상대적으로 덜 구애받는 경향이 있다는 것이다. 심지어 북한이탈청소년 집단에서는 외집단-관계적 대가 상황에서 4명을 제외한 학생이 모두 '돕겠다'는 결정을 해 오히려 내집단-관계적 대가 상황보다 '돕겠다'는 결정을 더 많이 한 것으로 나타나기도 했다. 북한이탈청소년은 도움 수혜자가 자신과 먼 사이이고, 특히 시간적 대가나 금전적 대가에 비해 관계적 대가를 치를 경우에 도움의 대가를 치르고서라도 타인을 돕겠다는 결정을 많이 한다는 점을 알 수 있었다.

한편 남한청소년의 경우, 시간적 대가나 관계적 대가에 비해 금전적인 대가를 치를 상황에서 돕지 않겠다는 응답이 상당히 높게 나타났다. 특히 도움 수혜자가 외집단인 경우에는 친사회적 행동을 하기로 결정한 비율이 하지 않기로 결정할 비율보다 유일하게 낮다. 또한 북한이탈청소년도 도움 수혜자가 외집단인 경우에는 시간적 대가나 관계적 대가와 비교해 금전적 대가를 치를 경우 돕지 않겠다는 응답이 상대적으로 더 많았다. 시간적 대가나 관계적 대가에 비해 금전적 대가는 눈에 보이는 직접적이고 물리적인 손실을 가져온다는 점에서 가까운 사이가 아닌 경우 이러한 손실에 대한 부담감을 상대적으

〈표Ⅳ-4〉 북한이탈청소년과 남한청소년의 친사회적 의사결정

도움 수혜자	도움의 대가	의사결정의 종류	북한이탈청소년(N=119)		남한청소년(N=358)	
			빈도(명)	비율(%)	빈도(명)	비율(%)
내집단	시간적 대가	돕지 않는다	1	0.8	13	3.6
		돕는다	118	99.2	345	96.4
	금전적 대가	돕지 않는다	10	8.4	118	33.0
		돕는다	109	91.6	239	66.8
	관계적 대가	돕지 않는다	10	8.4	48	13.4
		돕는다	108	90.8	309	86.3
외집단	시간적 대가	돕지 않는다	19	16.0	115	32.1
		돕는다	99	83.2	243	67.9
	금전적 대가	돕지 않는다	47	39.5	252	70.4
		돕는다	72	60.5	106	29.6
	관계적 대가	돕지 않는다	13	10.9	120	33.5
		돕는다	105	88.2	237	66.2

로 더 크게 느낀다는 점을 알 수 있다.

대상의 성별이나 연령을 통제한 후, 북한이탈청소년과 남한청소년의 친사회적 의사결정의 차이가 유의한지를 확인하기 위해 집단을 가변수화한 후 로지스틱 회귀분석[2]을 통해 그 영향력을 살펴보았다. 먼저 독립변수에서 북한이탈청소년은 1, 남한청소년은 0으로 부호화하고, 여학생은 1, 남학생은 0으로 부호화하여 북한이탈청소년의 도덕판단 수준을 남한청소년의 도덕판단 수준과, 여학생의 도덕판단 수준은 남학생의 도덕판단 수준과 비교할 수 있도록 하였다. 연령은 연속변수로 포함하였다. 종속변수인 친사회적 의사결정은 '돕는다'를 1로, '돕지 않는다'를 0으로 부호화하였다. 이렇게 북한이탈청소년(집단), 여학생(성별), 연령을 독립변수로 하여 친사회적 의사결정에 대한 그들의 영향력을 알아본 결과는 〈표Ⅳ-5〉에 제시되어 있다.

집단, 성별, 연령을 독립변수로, 친사회적 의사결정을 종속변수로 한 로지

2 집단, 성별, 연령에 따른 친사회적 의사결정 비교에서는 종속변수인 친사회적 의사결정이 '돕는다' 혹은 '돕지 않는다'와 같이 범주형 변수이다. 따라서 통계방법으로 로지스틱 회귀분석을 사용하였다.

스틱 회귀모형은 내집단-금전적 대가 상황, 외집단-시간적 대가 상황, 외집단-금전적 대가 상황, 외집단-관계적 대가 상황에서만 모형의 적합성이 확인되었다. 구체적으로 살펴보면 내집단-금전적 대가 상황에서 북한이탈청소년은 남한청소년과 비교하여 친사회적 의사결정을 하는 집단에 속할 승산비가 5.41배가 되며($p<.001$), 외집단-금전적 상황에서 북한이탈청소년은 남한청소년과 비교했을 때 친사회적 의사결정을 하는 집단에 속할 승산비가 3.88배가 되는 것으로 나타났다($p<.001$). 즉, 도움 수혜자와의 거리가 가깝거나 멀거나에 관계없이 도움의 대가가 금전적 대가인 경우 북한이탈청소년이 남한청소년에 비해 친사회적 의사결정을 많이 한다. 남한청소년들은 금전의 손실을 볼 경우에 친사회적 의사결정을 적게 하는 경향이 있다. 이는 자본주의 사회에서 성장한 남한청소년들에게서 보다 확실한 경제적 소유 관념과 금전적 손실에 대한 민감성이 발달했고, 그에 따라 금전적 대가가 있는 상황 속에서 친사회적 의사결정을 할 경향성이 상대적으로 낮은 것이라 볼 수 있다.

또한 외집단-관계적 대가 상황에서 북한이탈청소년은 남한청소년과 비교했을 때 친사회적 의사결정을 하는 집단에 속할 승산비가 3.20배가 되는 것으로 나타났다($p<.01$). 이는 자신과 가깝지 않은 대상을 도움으로써 오히려 친밀한 대상과의 관계를 희생해야 하는 경우 북한이탈청소년들이 남한청소년에 비해 친사회적 의사결정을 더 많이 한다는 것이다. 앞에서 친사회적 의사결정 유형에서 살펴보았다시피 도움을 요하는 사람이 자신과 가까운 대상일 때 돕겠다는 의사결정을 하는 비율이 북한이탈청소년과 남한청소년 모두 상당히 높으나, 도움을 요하는 사람이 자신과 가까운 대상이 아닐 때는 그 비율이 남한청소년에게서만 크게 낮아진다. 북한이탈청소년들이 도움을 요하는 사람과 자신의 거리에 관계없이 자신이 친밀한 관계를 맺고 있는 사람들과의 관계에 대한 어느 정도의 희생을 감수하고서라도 친사회적 의사결정을 많이 하는 반면, 남한청소년은 도움을 요하는 사람이 자신과 가까운 사람이 아닌 경우 상대적으로 친사회적 의사결정을 적게 한다는 이러한 결과는 북한이탈청소년들의 집단주의적, 공동체지향적 가치, 남한청소년의 개인주의적 가치

가 반영된 것이라 할 수 있다.

그 외, 여학생은 남학생과 비교했을 때 외집단-금전적 대가 상황에서 친사회적 의사결정을 하는 집단에 속할 승산비가 51%p 낮으며(p<.01), 외집단-관계적 대가 상황에서 41%p 낮은 것으로 나타났다(p<.05). 일반적으로 여학생이 남학생에 비해 경제적 손실에 대한 민감성이 높고 자신이 맺고 있는 관계에 높은 가치를 둔다는 점이 금전적 대가 혹은 관계적 대가 상황에서 여학생이 남학생보다 친사회적 의사결정을 덜 하는 경향으로 나타난 결과와 관련되는 듯하다.

〈표Ⅳ-5〉 친사회적 의사결정에 대한 로지스틱 회귀분석

도움 수혜자	도움의 대가	독립변수	B	표준오차	Exp(B)
내집단	시간적 대가 (LR χ^2=4.5, df=3)	북한이탈청소년	1.21	1.28	3.34
		여학생	0.63	0.57	1.88
		연령	0.09	0.29	1.09
		상수	1.52	4.92	4.57
	금전적 대가 (LR χ^2=33.8, df=3, p<.001)	북한이탈청소년	1.69	0.46 ***	5.41
		여학생	-0.24	0.21	0.78
		연령	0.01	0.10	1.01
		상수	0.72	1.79	2.05
	관계적 대가 (LR χ^2=3.8, df=3)	북한이탈청소년	0.45	0.50	1.57
		여학생	-0.34	0.29	0.71
		연령	0.04	0.12	1.04
		상수	1.46	2.10	4.29
외집단	시간적 대가 (LR χ^2=17.9, df=3, p<.001)	북한이탈청소년	0.40	0.36	1.50
		여학생	0.29	0.21	1.33
		연령	0.19	0.10	1.20
		상수	-2.53	1.66	0.08
	금전적 대가 (LR χ^2=48.0, df=3, p<.001)	북한이탈청소년	1.36	0.31 ***	3.88
		여학생	-0.71	0.20 **	0.49
		연령	0.01	0.08	1.01
		상수	-0.73	1.30	0.48
	관계적 대가 (LR χ^2=32.9, df=3, p<.001)	북한이탈청소년	1.16	0.41 **	3.20
		여학생	-0.52	0.21 *	0.59
		연령	0.11	0.10	1.12
		상수	-0.98	1.77	0.38

* p<.05, ** p<.01, *** p<.001

(2) 친사회적 도덕추론 유형

일반 도덕추론과 친사회적 도덕추론의 논리가 동일할 것인가라는 가정에서 친사회적 도덕추론의 논리를 검증하였다. 친사회적 도덕추론의 유형1은 '욕구 충족 및 실용주의', 유형2는 '타인 필요 지향', 유형3은 '관계 지향 및 승인, 사회적 수용', 유형4는 '공감 지향 및 내면화의 과도기', 유형5는 '내면화'라는 일반 도덕추론 논리 특성을 적용하여 두 집단의 친사회적 도덕추론 유형을 분류했다. 북한이탈청소년과 남한청소년의 친사회적 도덕추론 유형을 알아본 결과는 〈표Ⅳ-6〉과 같다.

내집단-시간적 대가 상황에서 북한청소년 집단과 남한청소년 집단 모두에서 관계지향 및 승인과 사회적 수용을 의미하는 유형3이 가장 많이 나타났다. '공감지향 및 내면화의 과도기'라고 볼 수 있는 유형4의 추론도 유형3에 비해서는 약간 낮은 수치지만 두 번째로 많았다. 유형3 혹은 유형4의 추론을 보인 학생이 북한이탈청소년의 경우 99명(83.2%), 남한청소년의 경우 265명(74%)으로 나타나 두 집단 모두에서 적어도 70% 이상의 학생들이 유형3, 유형4의 추론을 하였다. 다음으로 내집단-금전적 대가 상황에서 북한이탈청소년의 68명(57.1%)이 유형4의 추론을 보여 절반 이상이 유형4에 속했고, 남한청소년도 168명(46.9%)이 유형4의 추론을 보여 과반수에는 약간 미치지 못하지만 많은 수가 유형4에 속했다. 두 집단 모두에서 유형4 다음으로 많이 볼 수 있었던 도덕추론 유형은 유형3이었으며, 북한이탈청소년의 경우 24명(20.2%), 남한청소년의 경우 62명(17.3%)이 이 유형에 해당하는 것으로 나타났다. 내집단-금전적 대가 상황은 내집단-시간적 대가 상황과 유형3과 유형4 이렇게 두 개의 유형에 해당하는 학생의 비율이 높다는 점에서는 유사하지만, 시간적 대가 상황에서는 유형3이 유형4보다 많은 반면 금전적 대가 상황에서는 유형3보다 유형4가 훨씬 많은 차이점이 있었다. 또한 내집단-관계적 대가 상황에서는 북한이탈청소년의 경우 유형3의 도덕추론을 보여 준 경우가 50명(42%)으로 가장 많았으며, 남한청소년의 경우 유형2의 도덕추론을 보여 준 경우가 107명(29.9%)으로 가장 많았다. 북한이탈청소년은 남한청소년에 비해 유형3에 해당하는 응답 비율이 높았고, 남한청소년 집단에서는 유형2에 해당하는 학생이 107명(29.9%), 유형3에 해당하는 학생이 101명(28.2%), 유형4에 해당하는 학생이 98명(27.4%)으로 나타나 유형2에서 유형4 사이의 도덕추론이 비슷한 정도로 나타났다.

다음으로 외집단 시간적 대가 상황에서는 두 집단 모두에서 유형4의 도덕추론을 보인 학생이 많았다. 북한이탈청소년의 41명(34.5%), 남한청소년의 135명(37.7%)이 이에 속했다. 또한 두 집단 모두에서 두 번째로 많은 학생이 유형3에 속해 절반 이상이 유형3 혹은 유형4의 도덕추론 유형을 보이는 것으로 나타났다. 전반적으로 외집단-시간적 대가 상황에서는 내집단-시간적 대가 상황에 비해 유형1과 유형2에 해당하는 도덕추론을 한 경우가 다소 많았으며, 특히 남한청소년 집단의 경우 약 40%의 학생이 유형1과 유형2에 해당함을 알 수 있었다. 다음으로 외집단-금전적 대가 상황에서는 앞선 결과들과 달리 두 집단 모두에서 유형1의 도덕추론을 가장 많이 한 것으로 나타났으며, 북한이탈청소년의 경우 45명(37.8%), 남한청소년의 경우 233명(65.1%)이 이에 해당했다. 두 집단 모두에서 두 번째로 많은 학생이 속한 도덕추론 유형은 유형4였으며, 북한이탈청소년의 39명(32.8%), 남한청소년의 81명(22.6%)이 이에 속했다. 외집단-금전적 대가 상황에서 나머지 모든 상황에 비해 유형1에 해당하는 응답이 상당히 많았다. 특히 남한청소년 집단은 북한이탈청소년 집단보다 약 27%p 많은 학생이 유형1에 속했다는 점이 특이할 만하다. 자신과 가깝지 않은 사람을 돕기 위해서 금전적 손실을 입어야 하는 상황에서 가장 낮은 수준의 논리를 보인 것이다. 마지막으로 외집단-관계적 대가 상황의 경우는 세 집단 모두에서 유형4의 도덕추론을 가장 많이 하는 것으로 나타났으며, 북한이탈청소년의 45명(37.8%), 남한청소년의 경우 130명(36.3%)이 이에 해당했다. 두 번째로 많은 학생이 속한 도덕추론은 북한이탈청소년의 경우 유형3이었으며 이에 속하는 학생은 33명(27.7%)이었다. 반면 남한청소년의 경우 두 번째로 많은 학생이 속한 도덕추론은 유형1이었으며, 118명(33%)의 학생이 이에 속했다.

〈표Ⅳ-6〉 북한이탈청소년과 남한청소년의 친사회적 도덕추론 유형

도움 수혜자	도움의 대가	도덕추론 유형	북한이탈청소년(N=119)		남한청소년(N=358)	
			빈도(명)	비율(%)	빈도(명)	비율(%)
내집단	시간적 대가	유형1	4	3.4	25	7.0
		유형2	8	6.7	63	17.6
		유형3	54	45.4	134	37.4
		유형4	45	37.8	131	36.6
		유형5	2	1.7	4	1.1
		기타	6	5.0	1	0.3
	금전적 대가	유형1	11	9.2	101	28.2
		유형2	4	3.4	20	5.6
		유형3	24	20.2	62	17.3
		유형4	68	57.1	168	46.9
		유형5	1	0.8	4	1.1
		기타	11	9.2	3	0.8
내집단	관계적 대가	유형1	11	9.2	43	12.0
		유형2	19	16.0	107	29.9
		유형3	50	42.0	101	28.2
		유형4	26	21.8	98	27.4
		유형5	3	2.5	5	1.4
		기타	10	8.4	4	1.1
외집단	시간적 대가	유형1	18	15.1	106	29.6
		유형2	15	12.6	39	10.9
		유형3	30	25.2	71	19.8
		유형4	41	34.5	135	37.7
		유형5	5	4.2	2	0.6
		기타	10	8.4	5	1.4
	금전적 대가	유형1	45	37.8	233	65.1
		유형2	1	0.8	9	2.5
		유형3	19	16.0	23	6.4
		유형4	39	32.8	81	22.6
		유형5	2	1.7	0	0
		기타	13	10.9	12	3.4
	관계적 대가	유형1	18	15.1	118	33.0
		유형2	9	7.6	54	15.1
		유형3	33	27.7	47	13.1
		유형4	45	37.8	130	36.3
		유형5	3	2.5	6	1.7
		기타	11	9.2	3	0.8
전체 합계	유형1		107	15.0	626	30.6
	유형2		56	7.0	292	14.3
	유형3		210	29.4	438	21.4
	유형4		264	37.0	643	31.4
	유형5		16	2.2	21	1.0
	기타		61	8.5	28	1.4

외집단-금전적 대가 상황에서 유형1에 해당하는 응답이 상당히 많았고, 이러한 경향이 남한청소년들에게서 더 분명하게 나타났던 것은 친사회적 의사결정의 결과와도 일맥상통한다. 즉, 도움 수혜자와 자신의 관계가 멀수록, 그리고 자신이 치를 대가가 금전적 대가일수록, 특히 남한청소년일수록 상대적으로 욕구충족적이고 실용주의적인 추론을 많이 한다고 볼 수 있다. 한편 위의 결과를 통해 똑같이 관계적 대가를 치르는 상황에서도 도움 수혜자와 자신과의 관계가 멀다면 그 관계가 가까울 때보다 욕구충족적이고 실용주의적인 추론을 더 많이 할 것임을 알 수 있다.

여섯 개의 상황에 대한 도덕추론 유형을 전체적으로 살펴보았을 때, 북한이탈청소년에게서 가장 많이 나타난 유형은 유형4로 37%를 차지했으며, 다음으로는 유형3이 29.4%를 차지했다. 남한청소년에게서 가장 많이 나타난 유형은 마찬가지로 유형4였고 31.4%를 차지했으며, 다음으로는 유형1이 비슷한 수준인 30.6%를 차지했다. 즉, 북한이탈청소년에게는 유형3과 유형4가 집중적으로 많이 나타났고, 남한청소년에게도 비슷한 양상이 있었다. 그럼에도 불구하고 유형1이 차지하는 비중이 북한이탈청소년의 2배 정도로 많아 욕구 충족적이고 실용주의적 추론이 상대적으로 많이 나타난다고 볼 수 있다.

(3) 친사회적 도덕추론 강도

여섯 가지 친사회적 의사결정 상황에서 보이는 도덕추론 강도를 살펴본 결과는 〈표Ⅳ-7〉과 같다. 친사회적 도덕추론 강도 점수는 상황별로 차이가 있지만 대체로 2점 전후로 보통 수준임을 알 수 있었다. 남한청소년들이 내집단-관계적 대가 상황에서 외집단-관계적 대가 상황에 비해 더 낮은 도덕추론 강도를 보인 것을 제외하면, 세 집단 모두에서 같은 대가 상황이라면 내집단 경우에서 외집단인 경우에서보다 도덕추론 강도가 약간 높았다. 친사회적 도덕추론 강도의 전체 평균은 북한이탈청소년이 2.0(SD=0.2), 남한청소년이 2.0(SD=0.2)으로 동일했다. 전체적으로 친사회적 도덕추론의 강도가 집단이나 친사회적 의사결정 상황 조건에 크게 관계없이 2점에 가까웠다. 채점 기준에 따르면 2점 수준의 추론은 '명확하게 하나의 유형을 사용해 추론한 수준'이다. 즉, 세 집단 모두 평균적으로 구체성과 명료성이 보통 수준으로 추론했다고 볼 수 있다. 추론 강도에서 표준편차가 추론 수준에서의 표준편차보다 상대적으로 작았던 점을 고려한다면 대체로 이 정도의 추론 강도에 많은 응답들이 밀집되어 있을 것이라 판단된다. 이러한 결과는 선행연구의 방법과 달리 주관식으로 자신의 생각을 기입하도록 하는 방식을 취한 친사회적 도덕추론 과제에서 응답자 대부분이 도덕추론 수준 평정에 무리가 없는 정도로 도덕추론 유형 분류가 가능한 성실한 답변을 해 주었다는 점이 입증된 것이다.

〈표Ⅳ-7〉 북한이탈청소년과 남한청소년의 친사회적 도덕추론 강도

도움 수혜자	도움의 대가	북한이탈청소년(N=119)			남한청소년(N=358)		
		빈도(명)	평균	표준편차	빈도(명)	평균	표준편차
내집단	시간적 대가	113	2.1	0.4	358	2.1	0.3
	금전적 대가	108	2.1	0.5	358	2.1	0.4
	관계적 대가	110	2.1	0.4	358	2.0	0.3
외집단	시간적 대가	110	2.0	0.5	357	2.0	0.3
	금전적 대가	106	2.0	0.2	356	2.0	0.3
	관계적 대가	108	1.9	0.4	358	2.0	0.2
전체		96	2.0	0.2	340	2.0	0.2

(4) 친사회적 도덕추론 수준

여섯 가지 친사회적 의사결정 상황에서 보이는 도덕추론 수준을 알아보기 위해 유형1에서 유형5까지를 연속적 발달 과정으로 보아 1점에서 5점까지 점수를 부여하고 5점으로 갈수록 친사회적 도덕추론 수준을 높게 평가했다. 〈표Ⅳ-8〉을 통해 살펴보면 도움 수혜자가 내집단에 있는 경우에 두 집단 모두에서 3점 전후의 도덕추론 수준을 보인 반면, 도움 수혜자가 외집단에 있는 경우에는 도덕추론 수준이 최소 1.9점에서 최대 3.1점에 해당하며 전반적으로 도움 수혜자가 내집단에 있는 경우보다는 도덕추론 수준이 다소 낮았다. 도움 수혜자가 '나'와 가까운 사이인 경우에는 일반적으로 관계 지향이나 사회적 수용에 초점을 두는 추론 수준을 보이는 반면, 도움 수혜자가 '나'와 먼 사이일

경우에는 타인의 필요에 초점을 두는 추론 수준을 상대적으로 많이 보였다. 하지만 같은 대가 상황에서도 외집단일 때 내집단일 때보다 오히려 추론 수준이 높아지는 경우를 발견할 수 있었다. 북한이탈청소년은 내집단-관계적 대가 상황보다 외집단-관계적 대가 상황일 때 오히려 추론 수준이 높았다.

한편 외집단-금전적 대가 상황에서는 북한이탈청소년과 남한청소년 모두에서 각각 집단이 보여 준 여섯 가지 상황에 대한 친사회적 도덕추론 수준 중 가장 낮았으며, 남한청소년의 추론 수준은 북한이탈청소년의 추론 수준에 비해 상대적으로 더 낮았다.

도움 수혜자와 도움의 대가가 다른 6개 상황에 대한 전체 평균을 알아보았을 때, 북한이탈청소년의 친사회적 도덕추론 수준은 3.1(SD=0.6), 남한청소년의 친사회적 도덕추론 수준은 2.7(SD=0.7)로 나타났다. 북한이탈청소년의 경우 대체로 '정형화된 추론', '관계적 지향', '승인과 사회적 수용'에 근거한 3수준의 친사회적 도덕추론을 한다. 반면, 남한청소년들은 평균적으로 이러한 수준에 약간 미치지 못하며 '타인의 필요 지향'인 2수준에서 '정형화된 추론', '관계적 지향', '승인과 사회적 수용'에 근거한 3수준으로 가는 과도기에 있다고 볼 수 있다.

〈표Ⅳ-8〉 북한이탈청소년과 남한청소년의 친사회적 도덕추론 수준

도움 수혜자	도움의 대가	북한이탈청소년(N=119)			남한청소년(N=358)		
		빈도(명)	평균	표준편차	빈도(명)	평균	표준편차
내집단	시간적 대가	113	3.3	0.8	357	3.1	0.9
	금전적 대가	108	3.4	1.0	355	2.9	1.3
	관계적 대가	109	2.9	1.0	354	2.8	1.0
외집단	시간적 대가	109	3.0	1.2	353	2.7	1.3
	금전적 대가	106	2.6	1.4	346	1.9	1.3
	관계적 대가	108	3.1	1.1	355	2.6	1.3
전체		96	3.1	0.6	340	2.7	0.7

한편 대상의 성별이나 연령을 통제한 후 북한이탈청소년과 남한청소년의 친사회적 도덕추론의 차이가 유의한지를 확인한 결과는 〈표Ⅳ-9〉와 같다. 총 여섯 가지 상황 중 내집단-시간적 대가 상황을 제외한 모든 상황에서 북

〈표Ⅳ-9〉 친사회적 도덕추론에 대한 중다회귀분석

종속변수(친사회적 도덕추론)	독립변수	B	표준오차	β	t
내집단-시간적 대가 상황 (F=1.86, df=3, 466)	북한이탈청소년	0.17	0.14	0.08	1.29
	여학생	0.04	0.08	0.02	0.53
	연령	0.01	0.03	0.03	0.44
	상수	2.81	0.56		5.05 ***
내집단-금전적 대가 상황 (F=5.80, df=3, 459, p〈.01)	북한이탈청소년	0.39	0.19	0.13	2.08 *
	여학생	-0.08	0.12	-0.03	-0.67
	연령	0.05	0.05	0.07	1.14
	상수	2.02	0.78		2.59 *
내집단-관계적 대가 상황 (F=4.24, df=3, 469, p〈.01)	북한이탈청소년	-0.19	0.15	-0.08	-1.24
	여학생	0.07	0.09	0.03	0.76
	연령	0.12	0.04	0.20	3.19 ***
	상수	0.73	0.63		1.16
외집단-시간적 대가 상황 (F=4.34, df=3, 458, p〈.01)	북한이탈청소년	0.09	0.19	0.03	0.49
	여학생	0.27	0.12	0.11	2.29 *
	연령	0.07	0.05	0.10	1.60
	상수	1.33	0.77		1.71
외집단-금전적 대가 상황 (F=7.95, df=3, 448, p〈.001)	북한이탈청소년	0.64	0.20	0.20	3.16 ***
	여학생	-0.16	0.12	-0.06	-1.27
	연령	0.02	0.05	0.03	0.41
	상수	1.61	0.83		1.94
외집단-관계적 대가 상황 (F=5.58, df=3, 459, p〈.01)	북한이탈청소년	0.26	0.20	0.08	1.32
	여학생	-0.18	0.12	-0.07	-1.53
	연령	0.08	0.05	0.11	1.69
	상수	1.33	0.80		1.65
전체 (F=12.67, df=3, 432, p〈.001)	북한이탈청소년	0.24	0.10	0.15	2.32 *
	여학생	-0.01	0.06	-0.01	-0.21
	연령	0.06	0.02	0.16	2.54 *
	상수	1.59	0.42		3.79 ***

* p〈.05, *** p〈.001

한이탈청소년(집단), 여학생(성별), 연령을 독립변수로 하고 친사회적 도덕추론 수준을 종속변수로 한 회귀모형이 유의한 것으로 나타났다.

또한 집단 간 차이는 내집단-금전적 대가 상황(t=2.08, p〈.05)과 외집단-금전적 대가 상황(t=3.16, p〈.001)에서 유의한 것으로 나타났는데, 이는 친사회적 의사결정에서의 추론 결과와 유사했다. 즉, 북한이탈청소년은 도움 수혜자와 가까운 관계인지 먼 관계인지에 상관없이 도움의 대가가 금전적인 경우 남한 청소년에 비해 친사회적 의사결정을 더 많이 할 뿐만 아니라 친사회적 도덕추론의 수준이 높다. 그 외 내집단-관계적 상황에서 연령의 증가에 따라 친사회적 도덕추론 수준이 유의하게 높은 것($t=3.19$, $p<.001$)으로 나타났다. 그리고 나머지 다섯 상황에서도 유의하지는 않았지만 비슷한 경향성이 나타났다. 또한 외집단-시간적 상황에서 여학생이 남학생에 비해 친사회적 도덕추론 수준이 유의하게 높은 것($t=2.29$, $p<.05$)으로 나타났으나 이러한 경향성은 상황별로 차이가 있었다.

전체 친사회적 도덕추론에 대한 회귀분석에서는 독립변수 중 집단($t=2.32$, $p<.05$)과 연령($t=2.54$, $p<.05$)이 친사회적 도덕추론 수준에 유의한 영향을 미치는 것으로 나타났다. 즉, 연령의 증가에 따라 친사회적 도덕추론 수준이 유의하게 향상되며, 전반적으로 북한이탈청소년의 친사회적 도덕추론 수준은 남한청소년의 친사회적 도덕추론 수준에 비해 유의하게 높았다. 벌이나, 규칙, 형식적 의무, 권위 등의 외적 규제가 최소화된 친사회적 갈등상황에서 북한청소년이 남한청소년에 비해 보다 높은 수준의 추론을 할 가능성을 제시하는 결과라 할 수 있다.

3) 도덕 정서: 수치심, 죄책감, 공감

수치심과 죄책감은 도덕추론의 결과에 관련된 도덕 정서이다. 즉 수치심과 죄책감은 인지과정인 도덕추론의 결과로서 발생하는 것이며, 이는 명백한 도덕성의 증거로 볼 수 있다. 북한이탈청소년과 남한청소년이 경험하는 수치심 및 죄책감에 대해 알아본 결과는 〈표Ⅳ-10〉과 같다. 상황적 수치심의 경우 북한이탈청소년이 2.2($SD=0.5$), 남한청소년이 2.2($SD=0.5$)였으며, 일상적 수치심의 경우 북한이탈청소년이 2.2($SD=0.7$), 남한청소년이 2.4($SD=0.7$)였다. 즉, 두 집단은 상황에 따라서나 일상적으로 경험하는 수치심이 대체로 낮은 편이다. 한편 일상적 죄책감의 경우 북한이탈청소년이 2.2($SD=0.8$), 남한청소년이 2.7($SD=0.7$)로 수치심보다는 약간 높지만 보통보다는 낮은 수준이었다. 반면 상황적 죄책감의 경우 북한이탈청소년이 3.5($SD=0.5$), 남한청소년

〈표Ⅳ-10〉 북한이탈청소년과 남한청소년의 수치심 및 죄책감

구분		북한이탈청소년(N=119)			남한청소년(N=358)		
		빈도(명)	평균	표준편차	빈도(명)	평균	표준편차
상황적	수치심	117	2.2	0.5	356	2.2	0.5
	죄책감	116	3.5	0.5	353	3.5	0.5
일상적	수치심	116	2.2	0.7	358	2.4	0.7
	죄책감	116	2.2	0.8	357	2.7	0.7

〈표Ⅳ-11〉 수치심 및 죄책감에 대한 중다회귀분석

종속변수	독립변수	B	표준오차	β	t
상황적 수치심 (F=0.67, df=3, 469)	북한이탈청소년	-0.04	0.08	-0.04	-0.56
	여학생	-0.06	0.05	-0.06	-1.25
	연령	0.01	0.02	0.04	0.58
	상수	2.06	0.31		6.57 ***
상황적 죄책감 (F=1.19, df=3, 465)	북한이탈청소년	-0.03	0.07	-0.03	-0.50
	여학생	0.00	0.04	0.00	0.06
	연령	0.03	0.02	0.11	1.67
	상수	3.00	0.29		10.42 ***
일상적 수치심 (F=2.25, df=3, 470)	북한이탈청소년	-0.17	0.10	-0.11	-1.66
	여학생	0.07	0.06	0.05	1.05
	연령	0.00	0.02	-0.01	-0.14
	상수	2.39	0.43		5.60 ***
일상적 죄책감 (F=0.31, df=3, 469)	북한이탈청소년	-0.08	0.11	-0.05	-0.74
	여학생	-0.04	0.07	-0.03	-0.56
	연령	0.01	0.03	0.03	0.54
	상수	2.44	0.44		5.53 ***

*** p〈.001

이 3.5(SD=0.5)로 보통보다 높은 수준이었다. 전체적으로 보면, 북한이탈청소년과 남한청소년이 상황에 따라 경험하는 죄책감의 수준이 일상적으로 경험하는 죄책감의 수준 및 상황적으로나 일상적으로 경험하는 수치심의 수준보다 다소 높은 것으로 나타났다.

한편 대상의 성별이나 연령을 통제한 후 북한이탈청소년과 남한청소년의 상황적 수치심, 상황적 죄책감, 일상적 수치심, 일상적 죄책감, 네 가지 도덕정서의 차이가 각각 유의한지를 확인한 결과는 〈표Ⅳ-11〉과 같다. 집단, 성별, 연령을 독립변수로 한 4개 모형은 모두 유의하지 않았으며, 두 집단의 상황적 수치심, 상황적 죄책감, 일상적 수치심, 일상적 죄책감에는 유의한 차이

가 없었다. 즉, 북한이탈청소년과 남한청소년은 상황적으로 경험하는 수치심과 죄책감, 일상적으로 경험하는 수치심과 죄책감의 수준이 모두 유사했다.

공감은 타인의 상태에 대한 이해를 바탕으로 이루어진 정서이며 개인 간이나 집단 간 유대를 이루는 중요한 정서이다. 북한이탈청소년과 남한청소년의 공감 수준을 알아본 결과는 〈표Ⅳ-12〉와 같다. 두 집단 모두에서 가장 높은 수준을 보인 공감의 하위 요소는 공감적 관심이었으며, 두 집단 모두에서 가장 낮은 수준을 보인 공감의 하위 요소는 개인적 고통이었다. 북한이탈청소년과 남한청소년은 관점 수용, 상상하기, 공감적 관심, 개인적 고통 이렇게 네 가지 공감의 하위 요소에서 대체로 보통 이상이었고, 전체 공감 수준도 북한이탈청소년의 경우 3.3(SD=0.3), 남한청소년의 경우 3.2(SD=0.3)로 보통보다 약간 높은 수준이었다.

〈표Ⅳ-12〉 북한이탈청소년과 남한청소년의 공감

구분	북한이탈청소년(N=119)			남한청소년(N=358)		
	빈도(명)	평균	표준편차	빈도(명)	평균	표준편차
관점 수용	117	3.4	0.5	356	3.2	0.5
상상하기	114	3.3	0.5	357	3.3	0.6
공감적 관심	113	3.5	0.5	356	3.4	0.6
개인적 고통	119	3.1	0.5	355	3.2	0.5
전체	109	3.3	0.3	351	3.2	0.3

대상의 성별이나 연령을 통제한 후 북한이탈청소년과 남한청소년의 공감 수준이 유의한 차이를 보이는지를 확인한 결과는 〈표Ⅳ-13〉과 같다. 이 모형은 공감을 유의하게 설명했다(F=8.66, df=3, 456, p<.001). 두 집단 간 차이는 공감의 하위 요소 중 관점 수용(t=2.37, p<.05)에서 유의하게 나타났다. 북한이탈청소년의 관점 수용 수준이 남한청소년의 관점 수용 수준에 비해 유의하게 높았다. 이는 다른 사람의 심리적 관점이나 태도를 자발적으로 취하는 경향이 북한이탈청소년에게 상대적으로 높다는 사실을 밝힌 것이다. 한편 성별에 따른 차이는 상상하기(t=2.41, p<.05), 공감적 관심(t=2.32, p<.05), 개인적 고통(t=3.25, p<.001)에서 유의했다. 즉, 여학생이 남학생보다 허구 인물의 느낌이

〈표Ⅳ-13〉 공감에 대한 중다회귀분석

종속변수	독립변수	B	표준오차	β	t
관점 수용 (F=10.58, df=3, 469, p<.001)	북한이탈청소년	0.17	0.07	0.15	2.37 *
	여학생	0.09	0.04	0.09	1.90
	연령	0.03	0.02	0.10	1.68
	상수	2.63	0.31		8.60 ***
상상하기 (F=3.33, df=3, 467, p<.05)	북한이탈청소년	-0.11	0.08	-0.09	-1.38
	여학생	0.12	0.05	0.11	2.41 *
	연령	0.04	0.02	0.13	2.09 *
	상수	2.48	0.34		7.28 ***
공감적 관심 (F=5.30, df=3, 465, p<.01)	북한이탈청소년	0.03	0.08	0.03	0.40
	여학생	0.11	0.05	0.11	2.32 *
	연령	0.04	0.02	0.12	1.97
	상수	2.66	0.34		7.86 ***
개인적 고통 (F=4.68, df=3, 470, p<.01)	북한이탈청소년	-0.02	0.07	-0.02	-0.33
	여학생	0.14	0.04	0.15	3.25 ***
	연령	-0.02	0.02	-0.08	-1.19
	상수	3.44	0.29		11.97 ***
전체 (F=8.66, df=3, 456, p<.001)	북한이탈청소년	0.03	0.05	0.04	0.62
	여학생	0.11	0.03	0.18	3.86 ***
	연령	0.02	0.01	0.11	1.76
	상수	2.82	0.21		13.65 ***

* p<.05, *** p<.001

나 행동에 자신을 대입시켜 상상하는 경향, 타인에게 동정심을 느끼고 그들의 불행함에 관심을 갖는 경향, 다른 사람의 불행이나 고통에 괴로워하는 경향이 더 높았다. 연령의 차이는 상상하기(t=2.09, p<.05)에서만 유의했다. 연령의 증가에 따라 허구 인물의 느낌이나 행동에 자신을 대입시켜 상상하는 능력이 향상된다는 점을 입증했다.

전체 공감 수준에서는 집단과 연령이 아닌 성별만 유의한 영향력을 미치는 것으로 나타났다(t=3.86, p<.001). 즉, 집단에 관계없이 여학생의 공감이 남학생의 공감에 비해 유의하게 높았다. 이 결과는 기존의 선행연구에서 밝혀진 바와 동일하다(Davis, 1980; Mehrabian & Epstein, 1972; Hoffman, 1977b). 집단에 따른 차이는 유의하지 않았으므로, 북한이탈청소년과 남한청소년은 공감 수준에서 전반적으로 유사했다.

2. 북한이탈청소년과 남한청소년의 법의식

1) 법추론

(1) 법추론 유형

법추론 유형은 법의 특성을 법의 본질과 기능, 그리고 법의 변화 가능성으로 구분할 수 있다. 이 연구에서는 북한이탈청소년과 남한청소년들의 법추론 유형에 대해 알아보기 위해 법의 특성을 법의 본질과 기능(법의 본질, 규칙의 본질, 법과 규칙의 존중의 이유) 및 법의 변화 가능성(법이나 규칙의 필요성, 법이나 규칙의 변화 가능성, 법 위반에 대한 생각)으로 구분하고, 법추론 유형은 전인습적 유형, 인습적 유형, 후인습적 유형 중 한 가지를 선택할 수 있도록 하였다. '법의 본질'에 대한 법추론 유형을 〈표Ⅳ-14〉를 통해 살펴보면, 북한이탈청소년의 경우 후인습적 유형의 응답을 한 경우가 54명(45.4%)으로 가장 많았다. 인습적 유형의 응답을 한 경우가 52명(43.7%)으로 근소한 차이지만 그 뒤를 이었다. 한편 남한청소년의 경우 인습적 유형의 응답을 한 경우가 194명(54.2%)으로 가장 많았고, 그 다음으로 후인습적 유형의 응답을 한 경우가 157명(43.9%)이었다. 북한이탈청소년은 후인습적 유형과 인습적 유형이 유사한 수준으로 나타난 반면 남한청소년은 인습적 유형이 후인습적 유형보다 약 10%p 정도 더 많이 나타났다. '규칙의 본질'에 대한 법추론 유형에서는 북한이탈청소년과 남한청소년 모두에서 가장 많이 나타난 추론 유형은 후인습적 유형으로 각각 61명(51.3%), 252명(70.4%)의 응답이 이에 해당했다. 그 다음으로 많이 나타난 추론 유형은 전인습적 유형으로 각각 39명(32.8%), 75명(20.9%)의 응답이 이에 해당했다. '법과 규칙의 존중 이유'에 대한 법추론 유형에서는 규칙의 본질에서와 마찬가지로 두 집단 모두에서 후인습적 추론 유형이 가장 많이 나타났으며, 그 다음으로 전인습적 추론 유형이 많이 나타났다. 북한이탈청소년 중 91명(76.5%)이 후인습적 추론을 하였다.

〈표Ⅳ-14〉 북한이탈청소년과 남한청소년의 법추론 유형

법의 특성		추론 유형	북한이탈청소년(N=119)		남한청소년(N=358)	
			빈도(명)	비율(%)	빈도(명)	비율(%)
법의 본질과 기능	법의 본질	전인습적 유형	11	9.2	7	2.0
		인습적 유형	52	43.7	194	54.2
		후인습적 유형	54	45.4	157	43.9
	규칙의 본질	전인습적 유형	39	32.8	75	20.9
		인습적 유형	16	13.4	30	8.4
		후인습적 유형	61	51.3	252	70.4
	법과 규칙의 존중 이유	전인습적 유형	19	16.0	118	33.0
		인습적 유형	9	7.6	23	6.4
		후인습적 유형	91	76.5	217	60.6
법의 변화 가능성	법이나 규칙의 필요성	전인습적 유형	58	48.7	148	41.3
		인습적 유형	44	37.0	176	49.2
		후인습적 유형	17	14.3	34	9.5
	법이나 규칙의 변화 가능성	전인습적 유형	22	18.5	9	2.5
		인습적 유형	33	27.7	95	26.5
		후인습적 유형	64	53.8	253	70.7
	법 위반에 대한 생각	전인습적 유형	32	26.9	27	7.5
		인습적 유형	59	49.6	231	64.5
		후인습적 유형	28	23.5	99	27.7
전체		전인습적 유형	181	25.5	384	17.9
		인습적 유형	213	30.0	749	34.9
		후인습적 유형	315	44.4	1012	47.2

한편 법의 변화 가능성 중 '법이나 규칙의 필요성'에 대한 법추론 유형에서는 북한이탈청소년의 경우 전인습적 유형이 58명(48.7%)으로 가장 많고, 인습적 유형이 44명(37%)으로 그 다음으로 많았다. 반면, 남한청소년의 경우 인습적 유형이 176명(49.2%)으로 가장 많고, 전인습적 유형이 148명(41.3%)으로 그 다음으로 많았다. '법이나 규칙의 변화 가능성'에 대한 법추론에서는 북한이탈청소년과 남한청소년 모두 후인습적 추론 유형이 가장 많았다. 북한이탈청소년의 64명(53.8%), 남한청소년의 253명(70.7%)의 응답이 이에 해당되었다. 다음으로 각각 33명(27.7%), 95명(26.5%)이 인습적 유형에 속했다. 두 집단 간에 유사한 경향을 보이지만, 남한청소년들에게서 후인습적 유형 해당 비율이 북한이탈청소년의 것에 비해 상대적으로 높았다. '법 위반에 대한 생각'에서의 법추론 유형에서는 북한이탈청소년의 경우 인습적 유형이 59명(49.6%)으로 가장 많고 그 다음으로 전인습적 유형이 32명(26.9%)으로 뒤를 이었다. 반

면, 남한청소년의 경우 인습적 유형이 231명(64.5%)으로 가장 많았고, 다음으로 후인습적 유형이 99명(27.7%)으로 뒤를 이었다.

전반적으로 법의 본질과 기능 및 법의 변화 가능성에 대한 추론에서는 법의 세부 특성에 따라 추론 유형의 차이를 볼 수 있었다. '법의 본질'에 대한 추론과 '규칙의 본질'에 대한 추론을 비교했을 때 두 집단 모두 '규칙의 본질'에 대한 추론에서 인습적 유형이 줄어든 반면, 전인습적 유형과 후인습적 유형이 상대적으로 많아 법의 개념에 대한 인식 수준과 규칙의 개념에 대한 인식 양상이 다른 것으로 나타났다. '법의 본질과 기능' 중 '법과 규칙의 존중 이유'의 경우, 두 집단 모두 '법의 본질'이나 '규칙의 본질'과 비교했을 때 인습적 유형이 가장 적게 나타났다. 두 집단 모두 후인습적 유형이 전인습적 유형의 두 배 이상을 차지했다. 한편 '법이나 규칙의 변화 가능성'에 대한 추론과 '법 위반에 대한 생각'에 대한 추론에 비해 '법이나 규칙의 필요성'에 대한 추론에서 두 집단 모두 전인습적 유형이 상대적으로 많고 후인습적 추론 유형은 상대적으로 적었다. 같은 집단에서도 법의 특성 중 어떤 측면에 대한 추론인지에 따라 전인습적 유형, 인습적 유형, 후인습적 유형이 다양하게 나타났다.

여섯 개의 법의 특성에 따른 법추론을 전반적으로 살펴보았을 때, 북한이탈청소년과 남한청소년 두 집단 모두에서 후인습적 추론 유형이 가장 많았다. 북한이탈청소년의 44.4%, 남한청소년의 47.2%가 이 유형에 속했다. 다음으로는 인습적 유형, 전인습적 유형 순으로 나타났다. 북한이탈청소년은 전인습적 유형이 상대적으로 많았던 반면 남한청소년은 인습적 유형과 후인습적 유형이 더 많았다.

(2) 법추론 수준

법추론이 전인습적 수준(1점)에서 후인습적 수준(3점)까지 연속적인 발달 과정을 겪는다고 상정했다. 법추론 점수가 3점으로 갈수록 후인습적 수준에 가깝다. 법의 특성에 따른 법추론 수준 전체 평균을 구한 결과를 〈표Ⅳ-15〉에서 살펴보면, 북한이탈청소년이 2.2(SD=0.4), 남한청소년이 2.3(SD=0.3)으로

〈표Ⅳ-15〉 북한이탈청소년과 남한청소년의 법추론

구분	북한이탈청소년(N=119)			남한청소년(N=358)		
	빈도(명)	평균	표준편차	빈도(명)	평균	표준편차
법추론	116	2.2	0.4	356	2.3	0.3

〈표Ⅳ-16〉 법추론에 대한 중다회귀분석

종속변수	독립변수	B	표준오차	β	t
법추론 (F=20.27, df=3, 469, p〈.001)	북한이탈청소년	-0.14	0.05	-0.16	-2.56 *
	여학생	0.05	0.03	0.06	1.4
	연령	0.01	0.01	0.07	1.1
	상수	2.04	0.22		9.2 ***

* p〈.05, *** p〈.001

두 집단 모두 인습적 수준보다 약간 높은 정도의 법추론을 보였다. 앞에서 콜버그(1969)의 도덕발달단계에 근거하여 도덕판단 수준을 분석한 결과 북한이탈청소년과 남한청소년들의 도덕판단 수준이 평균적으로 3단계를 약간 상회하는 수준이라고 설명한 바 있다. 법추론 척도에서 법추론 수준의 분류를 위해 근거로 삼은 탭-레바인(Tapp-Levine)의 법발달 수준(legal development)이 앞서 살펴본 콜버그(1969)의 도덕발달단계와 유사하다는 점을 고려하여 두 가지 단계를 비교할 수 있다고 가정할 때, 북한이탈청소년 및 남한청소년의 법추론이 평균적으로 인습적 수준, 즉 법발달 수준의 3단계와 4단계에 해당한다는 결과는 북한이탈청소년 및 남한청소년의 법추론 수준이 도덕판단 수준과 유사함을 보여 준다.

북한이탈청소년, 남자, 연령을 독립변수로 하여 법추론에 대한 영향력을 알아본 결과는 〈표Ⅳ-16〉과 같다. 이 모형은 청소년의 법추론을 유의하게 설명했으며(F=20.27, df=3, 469, p〈.001), 독립변수로 포함된 집단(t=-2.58, p〈.05)이 법추론에 유의한 영향을 미치는 것을 밝혔다. 즉, 성별과 연령을 통제한 후에도 북한이탈청소년의 법추론 수준이 남한청소년의 법추론 수준에 비해 유의하게 낮다. 이 결과는 도덕판단 수준에서의 결과와 유사한 반면 친사회적 도덕추론 수준의 결과와는 상반된다. 북한이탈청소년의 법추론 수준은 도덕판단 수준에서와 마찬가지로 남한청소년에 비해 유의하게 낮았고, 이와 대조적으로 북한이탈청소년의 친사회적 도덕추론 수준은 남한청소년에 비해 유의하게 높았다.

2) 법의식

북한이탈청소년과 남한청소년의 법의식 수준을 알아보기 위해 법의식을 인지, 정서, 행동의 영역으로 나누어 살펴본 결과는 〈표Ⅳ-17〉과 같다. 인지 영역에 해당하는 법의 필요성은 북한이탈청소년이 3.8(SD=0.8), 남한청소년이 3.8(SD=0.6)로 나타났는데, 이는 두 집단의 법의식을 구성한 요소 중 가장 높은 점수였다. 행동 영역에 해당하는 법 사용의사도 북한이탈청소년이 3.8(SD=0.7), 남한청소년이 3.7(SD=0.7)로 법의 필요성 다음으로 높게 나타나 법의식의 요소 중 법의 필요성과 법 사용의사에서 두 집단 모두 법의식 수준이 비교적 높았다. 법의 필요성은 법이 우리 삶과 밀접하고 세상을 잘 살아가기 위해 법을 잘 알아야 한다고 생각하는 것이고, 법 사용의사는 억울한 일이 있을 때 법에 도움을 청하거나 사회에서 하고 싶은 일이 있을 때 관련법을 알아볼 생각이 있다는 것이다. 이러한 결과는 북한이탈청소년 및 남한청소년들이 공통적으로 법의 효용성의 측면에서 높은 수준의 법의식을 가지고 있는 것이라 볼 수 있으며, 법의식의 가치, 특히 사용가치에 대해 높게 인식하고 있음을 드러낸 것이다. 한편 정서 영역에서 법에 대한 친근감은 북한이탈청소년이 3.2(SD=0.5), 남한청소년이 2.9(SD=0.6)였고, 행동 영역에서 법적 효능감은 북한이탈청소년이 3.0(SD=0.5), 남한청소년이 2.8(SD=0.6)로 법에 대한 친근감과 법 효능감이 두 집단 모두 보통 수준인 것으로 나타났다. 그러나 법 효능감은 다른 법의식 요소와 비교했을 때는 상대적으로 낮은 수준이었다. 법에 대한 친근감은 법이 일반사람들도 쉽게 이해할 수 있는 것으로 매우 가까이에 있는 것이라 느끼는 것이고, 법 효능감은 자신도 법을 잘 이해하고 적절히 이용할 수 있다고 생각하는 것이다. 즉, 북한이탈청소년 및 남한청소년들이 느끼는

<표Ⅳ-17> 북한이탈청소년과 남한청소년의 법의식 수준

영역	법의식의 요소	북한이탈청소년(N=119)			남한청소년(N=358)		
		빈도(명)	평균	표준편차	빈도(명)	평균	표준편차
인지	법의 필요성	119	3.8	0.8	358	3.8	0.6
정서	법에 대한 친근감	119	3.2	0.5	353	2.9	0.6
	법에 대한 신뢰감	118	3.6	0.6	352	3.2	0.8
	준법에 대한 호의적 태도	119	3.5	0.6	357	3.7	0.6
행동	법 사용의사	119	3.8	0.7	358	3.7	0.7
	법적 효능감	117	3.0	0.5	352	2.8	0.6
전체		116	3.5	0.4	341	3.3	0.4

<표Ⅳ-18> 법의식에 대한 중다회귀분석

종속변수(법의식)	독립변수	B	표준오차	β	t
인지 영역 (F=1.17, df=3, 473)	북한이탈청소년	-0.04	0.09	-0.03	-0.46
	여학생	-0.10	0.06	-0.07	-1.62
	연령	0.02	0.02	0.06	0.91
	상수	3.52	0.39		9.00 ***
정서 영역 (F=5.84, df=3, 461, p<.01)	북한이탈청소년	0.27	0.07	0.25	3.86 ***
	여학생	-0.01	0.04	-0.01	-0.30
	연령	-0.03	0.02	-0.10	-1.51
	상수	3.68	0.29		12.69 ***
전체 (F=8.03, df=3, 453, p<.001)	북한이탈청소년	0.24	0.06	0.27	4.22 ***
	여학생	-0.04	0.04	-0.05	-1.12
	연령	-0.02	0.01	-0.08	-1.21
	상수	3.56	0.24		15.16 ***

*** p<.001

법에 대한 친근감과 법 효능감은 높지도 낮지도 않은 수준이다.

전체 법의식 수준은 북한이탈청소년이 3.5(SD=0.4), 남한청소년이 3.3(SD=0.4)으로 나타나 인지 · 정서 · 행동 영역 전반에서 두 집단이 각각 보통 수준 이상의 법의식을 보여 주었다.

두 집단 간 법의식의 차이가 성별과 연령을 통제한 이후에도 유의한지 확인하기 위해 북한이탈청소년, 남자, 연령을 독립변수로 하여 법의식에 대한 영향력을 알아보았다. 그 결과는 <표Ⅳ-18>에 제시되어 있다. 집단, 성별, 연령을 독립변수로 한 이 회귀모형은 p<.001 수준에서 유의했으며(F=8.03, df=3, 453), 전체 법의식에 대한 두 집단 간의 차이는 성별과 연령을 통제한 후에도 유의했다. 즉, 북한이탈청소년의 법의식 수준이 남한청소년의 법의식에 비해 유의하게 높았다. 법의식에 유의한 영향을 미치는 독립변수는 집단이 유일했다. 그리고 인지 영역의 법의식 중 법의 필요성을 제외하고 정서 영역과 행동 영역에서 집단 간의 법의식 차이가 유의한 것으로 나타났다. 구체적으로 법의 정서 측면과 행동 측면에서 남한청소년에 비해 북한이탈청소년들의 법의식 수준이 높았다. 그러나 법의 인지 측면에서는 두 집단의 법의식 수준이 유사했다. 이는 북한이탈청소년이 남한청소년에 비해 유의하게 높은 수준의 법적 추론을 보여 주었던 결과와는 대조적이다. 북한이탈청소년의 법적 추론 수준은 남한청소년에 비해 낮았지만, 그럼에도 불구하고 그들의 법의식 수준은 남한청소년에 비해 유의하게 높다.

3) 법 용어 연상

북한이탈청소년과 남한청소년의 법 용어 연상 수준을 알아본 결과는 〈표 Ⅳ-19〉와 같다. 북한이탈청소년의 경우 절반 이상의 학생인 69명(58.0%)이 법 용어 3개를 연상하였다. 그 다음으로 1개를 연상한 학생이 24명(20.2%), 2개를 연상한 학생이 23명(19.3%), 전혀 연상하지 못한 학생이 3명(2.5%)으로 나타났다. 남한청소년의 경우 312명(87.2%)이 법 용어 3개를 연상하여 북한이탈청소년보다 약 30%p 이상 높게 나타났다. 그 다음으로 2개를 연상한 학생이 31명(8.7%), 1개를 연상한 학생이 11명(3.1%), 전혀 연상하지 못한 학생이 4명(1.1%)이었다. 세 집단 모두에서 법 용어를 3개 이상 연상한 경우가 50%를 넘었지만, 그 비율이 북한이탈청소년 집단에 비해 남한청소년 집단에서 훨씬 높다. 남한청소년의 법 용어 연상 수준이 대체로 북한이탈청소년의 법 용어 연상 수준에 비해 높다고 볼 수 있다.

〈표Ⅳ-19〉 북한이탈청소년 및 남한청소년의 법 용어 연상 수준

연상한 법 용어의 수	북한이탈청소년(N=119)		남한청소년(N=358)	
	빈도(명)	비율(%)	빈도(명)	비율(%)
0개	3	2.5	4	1.1
1개	24	20.2	11	3.1
2개	23	19.3	31	8.7
3개	69	58.0	312	87.2

〈표Ⅳ-20〉 북한이탈청소년 및 남한청소년의 법 용어 연상 의미군 분류

구분	북한이탈청소년(N=277)		남한청소년(N=1,009)		전체(N=1,286)	
	개수	비율(%)	개수	비율(%)	개수	비율(%)
강제성	50	18.1	405	40.1	455	35.6
집행성	31	11.2	97	9.6	128	10.0
보편타당성	45	16.2	118	11.7	163	12.7
당위성	102	36.8	276	27.4	378	29.4
응보성	30	10.8	79	7.8	109	8.5
기타	19	6.9	34	3.4	53	4.1

법에 대해 연상한 용어들을 강제성, 집행성, 보편타당성, 당위성, 응보성이라는 다섯 가지 의미군으로 분류한 결과는 〈표Ⅳ-20〉에 제시되어 있다. 가장 빈번하게 지적된 응답은 강제성과 관련한 용어로 총 455개(35.6%)의 용어가 포함되었다. 그 다음으로 빈번하게 지적된 것은 당위성과 관련한 용어로 총 378개(29.4%)가 포함되었다. 그 다음으로 보편타당성으로 분류된 응답은 163개(12.7%)의 용어였으며, 집행성과 당위성, 응보성에 대한 응답은 각각 10% 이하로 나타났다. 한마디로 강제성과 당위성에 대한 용어가 상당수를 이루고 그 다음으로는 보편타당성, 집행성, 응보성 등에 대한 용어 순으로 나타났다. 하지만 북한이탈청소년과 남한청소년의 표집 수 자체에 차이가 크기 때문에 집단에 따라 구체적 양상을 살펴볼 필요가 있다.

북한이탈청소년들은 당위성에 관련된 용어를 가장 빈번히 지적해 102회(36.8%)에 이른다. 다음으로 강제성을 지적해 50회(18.1%)가 포함되었다. 그 외 보편타당성과 관련된 용어는 45회(16.2%)였고, 집행성과 응보성에 관련된 용어는 각각 31회(11.2%), 30회(10.8%)였다. 이 결과는 남한청소년들의 법 용어 연상과는 상당히 다른 양상을 띤다. 남한청소년은 강제성과 관련된 용어를

405회(40.1%)로 가장 빈번하게 지적하였다. 그 다음으로는 당위성과 관련된 용어를 276회(27.4%) 지적했다. 즉, 북한이탈청소년과 남한청소년의 법 용어 중 첫 번째와 두 번째로 높은 비율을 보인 의미군이 서로 반대로 나타났다. 북한이탈청소년에게서 당위성 의미군이 월등히 지적된 후에 강제성 의미군의 지적이 빈번했다. 반면, 남한청소년에게서는 강제성 의미군의 비율이 가장 높고 그 다음으로 당위성 의미군의 비율이 높았다. 강제성과 당위성을 제외한 나머지 의미군에서는 두 집단 간 특별하게 응답비율의 차이가 나지 않았다. 이를 통해 무엇보다 북한이탈청소년들은 주로 법이 국가의 통치방법으로서 국민의 질서 준수와 의무를 명시한 것이므로 그에 복종하고 따라야 하며 죄를 짓지 말아야 한다는 인식을 강하게 지니고 있다는 점을 알 수 있다. 남한청소년들은 법을 불공평하고 신뢰할 수 없는 것이며, 강제적이며 엄격하다고 보는 경향이 있음을 알 수 있었다. 북한이탈청소년의 경우, 강압적 독재정치 속에서 법적 지침을 강제명령으로 받아들이고 무조건적으로 그것에 따라야 한다는 것을 배워 왔으며, 특히 그것이 나라가 국민들을 지켜 주는 방식이라 인식해 왔을 것이다. 반면 남한청소년의 경우, 주변 생활 속에서 혹은 사회 경험 속에서 법이 불공평하게 적용되는 모습, 힘없는 사람보다 돈이나 권력이 있는 사람들에게 법이 유연하게 적용되는 모습을 보게 되어 법에 대한 부정적인 느낌과 반감을 형성하게 되었을 것이다. 두 집단의 성장 과정과 사회적 배경이 다르기 때문에 법에 관해 경험한 바가 달라서 발생한 차이로 이해할 만하다.

3. 북한이탈청소년과 남한청소년의 권위 인식

1) 권력 인식 및 존경심

청소년들이 사회적으로 권위 있는 대상을 누구로 생각하며 그 권위를 어떻게 인식하고 있는지를 살펴보기 위해 권력과 존경심에 대해 알아보았다. 사회적 인물 및 주변 인물의 권력에 대한 인식을 알아본 결과는 〈표Ⅳ-21〉과 같다. 대체로 주변 인물과 정치 · 사회적 인물을 구분하고 살펴본 바에 따라 특정한 양상이 드러나기보다는 개별 인물에 대한 권력 인식의 편차가 컸다. '대통령'은 북한이탈청소년이 두 번째로, 남한청소년이 첫 번째로 높은 권력으로 인식한 대상이었다. 대통령에 대한 권력 인식 수준은 북한이탈청소년이 3.9(SD=1.2), 남한청소년집단이 4.7(SD=0.8)로 남한청소년들의 권력 인식 수준이 더 높았다. 이는 권력을 구분한 다섯 단계 중 '매우 높다'에 가까운 수준이었다. 한편 '김정일 위원장'에 대한 권력 인식 수준은 북한이탈청소년이 3.2(SD=1.7), 남한청소년집단이 4.1(SD=1.3)로 남한청소년이 '높다'에 가까운 권력 인식을 보여 준 반면, 북한이탈청소년은 보통 수준의 권력 인식을 보여 주었다. 김정일이 최고지도자이자 우상인 북한 사회에서 성장한 북한이탈청소년에게서 김정일에 대한 권력 인식이 남한청소년에 비해 낮았다는 점은 매우 인상적인 결과이다. 남한청소년의 경우에는 학교 교육을 통해서 혹은 언론을 통해 배우고 접한 김정일에 대한 이미지가 '독재권력자'로 굳혀진 경향이 있어 김정일을 상당히 힘 있는 존재로 인식하는 결과라 볼 수 있다. 반면 북한이탈청소년의 경우, 북한에 거주할 때는 김정일을 그들을 지배하는 사람으로 보아 의심의 여지없이 그의 높은 권력을 인정하고 수용했지만 남한으로 넘어와 보다 객관적인 시선으로 김정일, 그리고 김정일이 지배하는 북한 사회를 바라보게 됨에 따라 그가 세계에서 고립되어 있으며 그의 권력이 북한 사람

〈표Ⅳ-21〉 주변 인물 및 정치 · 사회적 인물에 대한 권력 인식

대상			북한이탈청소년(N=119)			남한청소년(N=358)		
			빈도(명)	평균	표준편차	빈도(명)	평균	표준편차
주변 인물	아버지		113	2.8	1.2	354	3.0	0.8
	어머니		116	3.5	1.2	355	2.8	0.9
	친척어른		116	2.9	1.0	356	2.7	0.9
	동네어른		116	2.8	0.9	352	2.2	0.8
	교사		116	3.6	0.9	354	3.1	0.8
	또래친구		117	2.8	1.0	357	2.0	0.9
정치 · 사회적 인물	제도 관련	대통령	119	3.9	1.2	356	4.7	0.8
		김정일[3]	117	3.2	1.7	356	4.1	1.3
		장관	117	3.7	1.0	356	4.2	0.8
		국회위원	119	3.7	1.1	357	4.2	0.8
		노동당원	116	2.8	1.0	356	3.2	0.9
		군인	118	3.4	1.0	357	3.2	1.0
		경찰	115	3.5	0.9	357	3.7	0.8
		법조인	117	3.8	1.0	355	4.2	0.8
	전문분야 관련	기업가	117	3.9	1.1	355	4.5	0.8
		의사	116	4.0	0.9	351	3.7	0.9
		과학자	116	3.7	1.1	357	3.5	0.9
		대학교수	119	3.7	1.0	356	3.5	0.9
		기자	118	3.4	1.0	356	3.5	0.9
		종교인	116	3.0	0.9	356	3.0	1.0
		인기 연예인	116	3.3	1.2	356	3.7	1.0

들에게서만 발휘되는 것이라는, 보다 현실적 인식으로 변화되었을 가능성이 있다. 그 결과로 김정일에 대한 권력 인식을 남한청소년에 비해 상대적으로 낮게 하였을 것이라 생각해 볼 수 있다.

다음으로 주변 인물 및 정치 · 사회적 인물에 대한 존경심을 알아본 결과는 〈표Ⅳ-22〉와 같다. 권력 인식에서와 마찬가지로 존경심에서도 주변 인물과 정치 · 사회적 인물로 구분함에 따라 특정한 양상이 드러나기보다는 개별 인물별로 존경심 수준의 편차가 컸다. 북한이탈청소년과 남한청소년이 존경하는 정도가 가장 높게 나타난 대상은 '어머니'였으며, 어머니에 대한 존경의 정도는 북한이탈청소년 집단이 4.3(SD=1.0), 남한청소년이 4.2(SD=0.8)로 두 집단 모두에서 존경하는 정도를 다섯 수준으로 구분지었을 때 네 번째 수준에 해

3 조사 당시 김정일 국방위원장이 생존해 있었음.

당한다. 이처럼 '높다' 이상의 존경 수준이 나타난 유일한 대상이 어머니이다. '아버지'에 대한 존경 수준도 높은 편이었는데 북한이탈청소년이 3.6(SD=1.2), 남한청소년이 3.8(SD=1.1)로 보통보다 높은 정도였다. 북한이탈청소년 및 남한청소년에게서 어머니와 아버지에 대해 상대적으로 높은 존경 수준이 나타났던 결과로 두 집단 청소년에게 부모가 여전히 가장 큰 영향력을 미치는 사람이라는 점이 드러났다. 부모는 이 세상에 태어나 다른 누구보다 가장 친밀한 관계를 맺는 사람이다. 청소년들은 부모의 헌신과 희생을 가까이에서 지켜보면서 그들에 대한 높은 존경심을 형성하게 되었을 것이다.두 집단에서 부모에 대한 존경심에는 차이가 없으나 정치인에 대한 존경심에는 차이가 있다. '대통령'에 대해서 북한이탈청소년은 보통 이상의 존경을 보여 준 반면, 남한청소년은 다소 낮은 존경을 보여 주었다. 반면 '김정일'의 경우, 존경의 수준이 북한이탈청소년 집단에서 1.7(SD=1.0), 남한청소년에서 1.4(SD=0.8)로 두 집단 모두 다소 낮게 나타났고, 이는 모든 대상 중 가장 낮은 존경 수준이었다. 남한청소년들에서 나타난 대통령에 대한 존경심은 앞서 살펴보았던 권력 인식과 대조적이며, 김정일에 대한 존경심도 권력 인식과 대조적이었다. 한 대상에 대한 권력 인식과 존경심의 차이는 남한청소년 집단에서 더 크게 나타났다. 권력 인식과 존경심의 괴리는 사회적으로 힘이 있는 존재에 대해 존경심이 낮고 오히려 불신감이나 반감이 커지는 양상으로 나타날 수 있다. 이는 사회적인 불안정을 초래할 수 있다는 점에서 다소 위험하다. 남한청소년들에게서 더 크게 나타난 이러한 차이가 통계적으로 유의한지에 대해서는 뒤에서 다시 검증해 보고자 한다.

'교사'에 대한 존경은 북한이탈청소년 집단에서 3.9(SD=1.0), 남한청소년에서 3.4(SD=0.9)로 나타나 북한이탈청소년에게서 다른 대상에 비해 다소 높은 수준이었고, 남한청소년의 존경 수준은 보통 이상이었다. '의사'에 대한 존경 수준은 북한이탈청소년 집단에서 3.7(SD=1.0), 남한청소년에서 3.4(SD=1.1)로 나타났다. '과학자'의 경우에는 두 집단 모두 보통 수준에서 높은 수준 사이의 존경을 보였다. '대학교수'의 경우에도 두 집단 모두 보통에서 높은 수준 사이의 존경을 보였으며, 북한이탈청소년 집단의 존경 수준이 약간 더 높았다. 그 외 '종교인', '기업가', '인기 연예인', '군인', '법조인', '친척어른', '경찰', '장관' 등의 대상에 대해서는 두 집단 모두 보통 수준의 존경을 보여 주었다. 한편 '동네어른'과 '또래친구'의 경우 북한이탈청소년에서는 보통보다 약간 높은 존경 수준이 나타났으며 남한청소년에서는 그에 비해 다소 낮은 수준이었다. '노동당원'의 경우 두 집단 모두에서 '김정일' 다음으로, 즉 두 번째로 낮은 존경 수준을 보였다.

〈표Ⅳ-22〉 주변 인물 및 정치 · 사회적 인물에 대한 존경심

대상			북한이탈청소년(N=119)			남한청소년(N=358)		
			빈도(명)	평균	표준편차	빈도(명)	평균	표준편차
주변 인물	아버지		113	3.6	1.2	356	3.8	1.1
	어머니		116	4.3	1.0	357	4.2	0.8
	친척어른		115	3.4	1.1	358	3.1	1.0
	동네어른		116	3.2	1.0	356	2.5	1.0
	교사		114	3.9	1.0	358	3.4	0.9
	또래친구		117	3.2	0.9	358	2.7	0.9
정치 · 사회적 인물	제도 관련	대통령	115	3.2	1.0	358	2.5	1.2
		김정일	114	1.7	1.0	356	1.4	0.8
		장관	114	3.3	1.0	358	3.0	1.1
		국회위원	115	3.1	1.1	358	2.4	1.1
		노동당원	117	2.5	1.0	357	2.4	1.0
		군인	116	3.2	0.9	358	3.0	1.1
		경찰	114	3.3	1.1	358	3.3	1.0
		법조인	116	3.4	1.1	353	3.2	1.1
	전문분야 관련	기업가	115	3.2	1.0	358	2.8	1.2
		의사	117	3.7	1.0	358	3.4	1.1
		과학자	114	3.5	1.1	358	3.4	1.1
		대학교수	116	3.7	1.0	357	3.3	1.0
		기자	114	3.1	1.0	357	2.8	1.0
		종교인	116	3.2	1.0	358	2.5	1.1
		인기 연예인	116	2.9	1.1	358	2.9	1.2

앞서 살펴본 각 인물의 권력을 인식하는 정도와 그들에게 존경심을 느끼는 정도가 집단별로 유의한 차이가 있는지를 알아본 결과는 〈표Ⅳ-23〉에 제시되어 있다. 주변 인물 중 아버지에 대해서는 권력 인식 및 존경심에서 집단 간에 유의한 차이가 없었다. 어머니에 대해서는 북한이탈청소년의 권력 인식

이 남한청소년의 권력 인식에 비해 유의하게 높았다. 친척어른에 대해서는 권력 인식 및 존경심 모두에서 유의한 차이가 있었는데 북한이탈청소년의 권력 인식과 존경심이 남한청소년에 비해 높게 나타났다. 동네어른에 대해서는 존경심만 유의한 차이가 있었는데 북한이탈청소년의 존경심이 남한청소년의 존경심보다 높았다. 교사에 대해서는 권력 인식 및 존경심에서 유의한 차이가 나타났는데 북한이탈청소년들은 남한청소년에 비해 교사에 대한 권력 인식 수준과 존경심의 수준이 모두 높았다. 또래친구에 대해서는 권력 인식과 존경심 모두에서 유의한 차이가 나타났는데, 권력 인식과 존경심 모두 북한이탈청소년에게서 남한청소년에 비해 높게 나타났다.

다음으로 정치 · 사회적 인물 중 제도 관련 인물인 대통령에 대해서는 권력 인식 및 존경심 각각에서 유의한 차이가 있었다. 북한이탈청소년은 남한청소년에 비해 대통령에 대한 권력 인식이 낮은 반면 존경심의 수준은 높았다. 김정일에 대해서도 권력 인식 및 존경심 모두에서 유의한 차이가 있었으며, 대통령과 마찬가지로 북한이탈청소년은 남한청소년에 비해 김정일에 대한 권력 인식이 낮은 반면 존경심의 수준은 높았다. 장관에 대해서는 권력 인식 및 존경심에서 유의한 차이가 나타났는데 북한이탈청소년이 남한청소년에 비해 권력 인식을 더 낮게 하는 반면 존경심은 더 높았다. 국회위원에 대해서는 북한이탈청소년의 권력 인식이 남한청소년의 권력 인식에 비해 유의하게 낮은 반면 북한이탈청소년의 존경심이 남한청소년의 존경심에 비해 유의하게 높았다. 노동당원에 대해서는 북한이탈청소년의 권력 인식이 유의하게 낮았고, 군인에 대해서는 북한이탈청소년의 존경심이 유의하게 높았다. 경찰에 대해서는 북한이탈청소년의 권력 인식이 남한청소년의 권력 인식에 비해 유의하게 낮았고, 법조인에 대해서는 권력 인식에서만 유의한 차이가 있었는데 북한이탈청소년의 권력 인식이 상대적으로 낮았다.

정치 · 사회적 인물 중 전문분야 관련 인물인 기업가에 대해서도 권력 인식과 존경심 모두에서 유의한 차이가 나타났다. 북한이탈청소년은 남한청소년에 비해 기업가에 대한 권력 인식이 낮은 반면 존경심은 높았다. 의사에 대해서는 존경심에서만 유의한 차이가 나타났으며, 북한이탈청소년의 존경심이 더 높았다. 과학자에 대해서는 권력 인식과 존경심 두 집단 간 유의한 차이가 없었다. 대학교수에 대해서는 존경심에서 유의한 차이가 나타나 북한이탈청소년의 존경심이 더 높았다. 기자에 대해서는 북한이탈청소년의 존경심이 남한청소년의 존경심에 비해 유의하게 높았다. 종교인에 대해서는 권력 인식에서는 유의한 차이가 없었지만, 존경심에서 유의한 차이가 나타났는데 북한이탈청소년의 존경심이 상대적으로 높았다. 인기 연예인에 대해서는 권력 인식에서만 유의한 차이가 있었는데 북한이탈청소년의 권력 인식이 상대적으로 낮았다.

전체적으로 살펴보면 북한이탈청소년은 남한청소년에 비해 어머니, 친척어른, 또래친구에 대해 유의하게 높은 권력으로 인식하고, 어머니, 친척어른, 또래친구뿐 아니라 동네어른에 대해 또한 존경심이 높았다. 이는 북한이탈청소년들이 남한청소년에 비해 자신과 가까운 주변 인물의 권력을 더 높게 인식하고 존경심도 높다는 결과이다. 또한 북한이탈청소년은 남한청소년에 비해 대통령과 김정일의 권력을 더 낮게 인식하나 둘에 대한 존경심은 더 높게 나타났다. 하지만 이 결과를 해석하기 위해서는 권력 인식 수준과 존경심의 절대적인 수준도 함께 고려하여야 한다. 대통령에 대한 권력 인식은 두 집단에서 4점에 가까운, 혹은 4점을 크게 웃도는 수준이었지만, 김정일에 대한 권력 인식은 두 집단 모두 그보다 낮았다. 또한 대통령에 대한 존경심은 두 집단에서 2점대 혹은 3점보다 약간 높은 수준이었지만 김정일에 대한 존경심은 모두 2점 미만으로 다른 모든 대상 중 가장 낮은 수준이었다. 전반적으로는 두 집단 모두에서 대통령의 권력 인식 및 존경심의 수준이 김정일에 대한 권력 인식 및 존경심의 수준보다 높았다. 남한 대통령에 대해서는 합법성에 따른 권위와 존경심을 지니고 있지만 김정일에 대해서는 그렇지 않음을 알 수 있다.

한편 기업가에 대해서 남한청소년의 권력 인식 수준이 북한이탈청소년보다 높았다. 이 결과는 남한청소년이 개인의 이익 추구를 목적으로 기업을 운영하며 사회적 부를 창출하고 많은 사람들에게 일자리를 제공하는 기업가들이 자유주의 시장경제체제 내에서 발휘하는 실질적인 힘을 인지하고 있다는 점을 반영한다. 반면 존경심의 수준에서는 오히려 북한이탈청소년의 존경심이 더 높았다. 자본주의 체제를 처음 경험하는 북한이탈청소년들은 자본주의 체제 속에서 기업가들의 사회적 역할이나 영향력에 대해 상대적으로 동경하는 경향이 있을 수 있다. 이에 비해 남한청소년의 경우에는 사회적 기득권층인 기업가들이 사리사욕 때문에 여러 가지 비리를 저지르고 부정부패 문제에 연루되는 모습을 TV 및 언론에서 자주 접하는 과정에서 그들이 사회적으로 힘이 있음에도 실제로 훌륭하다고 여기지는 않는 경향이 생겨났을 가능성을 생각해 볼 수 있다.

그 외 북한이탈청소년들은 교사에 대한 권력 인식과 존경심이 모두 남한청소년에 비해 높았다. 북한에서 교사는 학생들에게 지식을 전달할 뿐만 아니라 국가와 사회 체제의 원리와 규범을 가르치고 그들의 사상과 행동의 근본을 형성하게 한다. 즉, 북한에서 교사는 주체사상을 기반으로 공산주의적 인간형을 길러 내는 막중한 역할과 책임, 그리고 강력한 영향력을 갖는 존재이다. 더불어 북한에서는 남한에 비해 학생들의 사회화 범위가 좁다. 남한에서는 학교 외의 경험에서 학원, 인터넷, 매체 등을 통한 경험으로도 비공식적 · 공식적 사회화를 겪는다. 반면, 북한에서는 사회의 폐쇄성이나 정보교류의 제한성 때문에 학생들에게 학교에서 교사에 의해 주도되는 사회화가 상당히 큰 의미를 갖는다. 따라서 사회 구조적으로 북한의 교사는 남한의 교사에 비해 사회적으로 더 우위를 차지한다고 인식되어 왔을 가능성이 있다.

그 외에도 북한의 교육제도에서 남한과 다른 점은 담임교사에 대한 것이다. 북한에서는 한 담임교사가 한 학생을 수년 동안 지속적으로 맡아 지도하는 데 비해 남한에서는 담임교사가 1년 단위로 교체되므로 상대적으로 아동, 청소년의 삶에 미치는 교사의 영향이 적다고 볼 수 있다.

〈표Ⅳ-23〉 북한이탈청소년과 남한청소년의 권력 인식 및 존경심 비교

대상	집단	권력 인식				존경심			
		빈도(명)	평균	표준편차	t	빈도(명)	평균	표준편차	t
아버지	1	113	2.8	1.2	-1.58	113	3.6	1.2	-1.20
	2	354	3.0	0.8		356	3.8	1.1	
어머니	1	116	3.5	1.2	5.65 ***	116	4.3	1.0	0.99
	2	355	2.8	0.9		357	4.2	0.8	
친척어른	1	116	2.9	1.0	2.26 *	115	3.4	1.1	2.35 *
	2	356	2.7	0.9		358	3.1	1.0	
동네어른	1	116	2.8	0.9	6.99	116	3.2	1.0	6.75 ***
	2	352	2.2	0.8		356	2.5	1.0	
교사	1	116	3.6	0.9	5.00 ***	114	3.9	1.0	4.52 ***
	2	354	3.1	0.8		358	3.4	0.9	
또래친구	1	117	2.8	1.0	7.97 ***	117	3.2	0.9	5.44 ***
	2	357	2.0	0.9		358	2.7	0.9	
대통령	1	119	3.9	1.2	-6.45 ***	115	3.2	1.0	6.34 ***
	2	356	4.7	0.8		358	2.5	1.2	
김정일	1	117	3.2	1.7	-5.34 ***	114	1.7	1.0	2.65 **
	2	356	4.1	1.3		356	1.4	0.8	
장관	1	117	3.7	1.0	-4.65 ***	114	3.3	1.0	2.26 *
	2	356	4.2	0.8		358	3.0	1.1	
국회위원	1	119	3.7	1.1	-4.76 ***	115	3.1	1.1	6.29 ***
	2	357	4.2	0.8		358	2.4	1.1	
노동당원	1	116	2.8	1.0	-4.05 ***	117	2.5	1.0	0.54
	2	356	3.2	0.9		357	2.4	1.0	
군인	1	118	3.4	1.0	1.13	116	3.2	0.9	2.40 *
	2	357	3.2	1.0		358	3.0	1.1	
경찰	1	115	3.5	0.9	-2.57 *	114	3.3	1.1	0.04
	2	357	3.7	0.8		358	3.3	1.0	
법조인	1	117	3.8	1.0	-3.62 ***	116	3.4	1.1	1.26
	2	355	4.2	0.8		353	3.2	1.1	
기업가	1	117	3.9	1.1	-5.74 ***	115	3.2	1.0	3.47 **
	2	355	4.5	0.8		358	2.8	1.2	
의사	1	116	4.0	0.9	2.77	117	3.7	1.0	2.38 *
	2	351	3.7	0.9		358	3.4	1.1	
과학자	1	116	3.7	1.1	1.46	114	3.5	1.1	1.02
	2	357	3.5	0.9		358	3.4	1.1	
대학교수	1	119	3.7	1.0	1.61	116	3.7	1.0	3.94 ***
	2	356	3.5	0.9		357	3.3	1.0	
기자	1	118	3.4	1.0	-1.33	114	3.1	1.0	2.67 **
	2	356	3.5	0.9		357	2.8	1.0	
종교인	1	116	3.0	0.9	0.10	116	3.2	1.0	5.45 ***
	2	356	3.0	1.0		358	2.5	1.1	
인기 연예인	1	116	3.3	1.2	-3.27 **	116	2.9	1.1	0.64
	2	356	3.7	1.0		358	2.9	1.2	

집단 1은 북한이탈청소년을, 집단 2는 남한청소년을 의미함

* p<.05, ** p<.01, *** p<.001

일정 대상에 대한 권력 인식과 존경심이 동일한 것은 아니다. 어떤 대상의 사회적 영향이나 권력이 크다고 인식하지만 그 대상에게 느끼는 존경심은 낮을 수 있다. 반면 사회적 권력이 크지 않다고 인식하는 대상에게도 높은 존경심을 가질 수 있다. 따라서 각 인물에 대한 권력 인식 점수에서 존경심 점수를 뺀 절대값 수치를 통해 권력 인식 수준과 존경심 인식 수준이 일치하는 정도에 두 집단 간 유의한 차이가 있는지 알아보았다. 〈표Ⅳ-24〉를 살펴보면 권력 인식과 존경심을 각각 5점으로 측정했을 때 0.4에서 2.7까지 차이가 나타났다. 그 차이가 두 집단에서 1점 이상인 경우를 보면 '아버지'와 '김정일'이었다. 아버지에 대해서는 두 집단의 점수가 비슷하게 1점을 약간 웃돌지만 김정일에 대해서는 그 차이가 현저하다. 남한청소년은 1.5점, 북한이탈청소년은 2.7로 나타나 두 집단에서 김정일의 권력은 상대적으로 크게 인식하지만 그에 비해서 존경심은 매우 낮은 경향이 나타났다. 또한 남한청소년들은 북한이탈청소년과 달리 '장관', '국회의원', '법조인'과 '기업가'를 비롯해 '인기 연예인'에 대해서도 권력은 인정하지만 존경심을 그만큼 보이지는 않는 양상이 드러났다. 한국 사회에서 행정, 법, 기업 외에 연예인의 영향력을 인정하나 존경하지는 않는 점에서 사회적 권위 대상에 대한 차별적 인식이 드러났다 하겠다.

두 집단 청소년들의 권력 인식 수준과 존경심 수준의 일치 정도에 차이가 있는 대상은 '종교인', '교사', '기업가', '대통령', '의사', '김정일', '인기 연예인', '군인', '노동당원', '법조인', '어머니', '경찰', '장관', '기자', '국회위원'으로 총 21개 대상 중 15개였다. 보다 구체적으로 살펴보면, 15개 대상 중 '대통령'을 제외한 나머지에 대한 북한이탈청소년의 권력 인식 수준과 존경심의 차이가 남한청소년에 비해 유의하게 작았다. 즉 권력 인식 수준과 존경심 수준이 일치하는 정도가 북한청소년들의 경우 남한청소년에 비해 더 높았다. 권력 인식의 정도와 존경심의 정도가 어떤 것이 상대적으로 더 높은지와 관련 없이 북한이탈청소년들은 사회적으로 권력이 있다고 느끼는 대상에 대체로 그에 합당한 존경심을 보이는 반면, 남한청소년들은 사회적으로 권력이 있는지와 그들이 보이는 존경심의 수준이 상대적으로 불일치한다는 점을 알 수 있었다.

〈표Ⅳ-24〉 인물에 대한 권력 인식과 존경심의 차이 비교

대상	집단	사례 수	평균	표준편차	t
아버지	북한이탈청소년	112	1.1	1.2	0.25
	남한청소년	353	1.0	0.9	
어머니	북한이탈청소년	114	1.0	1.1	-4.25 ***
	남한청소년	355	1.5	1.1	
친척어른	북한이탈청소년	112	0.6	0.9	-1.56
	남한청소년	356	0.8	0.9	
동네어른	북한이탈청소년	113	0.7	0.9	0.46
	남한청소년	351	0.7	0.8	
교사	북한이탈청소년	111	0.5	0.7	-2.21 *
	남한청소년	354	0.7	0.8	
또래친구	북한이탈청소년	115	0.7	0.9	-1.00
	남한청소년	357	0.8	0.9	
대통령	북한이탈청소년	115	1.0	1.0	-11.13 ***
	남한청소년	356	2.3	1.3	
김정일	북한이탈청소년	112	1.5	1.7	-6.68 ***
	남한청소년	354	2.7	1.4	
장관	북한이탈청소년	114	0.8	0.9	-5.19 ***
	남한청소년	356	1.3	1.1	
국회위원	북한이탈청소년	115	0.9	1.1	-8.57 ***
	남한청소년	357	2.0	1.3	
노동당원	북한이탈청소년	114	0.7	0.9	-2.99 **
	남한청소년	355	1.0	1.1	
군인	북한이탈청소년	115	0.4	0.7	-5.78 ***
	남한청소년	357	0.9	1.0	
경찰	북한이탈청소년	111	0.6	0.8	-2.81 **
	남한청소년	357	0.8	0.8	
법조인	북한이탈청소년	114	0.7	0.9	-4.39 ***
	남한청소년	351	1.1	1.0	
기업가	북한이탈청소년	113	0.9	1.0	-7.66 ***
	남한청소년	355	1.7	1.2	
의사	북한이탈청소년	115	0.6	0.8	-2.42 *
	남한청소년	351	0.9	0.9	
과학자	북한이탈청소년	112	0.6	0.9	-1.29
	남한청소년	357	0.7	0.8	
대학교수	북한이탈청소년	116	0.6	0.7	-0.67
	남한청소년	355	0.7	0.9	
기자	북한이탈청소년	114	0.6	0.9	-3.18 **
	남한청소년	356	0.9	1.0	
종교인	북한이탈청소년	113	0.5	0.8	-3.82 ***
	남한청소년	356	0.9	0.9	
인기 연예인	북한이탈청소년	113	0.7	0.9	-4.79***
	남한청소년	356	1.2	1.0	

* p<.05, ** p<.01, *** p<.001

2) 권위의 서열화

앞에서는 주변 인물 및 정치 · 사회적 인물에 대한 권력 인식과 존경심을 알아보았다. 〈표Ⅳ-25〉는 권위의 근거를 힘과 권력, 법과 제도, 전통과 관습, 사회적 부의 창출, 전문적 지식, 종교지도력, 대중선호도 및 인지도로 구분하여 각각의 근거를 바탕으로 한 권위 집단을 총 7개로 구성하고 권위가 가장 높다고 생각하는 집단부터 권위가 가장 낮다고 생각하는 집단까지 순서대로 선택하도록 한 결과이다. 즉, 개인이 가지고 있는 사회적 권력과 영향력이라고 볼 수 있는 권력이 인지적 근거로서 정당성에 대한 판단뿐 아니라 존경심이라는 심리적 근거를 확보하면 그것이 진정한 의미의 권위라고 보는 관점에서 북한이탈청소년과 남한청소년이 가진 권위에 대한 인식을 알아보았다.

가장 권위가 높다고 생각하는 집단, 즉 1순위로 선택한 집단을 먼저 살펴보면, 북한이탈청소년 중 65명(50.8%), 남한청소년 중 221명(61.7%)이 '힘과 권력' 집단을 가장 많이 선택하였고, 두 집단 모두에서 50% 이상이 이러한 선택을 하였다. 그 다음으로 많이 선택된 집단은 '전통과 관습' 집단이며 북한이탈청소년 중 31명(24.2%), 남한청소년 중 48명(13.4%)이 이 집단을 선택하였다. 세 번째로 많이 선택된 집단은 북한이탈청소년의 경우 '법과 제도' 집단으로 13명(10.15%), 남한청소년의 경우 '사회적 부의 창출' 집단으로 46명(12.8%)이 선택하였다.

두 번째로 권위가 높다고 생각하는 집단, 즉 2순위로 선택한 집단을 살펴보면, 북한이탈청소년의 경우 40명(36.7%)이 '힘과 권력' 집단을 가장 많이 선택하였다. 남한청소년의 경우 171명(47.8%)이 '법과 제도' 집단을 가장 많이 선택하였다. 2순위부터는 집단별로 많이 선택된 집단이 1순위에 비해 상이한 양상을 보였다. 구체적으로는 북한이탈청소년의 경우 2순위로 '힘과 권력' 집단을 가장 많이 선택하고 그 다음으로 '법과 제도' 집단, '전통과 관습' 집단 순으로 많이 선택하였다. 남한청소년의 경우 '법과 제도' 집단을 가장 많이 선택하고 그 다음으로 '사회적 부의 창출' 집단, '힘과 권력' 집단 순으로 많이 선택

〈표Ⅳ-25〉 권위의 종류에 따른 집단 서열화

서열화	권위의 종류	북한이탈청소년(N=119)		남한청소년(N=358)	
		빈도(명)	비율(%)	빈도(명)	비율(%)
1순위	힘과 권력	65	50.8	221	61.7
	법과 제도	13	10.2	22	6.1
	전통과 관습	31	24.2	48	13.4
	사회적 부의 창출	5	4.2	46	12.8
	전문적 지식	2	1.6	10	2.8
	종교지도력	2	1.6	4	1.1
	대중선호도 및 인지도	10	7.8	7	2.0
2순위	힘과 권력	40	36.7	60	16.8
	법과 제도	31	28.4	171	47.8
	전통과 관습	12	11.0	25	7.0
	사회적 부의 창출	9	8.3	65	18.2
	전문적 지식	9	8.3	21	5.9
	종교지도력	4	3.7	4	1.1
	대중선호도 및 인지도	4	3.7	11	3.1
3순위	힘과 권력	10	8.7	36	10.1
	법과 제도	25	21.7	92	25.7
	전통과 관습	24	20.9	26	7.3
	사회적 부의 창출	31	27.0	146	40.8
	전문적 지식	19	16.5	32	8.9
	종교지도력	4	3.5	12	3.4
	대중선호도 및 인지도	2	1.7	14	3.9

하였다.

마지막으로 세 번째로 권위가 높다고 생각하는 집단, 즉 3순위로 선택한 집단을 살펴보면, 두 집단 모두에서 각 집단이 고르게 많이 선택된 양상을 볼 수 있다. 1순위와 2순위로 많이 선택되었던 '법과 제도' 집단, '전통과 관습' 집단, '사회적 부의 창출' 집단 등에 대한 선택이 많았다. 한편 두 집단 모두 3순위로 갈수록 '전문적 지식' 집단을 선택한 비율이 약간씩 증가하였다.

전반적으로 살펴보았을 때, 북한이탈청소년과 남한청소년이 가장 권위가 높다고 생각하는 집단에는 '힘과 권력' 집단 혹은 '전통과 관습' 집단이라는 응답이 많았고, 두 번째로 권위가 높다고 생각하는 집단에는 '법과 제도' 집단 혹은 '힘과 권력' 집단이라는 응답이 많았다. 즉, '힘과 권력' 집단이 가장 높은 권위를 가진 집단이라 평가되었으며, '전통과 관습' 집단이나 '법과 제도' 집단도 권위가 높은 편으로 평가되었다. 한 마디로 권력집단, 법과 제도, 그리고 부의 창출과 관련된 것의 순서로 권위를 인식하고 있다. 그 외에 전통과 관습, 전문적 지식의 순으로 권위 인식이 이어진다.

제5장

북한이탈청소년의 도덕성 사회화 과정

1. 북한에서의 도덕 교육

앞 장에서는 북한이탈청소년과 남한청소년의 도덕성, 법의식, 권위 인식의 차이를 양적 분석방법으로 비교하였다. 이 장에서는 북한이탈청소년의 도덕성 발달의 특성을 이해하고자 이들이 경험한 사회화과정을 탐색하려고 시도했다. 도덕이란, 단순하게 말하면 해야 할 옳은 일을 하는 것이다(Sandel, 2005). 해야 할 옳은 일이란 인간의 존엄성 존중이라는 가치처럼 어느 사회에서나 인정되는 보편적 속성을 가진다. 도덕의 보편 가치에도 불구하고 동시에 해야 할 옳은 일의 구체적인 내용과 범위는 개인이 살아가는 사회적 맥락 속에서 상대적으로 정의된다. 개인은 개별적으로 존재하는 것이 아니라 공동체 속에서 존재하며, 도덕적 판단을 하기 위해서는 공공의 노력에 의한 도덕적 성찰이 필요하기 때문이다(이옥형, 2009; Etizioni, 2005). 서로 다른 문화적 배경이나 도덕관을 가진 사람들이 만났을 때 경험하는 소통의 어려움이나 갈등은 도덕적 판단과 행위, 나아가 도덕성이 사회적 맥락 속에서 습득되며 훈련된다는 점을 방증한다.

결과와 상관없이 옳은 일을 하고자 하는 의지, 즉 도덕성은 교육되고 훈련되는 덕성이다. 도덕성 훈련은 일상생활의 구체적 상황에서 어떻게 도덕적 판단을 내릴 것인지 성찰하게 하는 훈련이다(김안중, 박천환, 신재철, 조난심, 1982). 도덕 문제에 대한 우리의 일상적 태도와 판단은 객관적이고 합리적 논의에 의해 형성되기보다는 어린 시절부터 축적된 성인과의 일상적 상호작용에 의해 무의식중에 형성된 정서나 감정에 의존하는 경우가 많다(곽덕주, 2006). 이러한 상호작용은 기본적으로 가정과 학교에서 이루어진다. 가정에서 부모는 자녀가 어렸을 때부터 다양한 방법으로 도덕 의지와 행동에 대한 교훈을 주고 실천하도록 가르친다. 자녀가 거짓말을 하거나 약속을 어겼을 때, 형제자매와 다투거나 친구와 갈등이 있을 때, 어른들에게 예의에 맞지 않은 말이나 행동을 할 때 부모들은 즉각적으로 잘잘못을 가리게 하며 교훈을 전달한다. 도덕성의 확장 교육은 학교에서도 이루어진다. 학교는 가정과 달리 공식적 규율과 좀 더 공적인 사회적 관계가 존재하는 장이다. 학교에서는 공식적 교과과정의 내용을 통해서, 혹은 생활지도를 통해 직 · 간접적으로 도덕성 교육을 한다. 청소년들은 학교의 규율을 어떻게 준수해야 하는지, 교사나 동료 학생들과의 관계에서 어떻게 행동해야 하는지를 배움으로써 사회가 기대하는 규범을 내면화하게 된다(문용린, 김민강, 이지혜, 원현주, 2008).

이 장에서는 질적 연구 자료를 통해 북한에서 아동이나 청소년들이 어떻게 도덕성에 대해 교육받고 훈련받는지를 알아보고 특히 탈북 이후 도덕성에 대한 청소년들의 인지적 · 행위적 반응이 어떻게 달라졌는지를 살펴보았다. 북한이탈청소년 18명을 대상으로 반구조화된 면접을 실시하여, 이들이 북한에 있었을 때 가정과 학교에서 도덕성과 관련하여 어떤 교육을 받았는지 회고하게 하였다. 대상 청소년들의 연령은 17세에서 24세에 걸쳐 있으므로 청소년기 후기 혹은 청년기 초기에 해당한다. 대부분의 청소년들은 청소년기 초기까지 북한에서 거주하였기 때문에 일차적으로는 부모와 학교를 통해 사회화되었다. 중학교 6년을 모두 수료한 청소년은 극히 드물었으나 유치원과 소학교 4년을 마치지 못한 경우는 없었다. 중학교 생활을 충실하게 했다고 한 사례는 거의 없었고, 중국에서 거주한 기간이 장기화된 사례도 있어 청소년기의 경험이 서로 달랐다. 또한 북한에 거주할 때에도 가정의 경제적 형편이나 가족관계 형편에 따라 도덕성의 사회화 경험이 달랐다. 이러한 점들에 주목하면서 북한이탈청소년의 도덕성 사회화 과정을 살펴보았다.

1) 가정에서의 도덕 교육

어떤 사회에서나 도덕성에 대한 일차 교육과 사회화는 가정을 통해 이루어진다. 사회화가 이루어지는 방식이나 기제에 대한 설명은 이론에 따라 다르지만 부모와 가정의 영향력을 간과하는 이론은 없다. 정신분석이론을 따르면 부모와의 동일시 과정을 통해, 그리고 사회학습이론에 따르면 부모에 대한 모델링과 부모의 강화를 통해 사회화가 이루어진다. 사회화의 한 부분인 도덕성 사회화도 마찬가지로 부모와의 동일시, 모델링, 직접적 훈육을 통해 인지, 정서, 동기, 행동 차원의 사회화가 이루어진다. 북한이탈청소년들의 회고를 통해 살펴본 북한 부모들의 도덕성 사회화 과정에는 몇 가지 특징이 있었다. 이러한 특징들은 북한 사회와 가족이 지닌 사회자본의 취약성과 밀접한 관련이 있다.

반구조화된 면접에서 어렸을 때부터 부모가 강조해서 가르쳤던 도덕성 차원에 대한 질문을 받았을 때, 북한이탈청소년들의 반응은 크게 세 가지 유형으로 나타났다. 첫 번째는 대부분의 청소년이 부모가 특별히 강조했던 내용이 없다고 대답하거나 기억이 나지 않는다고 대답한 유형이다. "어렸을 때 아버지나 어머니가 OO에게 이런 사람이 되어야 한다고, 혹은 이런 행동을 해야 한다고 말씀하셨던 점이 있나요?"라고 질문하였을 때 대부분의 청소년들은 부모가 특별히 바랐던 내용이 없다고 하였다. "예를 들어, 정직해야 한다든지, 성실해야 한다든지, 웃어른께 예의 바르게 행동해야 한다든지 그렇게 말씀하시던 것이 있나요?"라고 도덕성에 관련된 내용을 넣어 추가적인 질문을 하면, "그랬던 것 같아요"라는 정도로 그냥 그 질문에 대해 수긍하는 대답을 하였다.

> 모르겠어요. 그런 말은 하지 않았어요. 그냥 거기는 먹을 게 없어서, 생활이 바쁘다 보니까 그런 데 신경쓰지 않아요.… (#8)

위 응답사례에서 보듯이 부모는 자녀의 생존만을 걱정했을 뿐 도덕 교육을 시킬 생활의 여유를 가지지 못해 도덕 교육에 무관심했다.

이러한 응답경향은 도덕 개념의 부재를 시사한다. 실제 북한에서 부모들이 자녀들의 도덕성 교육에 관심을 크게 기울이지 않았기 때문이거나 아니면 청소년들 자신이 도덕성을 중요하게 생각하지 않아 기억하지 못하기 때문으로 해석할 수 있다. 어떻게 살아야 하는지의 질문을 도덕성과 관련하여 해석하는 대신 주로 진로나 물질적 성취와 관련하여 해석하는 것은 현재 북한이탈청소년들의 생활에서 이 두 가지가 중심 주제임을 간접적으로 보여 준다. 또한 위의 대답들은 북한의 가정에서 도덕성에 대한 훈육이 특별히 강력하게 이루어지지 않는다는 사실을 의미한다.

두 번째는 청소년들이 도덕성에 대한 질문을 다른 방식으로 이해한 유형이다. 면접자가 질문한 것은 어떻게 살아야 하는가에 대한 것이었으나, 다양한 방식으로 질문을 재구조화하여 물어도 질문 자체를 이해하지 못하거나 다른 대답을 하는 경우가 많았다. 도덕성에 대한 예를 들어 추가질문을 하여도 경제적으로 여유 있게 살아야 한다든지, 건강했으면 좋겠다든지, 특정한 직업을 언급한다든지, 리더가 되어야 한다든지, 평범하게 사는 게 좋다는 등의 대답을 하는 식이었다. 또한 여학생의 경우에 여자답게 행동해야 한다고 강조했다는 성역할 태도에 대한 것으로 대답하는 경우가 있었다. 남학생들의 경우에는 남성다움이나 남자로서의 책임감에 대해 언급한 경우가 거의 없었던 것에 비해 여학생은 순종, 다소곳함, 자기관리 등 여자로서의 도리에 대해 부모가 강조했다는 점을 기억하는 경우가 많았다.

> 나가서 여자는 여자답게 여성스럽게 이렇게 자라야 한다고. 그리고 어른들 말하는 거랑 참견 못하게 하고, 한번 엄마랑 엄마 친구랑 말할 때 제가 말 섞어서

종아리 맞은 적도 있거든요. (#5)

되게 봉건적인 그런 사상이 많아요, 아빠는. 그냥 여자는 밥은 남의 집 가서 먹되 잠은 제 집에서 자야 된다. 저녁에도 7시 지나면 안 들어오면 찾으러 다니시고. 이전의 조선시대 때 그런 풍습이 조금 많이 있어가지고 남자애들하고 말하는 거 좀 많이… 그런 면에서도 많이 통제하시고… (#12)

세 번째는 도덕성보다 오히려 경쟁과 생존을 강조한 유형이다. 도덕성이 정의와 배려를 포함하는 개념이라면, 이때 정의란 나와 다른 사람들을 구분하지 않고 공정한 잣대로 판단하여 행동하는 것이고 배려란 다른 사람의 입장을 고려하여 돌보는 것이다. 그런데 북한의 부모들은 다른 사람들과 협력하고 배려하는 것을 강조하기보다는 오히려 어려운 환경에서 살아남는 법을 더 강조했다. 자원이 부족한 사회에서는 자신이 소유한 것을 뺏기지 않는 것은 물론이고 더 많이 확보할 수 있는 능력을 가져야 한다. 이러한 능력은 정직성이나 공정성이 아니라 융통성이나 경쟁성에서 온다. 북한의 경제적 사정이 좋지 않을수록 부모들은 자녀들의 생존을 우선적으로 생각했다. 생존이 지상제일의 목표였다. 생존을 위해서는 경쟁에서 지면 안 되고, 어떤 방법을 써서든지 성취해야 하고 이겨야 했다.

저는 엄마가 이러는 거예요. 제가 맘이 너무 착하고 순해서 밖에 내놓으면 어디 가서 남이 주지 않으면 굶어 죽는 타입이라고. 그렇게 살면 안 된다고… 어디 가서 안 되면 훔쳐서라도 먹어서 살아야 된다고 엄마가 그런 얘길 많이 해 줬어요. (#5)

제가 저보다 두 살 많은 언니하고 싸웠었어요. 싸워서 제가 맞았어요. 매 맞고 들어와서 엄마한테 막 말했어요. 맞았다고. 엄마가 막 저 때리시면서 왜 맞고 들어오냐 그러시는 거예요. 그때는 흰쌀 절반이랑, 옥수수쌀 절반 5:5로 밥을 해

> 먹었는데 그때는 저희 흰밥 먹기가 되게 어려웠거든요. 그래서 엄마가 이만한 쇠몽둥이 주시면서 이걸로 그 애를 때리고 오면 너 오늘 흰밥 준다 이랬어요. 그래서 걔가 놀고 있는데 뒤에 가서 살금살금 가서 걔를 때렸어요. 걔가 울고 있는 거예요(웃음). 그래서 엄마가 담장 위로 절 지켜보시더니 막 이렇게 때리고 달려오면서 엄마! 나 때렸어! 막 이러면서 소리쳤어요. 그래서 그날 저녁에 엄마한테 흰쌀밥 먹고, 그랬던 게 지금 기억이 나요. (#14)

탈북 부모는 탈북 후 많은 삶의 어려움을 겪어 온 사람들이다. 이들은 자녀들의 안전을 무엇보다 중시한다. 부모가 자녀에게 높은 성취 기대가 없을 리 없지만 많은 고난을 겪으면서 이들은 평범한 사람으로 살아남는 것만이 중요한 가치로 생각한다. 북한에서 고위직 간부들도 처형되거나 그 가족들이 수용소에 가는 것을 보아 왔다. 남한에서도 대통령의 형이나 아들이 검찰에 수사 받고 국민 여론의 지탄을 받는 것을 보아 왔다. 북한에서나 남한에서나 고위직은 대중의 따가운 시선 속에서 온전히 살아가기가 쉽지 않음을 안다. 출세나 성공이라는 것이 덧없다고 생각하는 것이다.

> 엄마는 누구한테 말 듣고 못 사는 성격(이라) 남한테 말도 안 듣고 지지도 말고 높이 올라가려고 하지도 말고 그냥 딱 중간에서 사는 게 제일 평범하고 그렇게 살면 된다고. (#1)

위 응답들은 북한 가정에서 이루어지는 도덕성 교육이 취약하거나 왜곡되어 있음을 보여 준다. 이는 모두 북한의 사회 현실과 밀접하게 관련되어 있다. 이 연구의 면접에 참여한 청소년들은 십대 후반과 이십대 초반의 연령으로 1980년대 후반이나 1990년대 초반에 북한에서 태어나 아동기에 심각한 식량난을 경험한 세대이다. 식량을 구하기 위해 가족 구성원들이 뿔뿔이 흩어지거나 중국으로 도강하는 경우가 흔하였으며, 그 와중에 많은 사람들이 실종되거나 사망하기도 하였다(이순형, 김창대, 진미정, 2009). 이 연구에 참여한

청소년들도 대부분 어렸을 때 부모와 상호작용할 기회가 없었다고 회상하였다. 부모가 수년 동안 집에 없거나, 하루 종일 장사를 하러 나가거나, 먹고 살기 바빠서 자녀와 대화할 시간이 없었다. 부모들이 장마당으로 장사를 하러 나가거나 아니면 아예 도강을 하여 중국으로 건너가 가족이 따로 떨어져 사는 경우가 많았다. 이 경우에 큰아버지, 이모, 할머니 등 친척이 대신 돌보아 주었지만 특별한 훈육을 하지는 못하였다. 부모에게 직접적으로 훈육되거나 부모를 모델링할 기회가 부족하였다. 특히 청소년들은 아버지로부터 정의나 배려와 같은 도덕성에 대한 훈육을 받은 적이 없다고 하였으며, 대부분 아버지와의 관계가 소원했다. 부모가 스스로 본받을 만한 행동을 하는 사람인지에 대해 질문했을 때 한 여학생만 자신의 부모가 평소 훈육한 대로 행동하는 사람이라고 대답했다.

> 저는 다른 사람한테 싫은 소리 듣지 말고, 자기 앞에 자기가 무조건 책임져야 된다고. 아빠가 다른 건 몰라도 책임성이 제일 높았거든요. 그리고 다른 사람한테 싫은 소리 듣기 진짜 싫어했어요. 아빠 엄마가 다. 그리고 아무리 생활이 어려워도 거기서 법을 어기는 일을 한 번도 못 봤어요. 딱 한 번도. (#12)

그러나 대부분의 청소년들은 부모와 일찍 헤어졌건, 같이 살았건 상호작용의 기회가 없었다는 점을 언급할 뿐, 부모의 존경할 만한 점이나 부모가 스스로 원칙대로 사는 사람임을 이야기하는 경우가 없었다. 이는 탈북 이후 발생한 가족해체 현상으로 인해 가정이 아동과 청소년들의 보호자로서 또한 도덕적 · 규범적 안내자로서의 기능을 제대로 할 수 없었다고 한 선행연구(오기성, 김미선, 신은섭, 2010)와 같은 결과이다.

청소년들은 아버지가 술을 많이 마시고, 부모 사이에 갈등과 폭력이 빈번하게 일어났다는 점을 상기하였다. 전통적으로 북한의 가정에서는 폭력 사용이 흔하다. 부부관계에서도 폭력이 자주 발생하는 편이고, 자녀를 훈육하는 방식에서도 체벌이나 폭력을 사용하는 경우가 많다(이순형, 이기춘, 이기영, 이

은영, 김대년, 박영숙, 최연실, 1999; 진미정, 이순형, 김창대, 2009). 자녀에 대한 훈육은 부부가 서로 협력해서 동일한 원칙과 규범을 적용할 때 효과적으로 이루어진다. 반면 부부 관계가 원만하지 않을 때 자녀에 대한 훈육도 일관되게 이루어지기 어렵다. 폭력이나 신체적 처벌을 우선시하는 훈육 방식 역시 부정적 모델링을 통해 자녀들의 공격성을 발달시키거나 폭력 위주의 문제 해결 방식을 습득하게 만든다.

아빠가 술 너무 많이 마시고, 진짜 매일 싸우면서 엄마가 그런 말을 할 여유가 없었던 것 같아요. (#4)

제가 아는 애들 보면 모두 걔네 아버지가 말보다 주먹이 먼저 나가죠.… 그리고 남자가 여자를 많이 때렸어요. 진짜 많이 때렸어요. (#7)

북한 사회에서 심각한 경제적 생존의 위협은 폭력이라도 힘을 믿고 그 힘의 가치를 높이고, 정직, 성실, 배려, 협동과 같은 덕성의 가치를 평가절하하게 만들었다. 청소년들은 부모나 자신을 키워 준 친척들로부터 살기 위해서는 경쟁에서 이겨야 하고, 손해 보지 않아야 하며, 당한 만큼 보복해야 한다고 배운 교훈을 기억하고 있었다. 이는 공동체 속에서 살아가는 시민으로서의 덕성이 아니라 제로섬(zero-sum) 상황에서 다른 사람보다 먼저 살아남아야 하는 위기 상황의 필요성 때문에 자연스럽게 발달하게 된 생존 전략이다. 한 달에 한 번 배급을 받을 때도 정상적으로 줄을 서서 차례를 기다리면, 자기 순서가 되기 전에 배급이 끊어질 수도 있기 때문에 어떻게 해서든 순서를 벗어나 앞으로 가야 했다.

지금은 어떤지 모르겠는데 제가 있을 때까지만 해도 애들을 주로 교양하는 게 착하게 살라는 것을 교양하는 것 없어요. 정직해야 한다는 건 없어요. 오히려 착하면 바보다… 남한테 당하지 말아야 한다 이런 것뿐이에요. 저는 어렸을 때 애들한테 놀다가 싸우잖아요? 맞고 들어오면 대다수 다른 부모들은 가서 그 애를 때려줘요. 그런데 저희 어머니 같은 경우에는 저를 오히려 너 걔를 때려 놓기 전에 들어오지 말라고… 지면 안 된다고 이거예요. 오직 경쟁 그쪽으로. (#7)

직장에 출근 잘하고, 무단결근 없고, 성실하게 일하고, 그런 사람 되게 성실하게 산다고 하는데. 그렇게 살다가는 제 생각에는 잘살 것 같지 않아요. 월급도 제대로 안 주고, 배급도 제때에 안 주고. 그렇게 일 한다면… 솔직히 밀해 일한 만큼 대가가 있어야 하는데, 대가가 없는데 어느 사람이 그렇게 일하겠어요? (#12)

신뢰란 '어떤 공동체 내에서 그 공동체의 다른 구성원들이 보편적인 규범에 기초하여 규칙적이고 정직하며 협동 행동을 할 것이라는 기대'이다 (Fukuyama, 1995). 선행연구들은 북한의 경제 상황과 사회질서가 급속하게 변화하면서 북한 사회 내 사회자본이 침식되고 있다고 주장하였다(진미정, 이순형, 김창대, 2009). 북한 사회의 낮은 사회자본은 도덕성에 기초한 행동을 '비보' 같은 행동이라고 평가하게 만드는 배경이 되고, 가정에서 부모들은 신뢰와 도덕성보다는 무조건적 생존과 성취를 의도적으로 교육하며 강화하고 있다. 이러한 의도적 사회화를 통해 북한이탈청소년들은 다른 사회에서는 일탈적 행위로 판단될 만한 부도덕한 행동, 폭력적 행동을 배워 생존전략으로 내면화하게 된다. 이러한 성향의 사람들이 서로 상호작용하면서 부도덕한 행동들을 강화시키고, 궁극적으로 사회의 사회자본 수준을 다시 하향시키는 악순환이 이루어진다.

2) 학교에서의 도덕 교육

학교에서의 도덕 교육과 도덕성에 대한 훈련은 어떤 방식으로 이루어지고 있을까? 학교에서의 도덕 교육은 크게 두 가지 경로를 통해 이루어진다. 첫 번째는 정규 교과과정을 통해, 두 번째는 교사 및 학교의 규율과 생활지도를 통해 이루어진다. 앞에서도 언급하였듯이 도덕 교과는 남북한의 교육과정에서 양쪽 사회가 추구하는 가치와 학생들로 하여금 육성시키고자 하는 인간상을 집약적으로 보여 주는 교과이다(변용권, 이종흔, 2005). 남한의 도덕 교육은 자유주의 도덕철학과 배려 윤리학의 통합적 접근으로 학생들의 자율적인 도덕 판단능력을 기르는 것을 강조하는 동시에 공동체적 윤리를 강조한다. 반면 북한은 도덕 교육이 구체적인 도덕적 내용이나 세계관, 이념을 가르쳐야 한다는 내용 중심적 입장을 보이고 있다. 북한의 '사회주의 도덕'과 '사회주의 도덕과 법' 교과서는 소학교 내용에 포함되어 있는 예절 교육을 제외하면 주로 김정일 가계에 대한 충성심 고취, 집단주의, 공산주의 사회유지를 위한 가치들로 구성되어 있다(옥일남, 2011; 이효범, 최현호, 2000). 북한은 도덕 교과를 통해 사람들을 혁명 인재로 키워 당과 수령의 영도에 복종하게 한다. 따라서 전적으로 집단, 체제지향 중심이며, 부모나 가족과의 관계보다 조국과 당에 대한 충성이 삶의 가치이자 철학이며 살아가야 할 목표로 규정된다.

북한 사회에서 교육이 어떻게 이루어지고 있는가를 질문했을 때 북한이탈청소년은 한마디로 단호하게 북한에서 받은 교육 내용이 부재한다고 말했다. 일반 교과 내용도 과목마다 배운 내용이 별로 없고 도덕 교과에서도 기억에 남아 있는 게 별로 없다고 했다. 좀 더 구체적으로 생각해 보도록 유도하여 학교에서 배운 '사회주의도덕' 교과의 내용을 떠올려 보라고 하면, 주로 두 가지를 언급하였다. 첫 번째는 인사하는 예절이나 이웃이나 웃어른에 대한 공경에 대한 것이었고, 두 번째는 김일성, 김정일 생애와 혁명 활동, 혁명 역사에 대한 것이었다. 북한 학생들은 학습하는 사회주의도덕은 김일성의 사상을 내면화하고 이를 숭배하는 것이라 할 수 있다.

> 웃어른 공경한다는 말을 (직접) 하기보다는 웃어른에게 깍듯이 인사하고 그리고 혁명 활동이랑 이쪽에 대한 것은 교과서처럼 머리에 있고요. 김정일 생일이라든가 어머니 탄생일, 김일성 탄생일, 돌아가신 날이랑 머릿속에 있어야 하고요. (#5)

도덕수업은 예절도 있고, 인민학교 때는 예절에 대해서 배와 주고 그러면 그저, 항일 김일성 항일무장투쟁 할 때 그저 뭐, 동지를 위해서 어떻게 싸운 이야기를 그런 것을 서술해서. 그러니까는 저, 배와 주면서는 동지에 대해 그런 것도 배와 주고… (#11)

교과과정 외로 학교에서 교사와의 상호작용을 통해, 혹은 학교의 규율 준수나 생활총화를 통해 이루어지는 도덕 교육은 형식적이었다. 북한이탈청소년들은 지각이나 결석을 했을 때, 숙제를 해 오지 않거나 시험 시간에 부정행위를 했을 때, 친구들끼리 폭력을 동반한 싸움이 일어났을 때 선생님들이 체벌을 했다고 기억했다. 그러나 체벌의 효과에 대해서는 부정적이었다. 이들은 워낙 그런 사건 자체가 만연해 있기 때문에 걸리지만 않으면 된다고 생각하였다. 학교에서도 학생들의 그 행위들을 문제시하여 바로잡으려는 제도적 차원의 노력보다는 문제 행위를 하다 적발된 학생들을 개인적으로 체벌하는 것으로 문제를 해결하였다.

생활총화 시간을 통해서 자신의 행동을 공개적으로 반성하는 제도가 마련되어 있으나, 실제로 이를 통해 도덕 교육이 이루어지지는 않았다. 오히려 생활총화 시간에 자신을 비판한 학급 급우들에게 보복을 하기도 했다. 생활총화는 일상생활 중에 사회주의 인간으로서의 도덕성을 함양하고 장려하는 제도로 연령대에 상관없이 시행되지만, 실제 생활총화가 도덕적 규범을 강화하는 장치로 기능하고 있는 근거들은 발견되지 않았다.

그거 대다수예요. 그냥 대다수예요. 저 어렸을 때는 시험 볼 때는 책상에 써 놓고 별 무리 없어요. 걸리면 맞아요. 맞는 거 알면서도 그래도 해요. 컨닝 해요. 저는 북한에 있을 때는 컨닝 자주 했어요. [그러다 걸리면?] 맞았죠. 맞는 것뿐이예요. 더 이상은… (#7)

북한이탈청소년들은 북한에서 학교에 다닐 때 김일성과 김정일을 우상화하는 사회주의도덕의 내용을 비판적으로 생각해 본 적이 없었다. 비판적 사고와 도덕적 추론은 권장되어야 하는 것이 아니라 체제 위협적인 것으로 경계되어야 할 내용이기 때문이다. 청소년들 중에서 남녀 차별적 사회나 문화에 대해 불만을 가졌던 여학생이나, 공부를 잘해도 대학에 갈 수 없는 형편에 대해 비판적 목소리를 낸 학생들도 있었지만 사회주의도덕의 내용에 대해 비판적으로 사고한 경험은 없었다.

교과과정을 제외한 학교생활에서 도덕 교육이 제대로 이루어지지 않는 것으로 보이는데, 이는 북한 사회의 공교육 제도가 정상적으로 기능하지 않았기 때문인 것으로 해석할 수 있다. 경제난이 심화되면서 북한의 아동이나 청소년들은 학교를 제대로 다니지 않는 경우가 흔했다. 면접한 청소년 중에는 의무교육기간인 유치원(2년), 소학교(4년), 중학교(6년)를 제대로 다닌 경우보다 그렇지 않은 경우가 더 많았다. 부모가 없어서 제때 입학을 하지 못하고, 여러 학교를 옮겨 다니고, 그러다가 또 자기 나이에 맞는 학교를 다시 다니기도 했다. 소학교를 졸업하지 않은 상태에서 중학교를 다니기도 했다. 이렇게 의무화된 교육기간에도 학교를 다니지 않았을 뿐더러, 설령 학교를 다닌다고 하여도 학교 측의 사정으로 교육이 제대로 이루어지지 않는 경우도 많았다. 교사가 출근을 하지 못하여 교사들이 자주 바뀌거나, 사상활동만 주로 하거나, 아니면 농장에 가서 일하는 것으로 학교 교육을 대신하기도 하였다. 따라서 학교와 같이 공식적 교육제도를 통한 도덕 교육이 정상적으로 이루어지지 않고, 도덕성에 대한 훈련도 이루어지기 힘든 형편이었다(이순형 외, 1999).

이렇듯 가정과 학교에서의 도덕 교육이 취약했고, 북한이탈청소년들은 그 상황을 당연하게 수용하였다. 북한 사회 전반에 불법 행동이나 부정행위가 만연해 있기 때문에 일상생활에서 위법 행동을 하는 것이 자연스럽다. 북한에서 금지되어 있는 행동들, 예를 들어 장마당에서 장사를 한다든지, 중국에서 건너온 물건을 구입한다든지, 중국이나 한국에 가 있는 친척과 연락을 한다든지, 높은 사람들에게 뇌물을 준다든지 하는 일들은 기본 생활을 유지하기 위해 피할 수 없는 일상화된 위법 행동들이다. 이 외에도 한국 드라마를 본다든지, 시험 시간에 부정행위를 한다든지 하는 일들도 북한이탈청소년에게 일상화된 행동이며, 특별히 죄책감이나 양심의 가책을 유발하는 행동이 아니다.

북한에서는 법과 규범을 준수한다면 생존이 불가능한 상태가 됨으로써 이미 법과 규범이 생활을 규제하는 기능을 상실하였을 것이므로, 법과 실제 생활이 분리된 것을 주민들이 자연스럽게 받아들이는 상황이 되었다. 법과 규범이 실제 생활에서의 생존 규칙, 권리와 의무를 반영하지 못하기 때문에 이를 지키지 못한다고 해서 죄책감이나 양심의 가책을 유발하지 않는다. 북한이탈청소년들은 인간의 도리란 부모에게 효도하는 것, 친구에게 의리를 지키는 것, 착한 일을 선택하는 것이라고 하였으며, 북한에서 양심 없는 사람이라고 비난받는 사람들은 다른 사람은 생각하지 않고 자기 이익만 챙기는 사람들이라고 정의하였다. 그러나 실제로 북한이탈청소년들이 부모에 대한 효도, 친구에 대한 의리, 착한 일을 선택하는 삶을 살지는 못하였으며 자기중심적 이익을 추구하거나 그렇게 판단하는 것에 대해 양심의 가책을 느끼는 것으로 보이지 않았다. 양심의 정의를 물어서 양심 의식이 있는지를 살펴보았다. 양심이란 개념을 설명하기 어려워서 양심 있는 사람과 없는 사람의 예를 들어 보도록 했다. 양심 있는 것의 예를 들어보라고 했을 때 '뭔가 잘못했다가 잘못된 걸 제대로 다시 바로 세워서 가는 것, 뭔가를 했을 때 당신 양심있시오(#7)'라고 하였다. 그러나 양심 없는 사람의 예는 들지 못하였다. 단지 권력이나 돈이 있으면서 자신만을 위해 그 권력을 남용하는 사람들을 언급하였을 뿐이다. 양심의 문제를 개인 차원이 아니라 집단 차원으로 접근하고 있음을 알 수 있다.

결론적으로 북한의 경제적 빈곤과 사회적 불안정성은 가정과 공교육의 토대를 불안정하게 만듦으로써 청소년들이 기본 도덕성에 대한 교육이나 사회화를 받을 기회를 박탈하였다. 또한 정치적 이유로 생활에 필요한 당연한 권리들이 금지됨으로써 오히려 법이나 규범이 비현실적인 것이 되었고, 주민들이 일상적 위법자가 되었으며, 일상적으로 일어나는 다양한 탈법 행위로 인해 청소년들의 도덕 불감증을 발달시켰다.

2. 북한에서의 권위 인식

권위는 타인을 지휘하거나 통솔하여 따르게 하는 힘을 말한다. 어느 개인 · 조직(또는 제도) · 관념이 사회 속에서 일정한 역할을 담당하고 그 사회의 성원들에게 널리 인정되는 영향력을 권위라고 부른다. 따라서 권위는 이것을 느끼고 인정하는 데서 성립하는 정신적인 것이다(Wild, 1974). 권위는 생산양식에 의해 규정되는데, 역사상 각 시대의 생산양식이 다름에 따라서 특유한 권위가 성립하며 권위의 교체도 나타났다. 봉건시대의 도덕적 · 정치적 권위가 자본주의 시대에 들어와 부정되고, 새로운 권위가 나타나는 것은 그러한 예라고 할 수 있다(임석진 외, 2009; Williams, 1985).

부모가 자녀에 대해 어떤 근거에서든 권위를 지니고 있다면 부모는 자녀의 자발적 순종을 이끌어낼 수 있지만, 그러한 자발적 순종이 불가능할 경우에 부모는 물리적 힘, 즉 권력을 사용하려 한다. 부모가 자녀에게 권력을 행사하려 한다면 자녀는 저항할지 모른다. 권력은 저항에도 불구하고 그의 영향력을 행사할 수 있는 능력이자 힘이다. 부모는 권력을 사용해 자녀가 복종하게 만들 수 있다. 이처럼 권력이란 타인을 강제하는 힘을 말한다. 즉, 권력은 어떤 개인이나 집단이 다른 개인이나 집단을 강제하거나 지배하는 힘이다. 권위나 권력이 타인에 대한 영향력이라는 점에는 동일하지만 자발적 순종을 이끌어 내는가 아니면 강제적 순종을 이끌어 내는가에 차이가 있다. 권위가 자발적으로 상대를 존중하여 그의 영향력을 인정하며 순종하는 것과 달리 권력은 자신의 의지와 무관하게 상대의 영향력에 의해 지배당하는 것을 말한다.

막스 베버는 지배를 '한 행위자가 타인의 특정 명령에 복종하는 경우에서 권력의 행사만을 지칭하는 것'으로 정의하고, 지배의 정당성에 대한 세 가지 이념형, 즉 전통적 지배, 합법적 지배, 카리스마적 지배를 주장하였다. 부모가 자녀를 지배하는 것은 전통적으로 부모라는 지위에 따른 힘을 행사하는 것으로서 이는 곧 전통적 지배를 의미한다. 만약 부모가 자녀에게 납득할 수 있는 원칙을 제안해 자녀가 합리적 사고에 의해 이를 따른다면 합법적 지배가 용이할 것이므로 전통적 지배와 달리 저항 없는 순종이 가능할 것이다.

북한에 있을 때 북한이탈청소년들은 이러한 사회적 권위들을 어떻게 경험하였을까? 우선 선거에 의한 합리적 권위를 부여받은 '합법적 권위 대상'의 부재로 인해 합법적 권위 대상에 대한 경험이 부족했을 것으로 예측될 수 있다. 반면 카리스마적 권위 대상에 대해서도 '김일성'의 아들과 손자로 삼대 세습되는 과정에서 수십 년 동안 일관되게 지속적으로 경험했다. 전통적 권위 대상에 대한 경험은 부모, 교사에 대한 효와 복종을 강조하는 규범과 문화에 의해 형성되었을 것이다. 다음에서는 권위에 대한 북한이탈청소년들의 경험을 보다 구체적으로 살펴보았다.

1) 합법적 권위

합법적 권위는 사회가 공정한 규칙에 의해 작동할 때 형성될 수 있다. 북한 사회가 청소년들에게 합법적 권위를 가진 사회로 인식되는가를 논하려면 공정한 규칙, 즉 법이 작동하는가와 그 법을 공정하게 작동시키는 권력기관인 국가가 공정한가를 살펴보아야 한다.

먼저 청소년들의 법의식은 어떠한가를 조사했다. 북한이탈청소년들은 북한에 법 개념이 없다고까지 응답했다. 민주사회에서 말하는 민주적 · 합리적 과정을 거친 법은 없고 최고 정치가의 말이 곧 법이 되는 사회에서 성장한 청소년들에게 법에 대한 개념이 없다는 것은 당연할 일일 것이다. 이 청소년들에게 법이란 유전무죄(有錢無罪), 무전유죄(無錢有罪)인 북한의 현실을 반영하는 것이라고 할 수 있다. 청소년들은 북한 사회에서 잘못을 저지르는 사람들이 공정하게 처벌받지 않는다는 사실을 알고 있었다. 북한에서는 범죄 사실의 경중에 따라 처벌받는 것이 아니라, 돈이 있는 사람은 죄가 없고 돈이 없는 사람은 죄가 있는 것으로 벌을 받곤 했다고 기억했다. 실제로 장발장과 같은 사례를 말하기도 했다.

> 실제 있었던 일인데요. 어떤 사람이 가지 밭에 가다가 가지를 훔쳤대요.… 가지를 훔쳤는데, 돈이 많은 사람은 그걸로 감방에 안 가도 돼요. 근데 돈이 없는 사람은 못 사니까 그 가지를 네 개 훔쳤다고 감방에 집어 넌 거예요. 더 크게 훔친 사람도 다 나와서 다른 걸 하고 하는데, 더 큰 걸 훔치는데, 이 사람은 가지를 네 개 훔쳤다고 감방에… (#6)

엄격히 말하면 북한에 법이 없지 않지만 북한이탈청소년들은 법의 효력을 느끼지 못했다. 북한 사회에 법이 공정히 실행되었다고 실감하지 못하기 때문이다.

> 북한에서 법에 어긋난다 이런 말 흔하지 않아요. 잘 안 해요. 법이라는 자체가… 법이라는 개념 인제 그런 게 없어요. 어렸을 때부터 법에 대해서 배우고 TV를 보면 한국은 여러 가지 채널이 있어서 법에 대해서 배울 수 있고 영화나 드라마에서 볼 수 있잖아요. 저쪽은 들은 적이 없어요.… 하지만 법이라는 대신에 중국 가다가 잡히면 맞는다 망신당한다 이런 거는 있었어요. 안전국을 간다 이런 개념은 있었어요. (#7)

합법적 권위를 논하려면 북한이 공정한 규칙에 의해 작동되는 국가인지가 중요하다. 잘 알려졌듯이 북한은 공정한 규칙에 의해 작동되는 개방 체계가 아니며, 권력이나 자원은 물론 교육의 기회와 주거 공간도 제한된 사회체계이다. 북한이탈청소년들에게 국가에 대해서 질문하였을 때 이들은 제도, 공정성과 같은 내용보다는 정서적 내용인 느낌을 주로 이야기하였다. 북한이탈청소년들에게는 빈곤국의 국민들이 경험할 최악의 상황에서 빚어진 한(恨)이나 원망 같은 정서가 일차적으로 남아 있다.

탈북과정에서 내 나라가 잘 살았으면 진짜 이런 일도 안 겪는데, 나라가 못 사는 탓에 국경도 넘고, 되게… 저는 그런 걸 당해보지는 못했는데 막… 북한 여자들이 중국을 넘으면… 막 강간을 당하고 그러잖아요. 막 팔려가고… 그러잖아요. 서러워요. 언니들이 어린 나이에 중국에 와서 시집가서, 열여섯 살에 시집가서 애 낳고 막 이러고… 또 강간을 당해서 아픈 상처도 있고… 대부분 제가 만난 언니들은 24살인데 여기 한국에서는 24살이면 대학 다니고 그러잖아요. 그런데 24살이면 애기 엄마고, 중국에서 팔려다니고… (#2)

가슴속에 이러한 한을 품은 이들이지만 한국팀과 북한팀의 축구경기가 있을 때 이들은 북한팀을 응원했다고 하여 애국의 심정을 밝혔다. 그들은 의외로 떠나온 국가에 대해서 담담하게 연민과 안쓰러운 심정을 표했다. 그것은 조국을 등지고 떠나온 청소년들의 조국애이다.

여기 와서도 북한 응원했거든요. 그런데 왠지 북한 욕하고 그러면 마음 쓰이는 거 있잖아요. 안쓰럽고, 막 도전해 주고 싶고, 잘못한 거 뻔히 아는데, 엄마들이 애 잘못하면… 하는 거 그것 같아요, 안쓰럽고. (#4)

북한이 미래에 어떻게 달라질 것인지 생각하는 경우가 있었다. 그들 중 북한 사회가 변화되고 근대화가 지속될 것이라고 생각하는 청소년들이 있다. 북한에도 지난 10년 동안 변화가 있었다. 주민들은 앉은 자리에서 다른 생각이나 경제활동을 못 하면서 경제적 고난을 맨몸으로 당하던 시대에서 이제는 밀수라도 적극적으로 하는 시대로 변화하고 있다. 이들은 과거의 봉건적 사회분위기가 변화되고 있고 앞으로도 변화될 것으로 믿으며 희망적 미래를 꿈꾼다.

우선 남녀관계에서도 그렇고 경제도 그렇잖아요. 사람이 이해하는 방식 있잖아요. 돈을 어떻게 버는가 사람이 생각하는 차이가 있거든요. 옛날에 제가 있을 때는 오직 그쪽에 그 장군님이 이렇게 뭐 해서 사상만으로 나가요. 제가 있을 때만 해도 중국이랑 밀수도 못 하고 앉아서 보통 앉아서 굶어 죽는 사람들이 많았죠. 하지만 밀수도 하면서 장사도 마음대로 하고 그래요. (#7)

2) 카리스마적 권위

카리스마적 권위는 북한에서는 권력자의 절대 권위와 동일한 것으로 보인다. 1945년 북한 체제 건립 후 현재까지 삼대에 걸친 김일성 일가의 지배는 강력한 권력과 절대 권위를 형성해 왔다. 절대 권력을 구사할 수 있도록 환경을 조성하는 것은 일찍 유일사상(唯一思想)을 확산시켜 가능했다.

북한 사회에서 성장한 청소년들에게 김일성 부자는 절대적 권위 대상으로 기독(基督)과 같다. 북한에서는 유아기부터 김일성 부자에 대한 유일사상을 주입시켰다. 아동기부터 세뇌된 김일성, 김정일, 김정은 삼대에 대한 충성심과 복종을 강조했다(서울신문, 2013년 8월 12일 자). 아직도 절대적 권위 체제가 유지되고 있다.

그냥… 김일성 김정일에 대해서 배우면… 김일성 김정일이 우리를 보호해 주고 가르치는 분이다 이렇게 배우니까… 북한에 있을 때는 김일성 김정일이 완전 최고다 이렇게 생각하잖아요. (#2)

많은 북한이탈청소년들이 북한에서 교육받은 대로 말하는 것을 보더라도 북한 사상 교육과 세뇌의 영향은 크다. 누가 제일 기억나느냐는 질문에 북한이탈청소년은 '김일성'이라고 주저 않고 응답했다. 김일성 위원장과 관련해 기억하는 것은 전시된 김일성 부자 사진을 일주일에 한 번씩 청소하는 것이다.

학교에 가면 연구실이라는 게 있어요. 그러니까 쭉 김일성의 어린 시절부터 어디어디 다니고 사진이 다 있거든요. 거기에 이렇게 무슨 말씀도 있고 거기 수요일마다 청소회 하거든요. 수요일 토요일 청소회 하는데… 한 13명인가 한 관에 3명씩 1관 2관 3관 있거든요.… 유리 닦을 때는 떨어지고 진짜 높거든요. 한 3층 되는데 엄청 높아요. (#1)

북한이탈청소년들에게 북한에서 도덕적으로 바르게 살아가는 사람, 즉 도덕적 삶의 모델을 찾아보라고 했더니 김일성 부자를 잘 따르고 모시는 사람이라는 획일적 응답을 보였다. 유일사상의 효과를 보는 듯 북한에서 태어나서부터 십수 년 동안 교육된 내용을 그대로 반영하는 것이다.

바르게 사는 모습이라면… 김일성 김정일을 잘 모시고… 잘 따라야 바른 사람이라고… 김일성 김정일한테 잘 하고 이러면… 그러면 막 상도 주고… (#2)

모범적인 사람들은 명절 때마다 특히 김정일 김일성 생일 때마다 (웃음) 동상이 있어요 거기 일찍 나가서 청소한다든지 꽃 올려 준다든지 그런 사람들을 그래요. (#1)

북한이탈청소년들은 실질 권력이 막강한 사람으로 김정일을 떠올렸다. 이들은 삼대 세습은 절대권력에 의한 것이라는 사실을 알고 있었다.

사람은… 김정일이 아닐까요.… 지금까지 3대 세습하고 하는 걸 봐서는 그만큼 힘이 있으니까 하려고 하는 거… (#1)

막강한 권력의 근원은 무엇인가? 청소년 중에는 드물지만 권력자의 임무에 대한 의식이 있는 경우도 있다. 권력의 근원은 정치이고 위정자의 제대로 된 정치에서 권력자의 힘이 발생한다고 생각하는 경우가 있다.

가장 힘이 있는 지금 사람들은 보면 그들이 정치를 그렇게 하니까 이 나라가 이런 거고 좀만 개방하면 잘 살 수도 있는데 안 하고 우린 굶어 죽으란 것과 마찬

가진데 남들이 비료 안 주면 욕만 하고 그런… (#7)

이처럼 권력자의 임무에 대해서 말하는 사람은 드물다. 최고 권력자에 대한 반항으로 비치는 것은 죽음을 불러온다고 알기 때문이다. 북한이탈주민 중에 최고 권력자에 대해 비판하는 사람이 드문 이유이다. 북한에서는 누구나 카리스마적 권위에 복종하지만 진정한 권위를 부여하는 권력자의 의무를 지적하는 경우는 드물다.

훌륭하다고 생각하는 건 국민들이 그렇게 생각해서 '아 저 사람들은 참 훌륭하다' 막 이렇게 생각해야 되잖아요. 그런데 김일성 김정일 생각해서 '참 훌륭하다' 이렇게 하잖아요. 그 사람들은 김일성 김정일하고 한패처럼 자기 배가 부르면 그만이라 이렇게 생각하는데, 국민들 배려해 줄 줄은 모르고 그러는데… 정말… 훌륭한 사람이 아니에요. (존경하는 사람이) 없었어요. (#7)

북한에서 최고 권력자에 바치는 충성심이 진심인지를 의심하는 것조차 금기된 일이다. 북한이탈청소년들이 모범적인 행동이라고 말한 김일성 동상에의 헌화가 진정 존경의 표현인지를 질문했을 때에 이들의 응답이 사실적으로 보였다. 집단생활에서 자신의 충성심을 의심받지 않으려고 남들처럼 행동하고 과잉 충성을 보이는 경우가 있다는 것이다.

일부분은 진짜 존경해서 하는 사람도 좀 있어요. 근데 대부분은 알면서도 그냥 옆에서도 하니깐 따라 하지만 좀 튀면 의심 받아요. 다른 사람은 꽃 들고 동상 가서 인사하고 그러는데 안 하면 조금 더 의심하는 것 같아요. (#3)

북한에서 집합주의적 권위사회의 모습은 여러 가지 현상으로 나타나고 있다. 누구나 차고 다녀야 하는 소년단 휘장과 넥타이에서 집합주의적 의례가 나타나고, 카리스마적 권위는 초상화를 아침마다 닦는 의례에서부터 나타났다.

학기 시작 때 초상화 앞에서 시작하고 일주일에 한 번씩 분단총회에서 회의하고 자기비판서를 쓴다. 자기비판서는 아동청소년뿐 아니라 어른들도 쓴다.

> 자기비판서. 뭘 잘못했는데 고치겠다 그런 거. 없어도 써야 돼요. 남을… 상대방을 비판해요. 뭘 잘못했는데 고치라고 그걸 읽는 거예요. 진짜 쓸 게 없거든요. 뭐 써야 되지? 그러다가 작은 것들, 말다툼한 것들. 엄마들도 많이 쓴 것 같아요. 한 달에 한 번씩 모여 앉아서 써요. 엄마들 관리해야 하니까 쓰라고 해요. 읽지 않고 그냥 모여서 말하다가 가고 집에 가서 쓰고 그래요. (#4)

집합주의 권위사회의 또 다른 모습은 단체 행사이다. 사회주의 국가에서는 영웅과 그 영웅을 기리는 단체 행사가 자주 있다. 즉 집합주의적 행사가 사회교육 내지는 세뇌의 일환으로 자주 행해진다.

> 가끔씩 그런 행사가 많아요. 4월 24일, 7월 8일 그럴 때는 학교 전체가 인사를 하러 가거든요. 사적비에, 돌에 인사하러 가고 4월 15일 그때도 원래 휴식하는데 학교에서 모여서 꽃다발 증정하고, 작은 명절도 인사하러 가야 돼요. (#4)

북한 사회가 주민들의 생활을 통제하는 방법은 직접적이고 전시적인 방법이다. 당이나 국가가 원하는 방식의 삶을 지원하는 방식은 긍정적 강화법으로서 영웅을 내세워 그를 중심으로 전시적 사회 교육을 시키는 것이다. 한편, 부정적 강화법으로서 공정한 법적 권위를 지니는 절차를 배제한 채, 군부의 직접 처단 등 독재적 방법을 사용하여 공포 정치를 하고 있다. 가장 강렬한 전시적 통제 방식은 사람들의 눈앞에서 누군가의 생명을 뺏는 일이다. 공정성은 제외되지만 힘에 의한 권위를 행사하는 강력한 원시적 통제 방식이라고 할 수 있다.

중국의 차를 무역하던 사람이 마약을 거래했다는 이유로 거리에서 총살하는 장면을 보았다고 했다. 죄 같지 않은 죄로 죽임을 당하는 장면을 어린 나이에 재미 삼아 구경했다고 했다. 사회가 도덕 과정을 생각하지 못하는 한, 성장하는 아이들도 그럴 수밖에 없을 것이다. 사람의 생명이 사라지는 공포의 순간을 보도록 강요하는 사회, 그것을 재미로 구경하는 아이들, 그 사회 속에서 무엇을 기대할 수 있을까?

> (총 쏘는 사람들) 그 앞에 세 명 서가지고, 눈 감고. 막 말하고 쏴요. 막 사격 준비 그러고 쏴요. 듣는 사람 얼마나 그래요. 소리 없이 쏘면 좀 괜찮을 텐데. 그것도 방송으로 해요. 사람들이 총살한다고 하면 구경하러 많이 와요. 듣는 사람 좀 안쓰럽죠. 저는 재미 삼아 구경했었어요. 오기 전에 딱 봤었는데 별로 죄 같지 않은데 죄라고 죽이더라구요. (#3)

북한에서는 사회에 부정적 영향을 미친 사람은 죽어야 한다는 사실을 당연시 하며, 큰 죄를 지으면 죽인다는 사실을 아이들도 알게 한다.

> 그렇게 큰 죄 지으면 죽여야 된다 그런 말은 그냥 일상적으로 자주 해요.… 갑자기 총살한다고 해서 가 봤어요. 갔더니 거의 죽인 다음에 총살하더라구요. 막 너무 때려가지고 걷지도 못할 정도로 하고 죽이더라구요. 중3 때 보고, 이번에 화폐개혁인가 그거 잘못한 사람들 총살했다고 그러던데, 잘 모르겠어요. 한국 신문에서 뉴스에서 봤었는데, 그 사람이 책임자였는데 실패했잖아요. 그래서 죽였대요. (#3)

연구자가 사람의 목숨이 중요하지 않은가 물었다. 그는 인간적 관점과 법의 관점이 다르다고 했다. 그렇다면 인간적 관점에서 사형을 보아야 하는가, 아니면 법적 관점에서 보아야 하는가를 물었을 때 그는 모르겠다고 응답했다. 인간적 관점과 법적 관점이 다른 것이 아니라 통치를 앞세운 생명 경시 현상을 보면서 스스로 혼란을 겪고 있는 것이다.

목숨은 중요하죠. 인간이 인간을 죽인다는 게 전 아닌 것 같아요. 인간적인 면에서 봤을 때는 그렇고, 법에서 봤을 때는 죄인이니깐 죽여야겠다 뭐 그런 것 같아요. 인간적인 눈으로 보나 법으로 보는 눈이 다르잖아요. (#3)

북한에서는 유일사상으로 교육을 받았던 터라 권력자에 대한 절대 복종이 당연시될 정도로 세뇌되었다. 북한 사회는 최면상태인 것처럼 유일사상과 개인숭배의 환상에 빠져들었다. 독재자의 절대적 권위에 전통사회에서 볼 수 있는 가부장적 권위를 합한 권위의식을 형성했다. '아버지 김정일 위원장', '할아버지 김일성 수석' 등의 호칭은 정치적 제도하에서 가부장적 권위를 불어넣은 복합적 권위 현상을 보여 준다. 이 복합적 특성을 지닌 권위는 어린 시절부터 반복 교육을 통해 세뇌되었으므로 종교처럼 여겨질 정도이다. 세뇌된 사실은 일상 속에서 당연하게 여겨질 뿐이다.

그 분(김일성)이 없으면 나도 죽을 것 같은… 그런 게 있잖아요. 북한에 사는 사람들은 다 있어요. 어렸을 때… 태어나서부터 아마 그 말을 들으면서 사니깐… (#7)

3) 전통적 권위

전통적으로 부모, 조부모, 교사 등은 어떤 사회를 막론하고 권위를 부여받는다. 이 절에서는 북한이탈청소년들이 부모와 교사의 권위에 대해 어떻게 인식하고 있는지, 부모와 교사가 어떤 방식으로 권위를 행사하였는지에 대해 알아본다.

(1) 부모

부모의 권위는 천륜(天倫)을 근거로 한 타고난 관계로서 이상적으로는 신뢰와 애정에 근거해 작동해야 한다. 전통적 권위 대상인 부모에 대한 북한이탈청소년들의 권위 인식은 소박한 수준에 머물고 있다. 부모는 자녀에게 원론적 삶의 도덕률을 가르치고 자녀는 그러한 가르침을 새기는 부모 복종의 원칙을 지킨다. 인간의 보편적 도리를 논하면서도 실제로 부모됨의 양상은 그가 속한 사회의 분위기에 영향을 받을 수 있다. 북한에 있을 때 부모의 전통적 권위는 가부장적 양육과 지도로 나타나곤 했다. 이러한 내용은 면담 내용에서 명료하게 드러난다.

> 인간에게 제일 중요한 건 인간의 도리를 다하는 거. 인간의 도리를 다 하는 게 중요하다고 생각해요. 부모님한테는 효도하는 거요. (#3)

> 성실하고 어른들 말도 잘 듣고 엄마가 나쁜 짓 같은 거를, 그런 거를 하지 말라고 하셨어요. 어릴 적부터 손버릇이 똑바라야 한다 그런 거. 친아버지가 어려서 그런 거 많이 이야기해 줬어요. (#1)

부모는 자녀에게 삶의 기본자세를 가르치고 구체적 행동을 지도한다. 그런데 앞에서 언급하였듯이 북한에서는 삶의 기본자세나 구체적 행동의 준거가 생존에 있는 경우가 많았다. 가족은 암묵적으로 살아남아야 한다고 생각했다. 자신이 살아남으려면 남을 이겨야 한다고 가르친 것이다. 위기 상황 속에서 맹수 훈련법과 마찬가지로 자녀가 본능적으로 생존하도록 가르쳤다고 볼 수 있다.

> 그냥… 그냥… 죽지 말고 잘 살자. 거기 쌀이 없어서 굶어죽는 사람 많거든요. 그니까 그냥 끝까지… 살기를 바랐어요. (#8)

> 저는 어렸을 때 애들한테 놀다가 싸우잖아요? 맞고 들어오면 대다수 다른 부모들은 가서 그 애를 때려 줘요. 그런데 저희 어머니 같은 경우에는 저를 오히려 너 걔를 때려 놓기 전에 들어오지 말라고. (#7)

그 외에 부모들은 처신방법을 지도했다. 특히 타인 의존성을 경계했다. 낯선 곳에서 어린 소녀가 살아가는 방법으로 누군가의 말을 듣고 따르지 않도록 지도했다. 어머니가 딸에게 안전한 삶의 방식으로 불신을 통해 스스로를 방어하는 소극적 대처 방식을 알려준 것이다.

> 한국에 처음 와서 엄마가 계속 하는 말이… 한국은 좀 무서운 세상이라고… 누구도 믿을 사람이 없고 자신만 믿어야 한다고… 그리고 나쁜 길 꼭 들어서지 말라고, 저도 나쁜 길 들어서는 것을 원치 않으니까는… 어머니가 말로는 직접 표현을 못 해도… 어머니 마음대로 나쁜 길 들어서지 않고 착하게 살아야겠구나… (#2)

부모는 자녀에게 상세한 지침을 줄 만큼 전통적 권위를 가지고 있다. 그런데 전통적 권위가 부모-자녀 관계 속에서 작동하려면 부모와 자녀가 탄탄한 신뢰 관계를 형성해야 한다. 대인관계가 그러하듯 부모-자녀 관계에서도 상호 신뢰 속에서만 전통적 권위가 작동할 수 있기 때문이다. 즉, 자녀가 부모를 믿고 존경하는 사이에서만 전통적 권위가 자녀의 복종을 이끌어 낼 수 있다. 만약 어려서부터 부모가 자녀를 연락도 없이 수년 동안 돌보지 않다가 자녀가 성장한 후 만났거나, 자녀가 부모가 자신을 무책임하게 방치했다고 생각하거나, 부모 중 한쪽이 가족을 버린 채 오랫동안 나타나지 않은 경우에 전통적인 부모의 권위가 자녀에게 작동하지 않을 수 있다. 실제로 북한이탈청소년 중에는 어려서 모친이 떠나 모친에 대한 기억이 그리 명확하지 않고 애착이 강하지 않은 경우가 적지 않다.

> 어머니랑 떨어져 살다 보니까 정이 없고… 되게… 어머니라고 부르니까 어머니라고 생각은 드는데 그게 좀… 그렇더라고요. 어머니랑 많이 떨어져 살고 하니까는… 그냥 엄마라고 부르니까 엄마라고 생각되지만은 그런 생각은 잘… (#2)

대부분의 북한이탈청소년들은 모친보다 부친에 대한 기억이 적은 편이다. 전 가족이 한곳에 정착한 시간이 길지 않고 가족이 흩어지면서 아이들은 어머니와 함께 이곳저곳을 떠돌아다녔기 때문이다. 뿔뿔이 헤어져 지내다보니 원가족의 해체가 일어나고 부모의 재혼으로 새로운 부모를 받아들여야 하는 경우도 적지 않다. 헤어짐과 재회의 과정에서 어린 시절을 보낸 북한이탈청소년들은 생부모와 계부모에게서 상처를 받은 경우가 흔하다. 어른들은 자신들이 아이에게 상처를 주었다는 사실을 잊었지만, 청소년들은 그 상처를 가슴에 묻고 성장한다. 9세에 생부와 결별하고 계부를 맞은 경우에 처음에는 계부를 좋아했다가도 동거 중에 심리적 상처를 받았던 경우가 있다. 계부와 헤어져 수년을 지낸 후 성장해서 계부를 재회했지만 계부와의 사이가 회복되지 않았다. 계부와 온종일 함께 있어도 친밀함을 느끼기 어렵고 딸과 계부의 관계가 더 이상 돈독해지거나 친밀해지지 않았다.

> 어릴 때는 새아빠, 아빠잖아요 인상이 되게 좋았는데 한 6년인가 헤어져서 나이 먹어서 아빠 만났는데 말하기도 싫고 모든 게 다 그래요. 새아빠랑 12살 땐가 그때 같이 살았어요. 그리고 여기 다시 와서 그 아빠를 만났어요. 근데 어릴 때 아빠한테 상처받은 말들이 있어가지고.… 나는 기억하는 거예요. 가끔 엄마한테 그런 질문을 하면 (엄마가) 잊고 싶어서 잊었는지 아니면 잊은 척 하는 건지 모르겠어요. 모른다 그러거든요. 엄마는 넌 어떻게 그걸 다 기억하니 그래요. 어쩌다 보니까 그게 나한테 상처가 되고 그래서 기억이 난다고 그래요. 지금은 집에 아빠랑 24시간 있어요. 아빠 밥 먹을래? 밥 차려 줄까? (두 마디 하고요) 아니면 아빠가 술 좀 마시면 그때 그냥 몇 마디 말하고 그게 끝이에요. (#1)

부모의 가출로 인해 아이들이 친척에게 맡겨지는 경우가 더러 있었다. 백부는 부모 대신 어린 조카를 생존하도록 훈련시켰다. 그가 사용한 훈련 기술은 자존심을 건드려 오기가 발동되도록 한 방법이다. 아동에게 적절한 방법인가에 이론이 있지만 위기관리 차원에서 이루어진 것일 것이다. 자존심을 건드려 그 오기로 씩씩한 남아로 성장시킨 것이다.

> 큰아버지한테 가서 많이 배우고 달라졌거든요.… 처음 산에 올라가니깐 겨울인데 눈이 쌓이고 바람이 불면 귀신이 우는 소리가 들려요. 그래서 올라가서 나무를 못하고 내려왔어요. 그런데 그때는 큰아버님이 저를 욕을 하는 것이 아니라 놀려 주는 거예요. 큰아버지님뿐만 아니라 형님하고 누나가 남자라는 게 차라리 치마를 입고 다니라넌시 남자가 겁이 그렇게 많으면 아무것도 못한다. 욕은 안 하고 놀려 주는 거예요. 그때 당시 그 자존심이… 자존심이 되게 강했어요(웃음). 그 말도 못 견디겠는 거예요. 내일 가서는 무조건 나무를 베어 온다. 도끼 차고 마음을 단단히 먹고 갔어요. 멧돼지 내려오면 이 도끼로 때린다며 이런 생각을 하며 혼자서 부들부들하며 올라갔어요.… 올라가서 나무를 베어서 왔어요. (#7)

부모와의 오랜 별거와 단절은 부모-자녀 간에 대화할 거리를 남겨 두지 않는다. 오랜만에 만나 동거하는 어머니와 딸 사이에서 가슴 아픈 경험을 말하면 어머니가 고통을 느낄 일이 걱정되어 딸은 말을 하지 못했다. 그러다 보니 말을 하려고 해도 어디부터 어디까지 대화의 소재가 되어야 하는지 생각하는 일도 귀찮았다. 생각은 이것저것 많지만 말수가 적어진 것이다.

> 집에 뭐 방학에 집에 있으면 말을 안 해요. 그래가지고 방학에 사실 집에 그냥 있거든요. 엄마 알바도 안 시켜요. 그래가지고 집에만 있는데 답답하고 엄마가 어디 갈까 그러면 햇빛 나고 그러면 한 시간밖에 못 돌아다녀요. 되게 힘들어서 엄마는 넌 왜 그렇게 맥을 못 추니 30분 이내 돌아보고 살 것들 마치면 엄마는 나 때문에 오고 다음 번에 다시 가는 거죠. (#1)

부모는 자녀가 어린 시절에 어떤 꿈을 꾸었는지 알 수 없다. 자녀가 소망해 온 미래를 알지 못하고, 자녀가 혼자 가슴 속에 묻어 두었던 그 꿈이 언제 어떻게 무너져 내렸는지도 알지 못한다. 홀로 살아가는 데 익숙한 자녀는 혼자 그 무너진 꿈을 안타깝게 생각하지만 부모에게 이해를 구할 생각이 없다. 부모와 자녀 사이에는 서로 단절된 시간동안 형성된 비밀의 강이 흐르기 때문이다. 길고 긴 헤어짐 끝에 만난 부모와 자녀가 서로 이해하기 어려운 것은 지극히 당연한지 모른다.

> 그리구 고등학교 졸업하면 대학교 갔다가 졸업해서 일하는데… 일하는 게 병원 같은 데서 엄마가 나한테 간호사 쪽으로 일해라 그렇게 얘기했었거든요. 그때 제가 꿈이 그게 아니었었는데… 그래가지구 할려고 했는데 어떻게… (혼자) 남한에 오게 되었어요. (#5)

북한이탈청소년들은 부모가 자신에게 기대하는 바가 현실적이지 못하다고 느낄 때가 많다. 한 청소년은 조부 때부터 부친까지 치과의인 가정에서 탈북해 진로가 단절된 자신에게 아버지가 치과의를 기대하고 있다고 하였다. 딸은 부모의 그 소망을 알지만 남한 사회에서 경험하는 현실적 제약의 벽이 높다. 전통적 권위를 가진 부모들이 달라진 상황을 정확하게 인식하지 못한다. 부모가 자녀들게 지나치게 높은 기대를 가지고 요구할 때 자녀들은 이를 수용하기 어렵다.

> 지금도 엄마 아빠가 저한테 바라는 건데… 제 아빠가 할아버지 때부터 북한에서 치과의사 하셨어요. 아버지도 치과의사 하다 오셨고… 그래가지고 한국에 와서도 저보고 치과 하라고 그러시는 거예요(웃음).… 내가 한국에 와서 한국 애들이랑 경쟁해야 되는데 내가 어릴 때부터 한국에서 배운 것도 아니고 그래서 계속 막 다투고 그래요. (#3)

(2) 학교와 교사

전통적으로 가정이 부모의 권위를 담는 장소였다면 학교는 교육장소로서 교사의 권위를 담는 장소로 기능해 왔다. 지식을 제공하고 도덕을 가르치는 장소로서 학교는 중요성만큼이나 정신적 권위를 가지고 있어야 한다. 북한에서 1995년 식량 배급이 중단된 이래 학교의 실제적 붕괴가 이루어져 학교 교육이 제대로 이루어지지 못하였다. 경제적으로 궁핍한 환경에서 교육자들은 권위를 유지할 수 있었을까? 학교는 교사의 권위를 옹호하기 위해서 어떠한 역할을 했을까? 실제로 생활이 어려운 상황에서 교육 현장의 모습이 이이들에게 어떻게 비쳤을 지가 의문이었다.

남한에서는 매해 담임교사가 바뀌지만 북한에서는 수년 동안 한 담임교사가 지도한다. 교사가 장기적으로 지도하니 아동의 변화를 지켜볼 수 있다. 이러한 과정에서 담임교사와 학생의 관계가 수년 동안 지속되기 때문에 매우 교육적일 것이라고 하는 관점이 있다. 이와 반대로 교사와 학생 사이에 비민주적이고 강압적 관계가 장기간 유지되기 때문에 학생들로서는 강요된 불만스러운 관계에서 벗어나기 어렵다는 점에서 비교육적이라는 관점이 있다. 즉, 담임교사와 학생의 관계가 수년 동안 지속되기 때문에 교육 효과가 있다는 전문가, 북한 사회의 권위적 분위기로 인해 오히려 장기간 담임을 맡은 교사와 학생 사이에 권위적 관계가 오래 유지되기 때문에 비교육적이라는 전문가의 주장이 맞서고 있다.

학교에서 교사의 권위는 학생들이 교사의 가르침을 인정하고 그를 인격적으로 받아들이는 속에서만 작동한다. 북한의 학교는 사회의 분위기가 그러하듯 권위적 분위기를 띠고 있다. 과거 북한이탈주민들의 증언도 그러했고(이순형 외, 2007) 최근 조사에서도 그러했다. 게다가 학교 재정의 어려움은 교사의 권위를 와해시키는 요인으로 작용되기도 했다. 학교 재정 문제로 교사는 학생들에게 등록금 독촉을 하지 않을 수 없고, 어느 가정이나 어려워 그 부담을 질 수 없다는 것을 잘 알고 있었을 것이다. 그러한 상황에서 북한이탈청소년들은 교육의 부재, 무지의 수치감을 드러냈고, 교사들에 대해서 부정적 기억을 떠올렸다.

선생님들 너무 학생들에게 내라는 게 많은데, 아빠 엄마랑 다 있는 애들은 내라는 거 다 내거든요. 근데 생활이 어렵고 엄마랑 없고 그러면 뭐 잘 못 내거든요. 그렇게 못 내면 선생님들이 막 욕해요. 그런 거 싫었어요. (#8)

교사의 권위는 여러 원천에서 온다. 탈북 학생들에게 긍정적으로 기억으로 남아 있는 교사들은 전문적 지식의 전달자로서의 역할을 충실하게 수행하거나, 온정적으로 학생들을 돌보는 교사들이었다.

생물쌤. 되게 키도 엄청 컸어요. 근데 군대 때 사고나가지고 다리 약간 일 센치 모자란 그래가지고 다리를 절어요. 딱 생물시간에 들어오면 되게 엄청 잘 가르쳐 줘요. 시험기간에 모르잖아요. 가서 물어봐요. 뭔가 물어보면 그러면 내가 시험지 답안을 대달라고 이러고 아 모르잖아요. 그러면 생각해 봐 뭔지. 너는 여자니까 잘 알어. 그러고 되게 담임보다 더 챙겨 주고 그랬어요. (#2)

한 아이가 2년 동안 장화 하나를 신고 다녔는데 장화가 있잖아요. 장화, 비 올 때 신는 북한 장화는 여기 것과 달라요. 북한 거 옛날 거 딱딱한 거 여름에도 잘 구부러지지 않는 딱딱한 거. 2년 동안 그것만 신고 다녔는데 겨울에 있잖아요. 단단해져서 딱 끊어져요. 깨져요. 깨지면 거기로 눈이 오면 들어가는데 그걸 양말도 안 신고… 그걸 그냥 신고 다니는 거예요. 2년 동안. 그러니깐 선생님이 신발 하나 사 줬어요. 그때 저도 신발이 없었는데, 선생님이 그걸 사 준다는 자체가 착하신 분이죠. (#8)

교사가 권위를 유지하는 또 다른 방식은 물리적 강제력이다. 어느 사회에서든 청소년들은 자신의 의지에 반하더라도 학교생활에 적응해야 하며 가장 중요한 것은 학내 질서와 규칙을 지키는 것이다. 학교에서 교칙을 어기거나 질서를 지키지 않을 때 어떠한 일이 발생하는가는 굳이 보지 않아도 명백하다. 학생은 질서와 규칙을 지키지 않는 대가로 어떤 종류의 처벌을 받을 것이다. 남한 사회와 북한 사회에서 학생 처벌의 종류가 유사할 것으로 생각되지만 실제로는 다소 다르다. 북한의 학교에서 처벌은 일차로 자기반성의 모양새를 갖춘다. 여러 학생과 교사 앞에서 일종의 자기비판을 하는 것이다. 교사에 따라 다르지만 그 후에 교칙을 지키지 않는 아동을 가혹하게 매질로 처벌하기도 한다. 북한이탈청소년들은 특히 매 맞은 기억을 자주 많이 떠올렸다.

> 선생님을 떠올리면 그냥 선생님한테 (매) 맞던 생각밖에 없는 것 같아요. 시험을 보고 성적이 잘 안 나오고 공부를 못하잖아요. 그러면 좀 많이 때리거든요. 약간 잘못해도 나오라고 그래가지고 몽둥이… (#2)

북한 사회에서 학교 교육이 정상적으로 이루어지지 못하고 집합주의 가치, 권위적 위계 관계가 강할 것으로 예상되는데 실제로 아동 · 청소년들에게 어떻게 도덕 교육을 실시할지는 의문이었다. 북한이탈청소년들을 대상으로 면담해서 얻은 북한 도덕 교육의 내용은 거짓말에 대한 교육 이외에는 대부분 빈약한 편이다. 교육현장에서 나누는 도덕적 경험이란 흔히 일상생활에서 경험한 내용에 바탕을 둔다. 일상에서 사람이 죽고 사는 큰일이 생기다 보니 그 일 이외에는 어떠한 도덕적 갈등이 일어나지 않는다. 이러한 삭막한 생활경험에서 사소한 일상에서 부딪히는 도덕적 갈등과 그에 대한 논의는 사라지고 개인의 양심과 도덕성은 성장하지 못하는 듯하다.

> 그냥… 선생님들이 도덕을 가르친 후에는 거짓말 하지 말고 착한 학생이 되어야 한다는 그런 말은 해 줘요. (도덕을) 중요하게 다루지는 않고… 거짓말하지 말라는 건 중요하게 다뤘어요. (#2)

흔히 일상적으로 어린 학생들에게 주어지는 도덕적 가르침이란 거짓말을 하지 말고 남의 것을 가져오지 말며 다른 사람을 흉보지 말라는 것 정도일 것이다. 거짓말을 하지 말라는 가르침에는 별다른 저항이 없을 것이나 다른 사람의 물건을 가져오지 말아야 한다는 가르침은 현실성이 부족하다고 학생들은 생각할지 모른다. 굶어 쓰러지는 사람을 본 경험이 있는 학생들은 수단 방법을 가리지 않고 살아남아야 한다고 가르치는 것이 더 현실적임을 안다. 선생님의 그러한 가르침은 도덕을 위한 도덕 교육처럼 공허하게 들릴지 모른다. 어려운 현실에서 성숙한 청소년들은 공허한 도덕적 가르침을 주어야 하는 교사의 처지를 이해했을지도 모른다.

3. 탈북과정 및 남한 정착 후 도덕성의 재사회화

탈북과정에서 경험한 것들이 북한청소년들의 도덕성 발달이나 법의식, 권위 인식에 어떤 영향을 미치게 되었을까? 탈북이라는 선택 그 자체를 청소년들은 스스로 어떻게 해석하고 수용하고 있을까? 탈북은 국가의 중대한 법이나 규제를 어기는 일인 동시에 자기 자신뿐 아니라 가족이나 이웃에게도 부정적 영향을 미칠 수 있는 선택이다. 그런데 북한이탈청소년들은 국경을 몰래 넘어 중국으로 넘어오는 일을 불법 또는 위법 행위로 인식하고 있지는 않았다. 면접한 청소년 18명 중 누구도 탈북의 결정을 불법으로 해석한 경우는 없었다. 탈북의 결정은 북한에서 굶어 죽지 않기 위해서, 좀 더 행복하게 살기 위해서 내린 것이며, 그 과정에서 생각한 것은 오로지 들키지 말고 성공해야 한다는 것뿐이었다.

한편, 탈북이라는 선택을 자신이 살았던 사회와 국가에 대한 배신이나 반역처럼 생각했던 청소년들도 있다. 이들은 탈북에 대해 자신만 살겠다고 자기가 속한 사회와 국가를 배신하는 이기적 결정으로 생각하게 되었다고 말했다. 탈북 이후 중국이나 남한에 와서 북한 사회를 새롭게 바라보게 되었을 때 국가에 대한 반역이나 배신의 느낌은 사라지고, 오히려 자신들이 북한에서 편향된 사고를 강요받았다는 인식을 하게 되었다.

되게 막 넘어온다고 할 때 나라를 배반한다는 것… 거기에서는 체계적으로 배웠잖아요. 그런데 올 때 그런 영화도 많아요. 반역자. 이런 영화를 많이 봤는데 내가 올 때 그런 느낌, 배반하는 느낌이 많이 들었어요. 반역… 나라를 그래가지구 다른 나라 자기만 그러겠다구 그런 느낌… 영화를 비롯해서 그런 느낌이 많이 들었는데 한국에 와서 인식이 많이 바뀌었어요. 올 때는 정말 죄스럽고 죄인 같았는데 한국에 와서 많이 바꿨어요.… 근데 그거로 인해 바뀌고 여기 사회생활 보면서 여기 차이랑 거기 차이를 알고 뉴스로 세계 정보를 아니까 내가 괜찮다. 내가 무슨 죄인은 아니구나라는 생각이 들었어요. (#5)

현재까지 살면서 양심의 가책을 느껴본 적이 있는지에 대한 질문에 대해 몇몇 청소년들은 탈북을 언급하였다. 북한이탈청소년들은 자신의 탈북이 혹시라도 북한에 있는 가족이나 친구들에게 해를 끼치게 되지 않을까 생각하면 양심의 가책을 느낀다고 하였다. 청소년들 중에는 가족과 함께 탈북한 경우도 있지만, 탈북 결정을 부모에게도 알리지 않고 혼자 도강한 경우도 있었다. 북한에 남아 있는 가족이 자신 때문에 감시와 불이익을 받을 것을 생각하면 죄책감과 더불어 양심의 가책을 느끼게 된다. 이때의 죄책감이나 가책은 불법 행동이나 정의롭지 못한 일을 했기 때문이라기보다는 자신이 배려해야 하는 관계나 대상에 대해 배려하지 못하였기 때문에 느끼는 것이다.

청소년들은 탈북을 국가에 대한 배신이라고 해석하지는 않지만, 자신의 가족이나 친구에 대한 의리를 저버리는 일이라고 해석한다. 그리고 응당 배려해야 하는 사람들을 배려하지 못한 것에서 발생한 가책은 청소년들에게 상처를 남긴다. 그러한 상처는 남한에 온 이후에도 지속적으로 남아 있다.

북한에서 탈출하던 날 아빠 몰래 오게 되었는데. 아 진짜 막… 그때는 가슴 아프기보다는 떨렸이요. 굉장히 많이요. 그날따라 행동도 이상하게 되고, 아빠 잘 때 살금살금 가서 일어나 이러고, 아빠가 어디가? 이러시는 거예요. 그래서 놀러가. 이렇게 말하고 그냥 데리고 왔어요. (중략) 그런데 아빠가 그 다음날 저희를 많이 찾으셨대요. 그 얘길 듣고 슬펐어요. 죄책감 이런 거요. (#11)

[양심의 가책을 느껴본 적 있어요?] 내가 북한에서 나올 때요, 북한에서 나오면 저 혼자 나왔잖아요. 부모님도 같이 나와야 하는데 혼자 나왔고, 내가 없어진 걸 알면, 이런 좀… 어머님이 좀 귀찮아지거든요. 그런 면에서 내가 나는 여기 와서 마음 편히 먹고 살고 하는데, 어머님은 저 때문에 이렇게 시달리고… (#6)

이러한 가책은 북한에 남아 있는 가족들에 대한 미안함을 넘어 다른 인간관계에서도 적용되는 도덕적 정서로 발전한다. 자신의 잘못에 대한 후회, 자책감 등 아픈 정서를 의미하는 것이다. 양심의 가책을 한국에 와서야 한 응답자가 느꼈다면서 실례를 들었다. 특히 친구의 아픈 과거를 꼬집는 행동을 하고서 스스로 양심의 가책을 느꼈다고 했다.

양심의 가책?… 북한에서는 못 느꼈는데요.… 한국에 와서 막 좀… 내가 못 할 짓을 하고… 하지 말아야 할 행동을 하면 죄책감도 갖고 양심의 가책도 막 들더라고요. 친구들하고 말하다가도 같은 처지에서 그 사람의 상처를 꼬집어서 말하잖아요. 그래서 친구가 막 상처받고 하면 내가 못할 짓을 했구나, 같이 상처받는 사람끼리… 그 사람의 상처를 그렇게 말하는 게 안됐구나… 네. 그런데 다시는 하지 말아야겠다 하면서도 그게 잘 안 되는 거 같아요. 또 화가 나면 그런 말이 나올 수 있죠. (#2)

한편 탈북 후 청소년들은 북한에서 사회화된 생활양식이 중국이나 남한에서는 적용되지 않는다는 것을 일상생활 속에서 배운다. 북한에 있을 때는 사소한 경쟁에서도 이겨야 하고, 자기가 가진 것은 끝까지 뺏기지 않아야 하고, 다른 사람을 속여서라도 내 것을 지켜야 한다고 배웠고, 또 철저히 그렇게 생활하였는데 그런 생존의 법칙이 새로운 곳에서는 어울리지 않는다는 것을 깨닫게 된다. 타인을 배려하지 않고 자기중심적으로 자기 욕심만 차리면 다른 사람들이 자신에 대해 부정적으로 평가하게 되고, 결과적으로 오히려 손해를 보게 된다는 것을 배우게 된다. 협력해야 하는 상황에 협력하지 않고, 상호 배려해야 할 때 배려하지 않으면 외톨이가 된다는 것을 배우게 되는 것이다.

> 제가 중국에 와서 성격이 많이 바뀌었거든요. 북한에 있으면 내 것 있잖아요? 절대 못 내놔요. 남한테 주지 않아요. 왜냐하면 걔들 내가 줘서 걔네한테 뭐가 요구돼서 내가 달라고 하잖아요? 걔들은 안 줘요. 주는 놈이 바보죠. 그런 걸 이해하려면 환경이 그럴 수밖에 없다는 것밖에 없어요.… 너무 없으니깐 내가 요만큼 있는데 요것까지 주면 다신 쓸 것이 없어요. 그러니깐 내 거는 내 거고 네 거는 네 거고 그렇게. 중국에 금방 와서 그 식대로 한번 했는데 몇 번 왕따 당하더라고요.… 그 다음부터는 바꿔야겠구나. 그 다음부터는 내 거 네 거 없이 중국 쪽이 어차피 다른 환경이잖아요. 이쪽은 이런 환경인데 이쪽은 애들이 순진하고 완전 선한 애들이니깐 마주 주고 주고받는 게 오히려 더 좋았어요. (#7)

특히 남한에 온 후, 북한이탈청소년들은 북한에서 허용되던 비도덕적인 일들이 허용되지 않는다는 것을 배우게 된다. 쉬운 예로, 북한에서는 일상적으로 이루어지던 시험시간 내 부정행위가 남한에서는 절대로 허용되지 않는 일이 된다. 남한에서는 해서는 안 되는 일에 대한 규정이 명확하고, 이를 위반하였을 때 따르는 제재도 명확하다. 북한에서는 부정행위를 하다가 적발되면 교사에게 심한 체벌을 받는 것으로 끝나지만, 남한에서는 부정행위를 한 자기뿐 아니라 이를 묵인한 전체 학급이 다 제재를 받고 과목에도 낙제를 하게 된다. 북한에서 온 지 얼마 되지 않은 청소년들은 북한에서 하던 방식으로 시험시간에 부정행위를 하기도 하는데, 남한에서 지내는 시간이 길어지거나 학년이 높아지면 그렇게 하는 학생들이 적어진다.

> 여기요? 나 근네 여기서는 컨닝 안 해요. 절대 안 해요. 옛날에 그래도 컨닝하는 애들 있었다고 했는데 컨닝한다는 건 낮은 반 애들 있잖아요. 제가 고등학교거든요. 고등반이거든요. 고등반 애들은 안 해요. 여기서 배웠잖아요. 몇 년 배웠잖아요. 컨닝에 대해서 알거든요. 그건 자기 자신을 속이는지 다 알거든요. 컨닝

하는 애들 없는데 낮은 반 아이들이 컨닝하다가 좀 잡혀요. 잡히면 한번은 선생님이 학급 모두 시험 안 보게 했어요. 컨닝하는 애들이 너무 많아가지고 한둘이 아니어서 그 다음부터 좀 학교가 나아졌대요. (#7)

남한에 온 후 북한이탈청소년들은 엄격하게 지켜야 하는 법이나 규칙이 있음을 알게 된다. 뿐만 아니라 법이나 규칙을 위반하였을 때 따라오는 제재에 대해 알게 되면서 스스로의 행동에 대한 책임감을 느끼게 된다. 북한에 있었을 때에도 불법 행동을 하다가 적발되었을 때 제제가 없는 것은 아니다. 며칠 감호소에 다녀오기도 하고, 구타나 체벌을 당하기도 하고, 벌금을 내야 하는 경우도 있다. 학교에서도 잘못을 하였을 때 심한 체벌을 받는다. 그러나 이러한 제재가 곧 자신의 행위에 대한 책임감을 유발하는 것은 아니었다.

그렇다면 북한이탈청소년들은 남한에 온 이후 어떻게 스스로의 행동에 대한 책임감을 인식하게 되었을까? 남한에 온 후 북한이탈청소년들은 스스로의 선택과 행동이 자신의 미래에 결정적 영향을 미친다는 것을 알게 된다. 남한에서는 일상적으로 발생할 수 있는 잘못이나 부도덕한 행위가 자신의 즉각적 복지는 물론 미래에 영향을 미치게 된다. 예를 들어, 북한이탈청소년들은 학교의 추천으로 무시험전형으로 대학에 입학하게 된다. 그런데 학교에서 부정행위를 하다가 적발되는 경우가 빈번하거나, 교사나 친구와의 관계에서 문제를 일으킨다면 추천을 받지 못하고 대학 진학에 부정적 영향을 받는다. 북한이탈청소년들은 목숨을 걸고 탈북을 해서 지금 이곳에 있기 때문에 성공해야 한다는 강박관념이 있다. 그런데 남한에서 성공하기 위해서는 위법이나 불법의 방식이 아니라 규칙에 따라 경쟁에서 이겨야 한다. 이곳에 와서 낙오자가 된다면 스스로에게 부끄러운 일이 되는 것이다.

한국에 와서 알았어요. 착하게 살아야 된다는 것을. [북한에서 했던 방식이] 잘못됐다는 것을 알았어요. 지금 북한에 만약 제가 있고 계속 그렇게 자랐으면 아마 깡패처럼 되어가지고. 한국에 와서는 일단 이제 앞으로 쭉 살려면 장가도 가야 되고 그럴려면 지식이 많아야 하고, 또 자기를 책임져야 하는 거니깐. [그렇게 목숨 걸고 왔는데 북한에서처럼 살면 안 되겠다 이런 생각도 있어요?] 네 그런 생각도 많이 있어요. 잘 살려고 왔는데 여기까지 와서 그렇게 깽판 치다가 감옥 가고 그러면 좀 쪽팔려요. (#3)

북한에 있었을 때 북한이탈청소년들에게는 모범이 될 역할모델이 없었다. 북한에 있었을 때 존경하던 사람이 있었냐는 질문에 그런 인물이 있었다고 대답한 청소년은 단 한 사람도 없었다. 북한에 있었을 때는 김일성이나 김정일을 존경하기도 하였으나, 탈북 이후 북한의 현실에 대해 객관적 정보를 접하고는 같은 생각을 가지는 경우가 없었다. 북한에서 부모, 교사, 이웃 등 누구 중에도 존경하는 사람이 없었다고 한 북한이탈청소년들은 남한에 온 이후 존경하는 역할모델이 생겼다고 하였다. 이 중에는 반기문 유엔사무총장이나 빌 게이츠 같은 유명 인물들도 있었지만 중국에 있을 때 자신을 돌봐 준 양아버지나 공동체 선생님, 자신이 다니는 학교의 선생님처럼 주위의 가까운 인물도 있었다. 이렇게 가까이에서 모범이 되는 모델을 찾을 수 있다는 것은 아동기에 결핍되었던 동일시나 모델링의 대상을 찾게 됨으로써 도덕성에 대한 재사회화가 가능해진다는 것을 의미한다.

닮고 싶은 사람 있어요. 아는 선생님이 OO샘이랑 △△샘 계신데 올바르게 살아가시는 거 보면 교육적으로 하시는 거 보면 OO샘이 괜찮긴 하지만 △△샘은 간호사니까 일처리 같은 것도 하고 사람들한테 도움을 줄 수 있는 그런 거, △△샘 되고 싶어요. (#8)

남한은 이런 서로를 돕는 거? 타인을 많이 돌봐 주고 그런 거 사람을 중요하게 여기는 것 같아요. [남한 사회에서 가장 훌륭하다고 생각되고, 좀 남들로부터 존경받는 사람들이 누구라고 생각하세요?] 사람들을 배려해 주고, 자기 욕심 안 채우고, 남을 배려할 줄 알고… [그럼 OO씨가 실제로 누군가를 존경하면서 아 나도 저런 것은 닮고 싶다 느껴지는 분을 남한에서 만나뵌 적이 있으세요?] 네. 저희 집 선생님이요. 제가 공동체 생활을 하거든요. 그런데 저희같이 무연고로 온 친구들을 성인이 될 나이까지 키워 주시는 분이 있어요. 그러고 저희 (학교) 선생님들 항상… 일단은 친구들이랑 탈북한 사람은 넘어오면서 신경도 예민해지고 그러는데, 어떨 땐 어머니처럼 이런 응석도 받아 주시고… 때론 이런 꾸지람도 해 주시고 이러니까… (#6)

북한이탈청소년들은 현재 여건에서 자원봉사자들을 접할 기회가 많다. 우리가 만난 북한이탈청소년들 중 일부는 북한이탈청소년을 위한 대안학교에 다니는 학생들이었고 또 다른 일부는 특성화학교를 다니는 학생들이었다. 양쪽 모두 학교에 자원봉사를 오는 사람들이 많다고 하였으며, 이들을 통해 자기에게 직접 이익이 되지 않음에도 불구하고 다른 사람을 위해 봉사하고 배려하는 사람들이 있다는 것을 알게 되었다. 앞으로 어떻게 살고 싶은지를 물었을 때 북한이탈청소년들은 공통적으로 다른 사람들을 도우면서 살고 싶다고 이야기하였다. 북한이탈청소년들은 남한 사회가 이러한 자원봉사활동이나 도덕적 삶을 장려하고 있으며, 이를 모범적인 것으로 평가함으로써 국민으로 하여금 이러한 삶을 살도록 유도하고 있다고 보았다.

[남한은] 생각과는 달리 봉사활동 같은 거… 자원봉사자가 굉장히 많구요. 남을 배려하는 그런 게 많은 것 같아요. 제가 생각하기는 그렇지 않았는데, 솔직히 북한에서는 그렇게 안 가르쳐 주잖아요. 그런데 학교에 처음 왔는데 저도 받아보고 이렇게 해 보고, 봉사활동도 저도 해 보고 이래서 남을 배려하면서 사는 게 좋은 거로구나 그걸 느끼고 그런 쪽으로 많이 생각하게 돼요. (#5)

이러한 경험과 생각은 도덕성에 대한 재사회화를 넘어서 북한이탈청소년들의 진로 선택에도 영향을 미치는 것으로 보인다. 북한이탈청소년들이 원하는 진로 중에는 요리사, 통역사, 기계정비같이 중국에서의 경험을 반영한 것들이 있는가 하면, 간호사, 사회복지사와 같이 돌봄이나 배려와 관련된 것들이 있었다. 이들은 앞으로 다른 사람을 돕는 일을 하고 싶으며, 그와 관련된 직업을 가지는 것이 좋다고 하였다. 북한이탈청소년들은 남한에서의 성공적인 삶이란 다른 사람을 도와주면서 자기 수준에 맞게 사는 것(#17), 남한테 피해 주지 않고 자기 일을 열심히 하는 것(#8), 타인을 많이 돌봐 주고 서로를 도우면서 사는 것(#6) 이라고 대답을 많이 하였다.

> [학교 졸업하고는 어떤 사람이 되고 싶으세요?] 사람들을 도와주고, 사람들 아픔을 안아 줄 줄 아는 사람… 저도 많이 겪어봐가지고, 누군가가 옆에 있어 주면, 외로워서 있어 줬으면 하는… 그런 생각도 들거든요. 그리고 힘들 때 누구한테 말 못할 때 막 속에서 앓고 있을 때 다른 사람 친한 사람한테 털어놓으면 마음이 좀 편해지고 그래가지고 그런… [그래서 아까 사회복지사가 되고 싶다고 하셨군요] (#6)

이러한 학습 과정이 쉽게 이루어지는 것은 아니다. 그동안 체득해 온 생활양식이나 문제해결 방식이 남아 있기 때문이다. 북한이탈청소년들 사이에는 평소 동병상련의 동지애가 존재하므로 서로 이해하고 위해 준다. 그렇지만 때로 발생하는 사소한 갈등으로 인해 폭력성이 나타나기도 한다. 특히 남자 북한이탈청소년들 사이에 폭력행동은 빈번하기도 하고 폭력의 정도가 심각하다.

> 진짜 사람 너무 세게 때려서 막 그런 거 싸우는 거 가지고 벌점 많이 줘요. 애들이 한번 싸우면 누구 하나 죽지 않는 이상 싸움이 안 끝나거든요. 남자들은 진짜 무서워요. 싸우는데 벽돌 그게 씩씩 날아다녀요. 싸우는 거 진짜 쪼잔하게 싸우는 게 아니라 누가 하나 죽던가 해. (#2)

북한이탈청소년은 말싸움과 신체 폭력을 주고받다가도 그 북한이탈청소년들이 어떻게 살아 왔는지를 알기 때문에 참는다고 했다. 무심히 튀어나오는 "내 부모도 안 때렸는데" 하는 말이 유기되었던 어린 시절의 모습을 알려주기 때문에 참는다고 말했다. 부모가 자녀 옆에 없었기 때문에 자녀를 때린 적이 없고, 자녀는 16년 동안 한 번도 맞아 본 적이 없었던 것이다. "내 부모도 안 때렸다"는 말 속에서 맞지 않았다는 말은 표면구조를 나타낼 뿐, 내면으로 차라리 매라도 맞으려고 해도 맞아 볼 수 없었던 부모에 대한 그리움이 반영된 것이다.

> 왜 욕해? 어른이니까 욕한다 쳐. 근데 왜 때려? 딱 처음에 가서 얘네는 진짜 애 때부터 어릴 때부터 버려진 거예요. 가서 하루는 어떻게 싸움이 났어요. 때릴려다 때린 게 아니고 어떻게 하다 나간 거예요. 야~ 너 내 부모도 안 때렸는데 내가 왜 때려 해가지고 다음에 때릴려고 하면 그 말이 생각이 나는 거예요. 아 내가 얘네 때려 봤자 뭐하겠냐고 그냥 말싸움만 하는 거죠. 와~ 가니까 16년 동안 혼자 컸잖아요. 그런 데서 생활했잖아요. (#2)

남한에 온 후, 북한이탈청소년들이 적응해야 하는 것 중 하나는 일상생활 속에 존재하는 무수한 질서와 규칙이다. 북한에서는 미성년자 개념이 없어서 청소년들도 술, 담배를 할 수 있고, 배급을 탈 때 외에는 줄을 서서 입장해야 하는 경우가 별로 없으며, 차가 많지 않아 교통신호를 따라야 하는 경우도 없었다. 쓰레기를 버리거나 처리할 수 있는 장소도 별도로 마련되어 있지 않았다. 시간 약속을 엄격하게 지켜야 하는 경우도 많지 않았다. 법에 어긋나는 일이 발생한다 하여도 신고를 할 수 있는 대상이나 방법도 마땅치 않다. 그런데 남한에 온 순간 이들은 다양한 법과 규칙을 만나게 되며 이를 준수하고 따라야 한다는 것을 배우게 된다. 미성년자의 신분을 부여받아 술, 담배 구입이 제한되고, 지하철을 탈 때나 버스를 탈 때 늘 줄을 서야 하며, 교통신호에 따라 정해진 곳에서 정해진 시간에 길을 건너야 하고, 쓰레기를 버릴 때는 종류별로 분류해서 정해진 장소에 버려야 한다. 더구나 가까운 곳에 경찰이 있으며 신고 체계도 잘 갖추어져 있다. 누구나 휴대전화를 가지고 있기 때문에 불법적 행위를 목격하였을 때 쉽게 신고할 수도 있다. 선생님들은 늘 약속의 중요성을 강조하고 시간약속을 지켜야 한다고 가르친다. 이러한 제도적 차이는 북한이탈청소년들의 도덕적 판단에 영향을 미치며 이들의 행동의 변화를 가져온다. 주어진 규칙을 지킬 것인지 말 것인지에 대한 판단은, 주위의 시선, 위반했을 때의 제재, 규범의 내면화 정도에 따라 달라진다. 북한이탈청소년들은 남한에서 보내는 시간이 길어질수록 이러한 규범의 내면화가 이루어지며 스스로를 문화시민으로 자리매김한다.

> [무단횡단은] 조금 위험하긴 한데, 근데 나름 저도 어떨 때 막, 불 안 켜지면 사람들이 없잖아요. 차가 없을 때, 금방 왔을 때 그랬어요. 지금은 전혀 안 그러는데, 금방 왔을 때, 딱 보고 차도 없고 별 사람도 없잖아요. 막 시간도 없고 막 이러니까 막 길 건너요. 근데 지금은 그게 문화시민으로서 그렇게 할 게 아닌 것 같아요. (#10)

남한 사회에 정착한 후 학교에서는 도덕 교육을 강조한다. 정착을 돕는 교사들은 도벽에 대한 경고를 하고 도벽이 지속되면 강력히 처벌하기도 했다. 남한의 교사들은 북한이탈청소년들에게 처음에 말로 경고하고 그것이 여러 차례 반복되었어도 효과가 없다고 생각할 때에는 폭력적 반응을 취했다. 북한이탈청소년들은 그러한 교사들의 태도를 비난하기보다는 가식적이지 않다고 여기는 듯했다. 그들은 자신들이 북한에서 교육받은 방식으로 대응하는 남한의 교사들을 이해하는 것일지 모른다.

> 되게 거기 이 학원에서 생활하면요 애들 되게 훔치고 그런 걸 잘해요. 그러면 샘들은 다음날 다 아는 거죠. 애들은 분명 밤에 몰래 훔치고 그러는 건데도 다 아는 거예요.… 너네 바늘 도둑이 소 도둑이 된다고 너네 그렇게 되고 싶어? 밖에 나가면 학원애들이라 그러면 되게 싫어해요. 그래가지고 샘들은 너네 사람들이

왜 싫어하는 줄 아냐고 너네 사람들이 싫게 만들어 봤자 니네한테 손해되는 것밖에 없다고 사람들을 니네 편을 만들어야지 언제까지 적으로 만들 거냐고 그러면 이제 네 알겠습니다 잘못했습니다. 근데 훔치다가 딱 들키잖아요. 그러면 다음날 작살나는 거죠. 완전 이만한 탁자가 날아오는 거죠. 야~!! (#2)

남한에 와서 교사들의 가르침을 받아들이지만 도덕 생활이 어려운 이유는 자신의 내면을 모두 보일 수 없기 때문이다. 그 수치스러운 경험을 드러낼 수 없기 때문에 자신을 이해시키기보다 위장하는 것이다.

(교사에게 거짓말하는 것이) 좀 미안한가? 왜 쌤들한테 거짓말한다는 걸 알고 있잖아요. 거짓말하면 앞뒤가 안맞는데 선생님들이 너네 거짓말하는 거 다 안다고 근데 그렇다고 내 잘못을 솔직하게 말하면 진짜 바닥으로 떨어지는 느낌이 드니까 그냥 거짓말하는 거죠. 샘들이 그걸 알면서 넘어가구 그러다보면 가끔 미안해질 때도 있고. (#2)

가끔 말할 수 없는 사정이면 거짓말 하는 거죠. 찝찝한 거죠. 아 막 말해 놓고 솔직히 말해도 되는 걸. (#2)

교사와의 관계에서만 거짓이 있던 것은 아니다. 가정에서 어머니와 사이에서도 거짓이 있을 수 있다. 어렸을 적 경험을 떠올리면서 어머니의 도덕 교육을 기억해 냈다. 어머니의 가르침은 알지만 어릴 적 욕심 때문에 그 가르침을 저버릴 때가 가끔 있었다고 했다. 어머니를 속일 때마다 기분이 나쁘고 불안하기까지 했었다. 부모가 기대하는 가르침을 받아들이지만 도덕적으로 행동할 수 없는 이유는 부모에게조차 자신의 과거 경험을 알릴 수 없기 때문에 실제 자신을 노출시키기보다는 위장하는 것이다.

엄마가 그런 것 때문에 되게 많이 그랬어요. 남에 집에 가서 나한테 없는 장난감을 가지고 오잖아요. 남들이 장난감 가지고 놀 때 지켜봐야 되니까 욕심나고 어느 날 가서 놀다가 돋보기 그거를 가져온 거예요. 놀다가 엄마가 다시 갖다 주고 그때부터 인식이 남의 거는 가져오면 안 되고 훔치면 안 되고 누군가에게 거짓말을 해서는 안 된다. 근데 가끔가다 엄마한테 뻥치는 거죠. 뭔가가 필요할 때 엄마 돈 좀 줘 그러면 엄마는 그래 알았어. (#2)

면담한 청소년 중에 특히 한 청소년은 도덕성의 발달 과정에서 높은 수준을 보여 주었다. 이 청소년의 자율적 사고를 보고 면담한 연구자는 본인이 다른 북한이탈청소년과 차이가 있다고 생각하는지를 질문했다. 실제로 이 청소년의 생각은 다른 응답자들과 많이 달랐기 때문이다. 삶의 곤경을 겪으면서 내면의 원칙이나 도덕적 원리를 잊지 않고 그것에 맞추어 살아가려는 것은 얼마나 어려운 일일까? 그 청소년이 보인 당당하고 자기 성찰적 자세를 높이 평가하면서 한편으로는 그렇게 내적으로 성장하기 위해서 얼마나 고뇌하고 어려운 위기를 극복해 왔을까 하는 생각이 들었다. 의외로 본인은 초연했고 자신이 말하듯 이치에 맞는 말을 했다.

저요? 다르다고 생각 안 해요. 다른 애들도 그렇게 생각하는 애들 있어요. 근데 제가 여기서 딱 한마디만 하고 싶어요. 그게 뭐냐 하면 여기 사람들이 일부 사람들이… 저희 학교에서 좀 이런 일이 있어요. 북한 탈북자가 한 사람이 거짓말하고 한 사람이 싸가지 없이 놀았다고 전 북한 사람들 모두가 싸가지 없다고 생각하는 건 아니라고 생각해요. 저희 학교에서 이런 게 있어요. 거짓말 하는 애들 많아요. 그런 애들 때문에 이 애가 거짓말 했다고 해서 모두가 거짓말한다고 생각하면 안 되죠. 그래서 학교에서 선생님들한테 그렇게 말해요. 한 사람이 잘못했다고 저희 학급 모두를 그렇게 하면 안 된다고… 저는 말하면 이치에 맞게 말해요. (#7)

그의 말은 계속되었다. 자신과 또래들을 비교해 보면서 객관화시키고 자신이 더 노력하여 미래를 준비하겠다는 긍정성을 보였다. 북한이탈청소년으로서 보다 나은 사회에 놓여 있으므로 자신의 현재를 객관화시킬 뿐 아니라 긍정적으로 보고 판단하고 미래에 대한 준비를 다짐하는 바람직한 모습이었다.

> (친구들 중에는) 어차피 저보다 강한 사람도 있고 강하지 못한 사람들도 있잖아요. 강하지 못한 사람들은 아 내가 재네보다 더 강하구나. 저보다 더 강한 사람도 있거든요. 그 사람들 보면 이 사람은 나보다 더 강하니 더 노력해야겠다. 살기 위해 더 노력해야겠다. 더 잘 살아야겠다. 이런 사람도 있고 저런 사람들도 있고. (#7)

북한이탈청소년들은 때로 일탈행동을 보이는 또래를 볼 때 옳지 않다거나 부도덕하다고 생각하는 것이 아니라 오히려 안쓰럽게 여긴다. 인간애를 느끼는 듯하다.

> (가족이나 친구한테 거짓말하는 사람 보면) 좀 안쓰럽죠. 굳이 거짓말할 일이 아닌데 거짓말 하니까 사정이 있으니까. (훔치는 것) 안 좋죠. 자기 거 아닌데 가져가고 그러니까… (폭행하는 것) 때리지 않고 말로 해도 되는데 왜 때리지? (#7)

북한이탈청소년들이 남한 사회에 적응하는 과정은 북한 사회에서 습득하지 못한 도덕적 판단과 행위, 법의식, 권위 의식을 새롭게 내면화하는 과정이라고도 할 수 있다. 북한 사회와 상이한 법적, 도덕적 환경 속에서 자신에게 기대되는 행위를 직·간접적으로 교육받음으로써 도덕성을 발달시켜 간다. 이때의 도덕성이란 자율적 판단과 행위를 전제로 한 자율적 도덕성이다. 자율적 도덕성은 도덕적 신념을 합당한 방식으로 주장할 줄 안다는 것이고, 그 신념을 합당하게 주장할 줄 안다는 것은 신념을 고수하는 자신의 이유에 대해 반성적일 수 있다는 것을 의미한다(Merry, 2005, 곽덕주 2006에서 재인용). 북한이탈청소년들이 경험한 북한 사회는 신체적, 언어적 폭력과 갈등이 만연하고 거짓말이나 도둑질이 일상화되어 있는 사회였다. 북한에 있었을 때 북한이탈청소년들은 살기 위해서는 이런 것들이 필수적이라고 생각하였기 때문에 이러한 행위들에 무관심하거나 관용적이었다. 그러나 남한에 온 이후에는 허용되지 않는 행위에 대한 도덕적 감수성이 발달하게 되었다. 탈북 후 자신을 돕는 사람들을 만나게 되면서 다른 사람을 배려하는 것의 의미와 가치를 알게 되었고, 타인에게나 자신에게나 같은 기준을 적용해야 하는 정의적 요소의 필요성을 배우게 되었다. 탈북과정에서 이들은 북한 사회에서 사회화된(혹은 사회화되지 못한) 도덕적 판단과 행위에 대해 반성적으로 성찰할 수 있는 기회를 얻게 된 것이다.

새로운 문화와 도덕을 접하게 될 때, 우리는 자신의 도덕적 신념이나 지식이 객관성을 지니는 것이 아님을 깨닫게 되고, 당연히 받아들여 온 신념체계의 절대성을 의심하게 된다(곽덕주, 2006). 북한이탈청소년들도 이러한 과정을 통해 도덕성을 새롭게 습득하게 된다. 청소년들은 성인에 비해 더 빨리 학습하며 적응한다. 또한 청소년들에게는 더 많은 가능성과 기회가 있다. 특히 북한이탈청소년들은 북한이탈주민에 대한 정책을 통해 특별전형으로 대학진학도 가능하다. 남한에 와서 이루고 싶은 꿈이 생기기도 하였다. 미래에 대한 이러한 전망은 북한이탈청소년들에게 자기 스스로에게 그리고 타인과 사회에게 도덕적으로 살아야 하는 동기와 책임감을 부여하였다. 스스로의 삶을 계획하고 책임져야 한다는 자율적 주체로서의 동기는 법과 같은 물리적 구속력이 없는 상황에서도 작동하는 윤리적 동력이 된다.

북한이탈청소년들은 시간이 지나면서 남한 사회에서도 일상적인 법이나 규칙이 잘 지켜지지 않는 상황을 경험하게 될 것이다. 자유 속에서 사회 기능이 유지되고 발전하는 것을 경험하게 될 것이다. 이들에게 자유분방함 속에서 작동하는 사회란 예상하지 못했던 일이다. 북한이탈청소년들에게 남한 사회가 제대로 기능하고 사회적 권위가 무너진 듯하면서도 제대로 기능하는 것을 어떻게 설명할까? 면접에 참여한 북한이탈청소년들 중에는 법과 제도에 대한 기초적 신뢰와 그 제도를 통해 보존되는 공동체의 이해관계, 도덕적 행위에 따라오는 보상과 그 한계 등과 같은 요소들을 이해하는 통찰력을 가진 청소년도 있었다. 연구자로서 #7 같은 청소년을 만나서 그의 통찰력 있고 성숙한 내면을 접할 수 있었던 것은 미래 우리 사회의 희망을 보는 것이기도 했다.

제6장
결론 및 논의

북한이탈청소년과 남한청소년의 도덕판단과 더불어 법의식, 권위 인식이 어떠한지를 살펴본 이 연구의 결과를 정리해 보면 다음과 같다. 북한이탈청소년 및 남한청소년의 도덕판단 수준은 평균적으로 콜버그(1969)의 도덕성 발달단계를 기준으로 하였을 때 평균적으로 3단계에 해당하며, 전체적으로 두 집단 모두에서 60% 정도가 3단계의 도덕판단을 한다. 도덕발달단계 중 3단계는 도덕판단의 근거가 '개인 상호 간의 기대'와 관련된 수준을 의미하며, 즉 어떤 것이 도덕적인지 그렇지 않은지를 판단하기 위해 '관계'에 초점을 둔다. 연구에서 사용한 딜레마에 대입해 본다면 사랑하는 아내라면 생명이 위독할 때 약을 훔칠 수도 있고('남편의 고민' 딜레마), 과거에 잘못을 저질렀다 하더라도 지금은 착하게 살고 있기 때문에 고발하면 안 되며('탈옥수' 딜레마), 고통 없이 살게 해달라고 애원하는 부탁을 들어주지 않는 것은 매정한 일이므로 들어주어야 한다고 생각하는 것('환자의 애원' 딜레마)이다. 이 단계에 해당하는 도덕판단을 하는 경우, 첫 번째 딜레마에서 생명이 위독한 사람이 자신이 사랑하는 부인이 아니라면, 두 번째 딜레마에서 탈옥수가 현재 착한 일을 하지 않고 있다면, 세 번째 딜레마에서 환자가 애원하지 않는다면 연구대상 청소년들은 지금과는 다른 도덕추론을 보일 것이라 예상할 수 있다.

북한이탈청소년의 도덕판단 수준은 남한청소년의 도덕판단 수준에 비해 다소 낮다. 그러나 이러한 두 집단의 차이는 주어진 도덕적 딜레마 상황에서 등장인물들의 상황 조건, 등장인물들의 요구의 종류와 수준, 관련된 사회적 규범과 도덕적 원칙 등과 같이 도덕적 딜레마 상황이 포함하고 있는 내용에 따라 그 양상이 다르다. 감옥살이를 다하지 않고 도망친 후 열심히 일해서 큰 부자가 되어 가난한 사람들을 많이 도와주는 훌륭한 부자가 된 사람을 신고해야 하는지를 고민하는 탈옥수 딜레마 상황에서, 북한이탈청소년은 남한청소년에 비해 낮은 수준의 도덕판단을 한다. 반면, 암으로 죽어가는 아내를 살릴 수 있는 약을 얻기 위해 애원하지만 결국 그 약을 구하지 못해 약을 훔치기로 결심하는 딜레마 상황과 암에 걸려 매우 괴로워하며 아픔 없이 죽게 해달라는 시한부 환자의 애원을 들어주어야 할지 고민하는 딜레마 상황에서는 남한청소년과 유사한 수준의 도덕판단을 한다.

'탈옥수' 딜레마는 북한이탈청소년 및 남한청소년 모두에게서 다른 딜레마보다 상대적으로 낮은 수준의 도덕판단이 나타난 딜레마이다. '탈옥수' 딜레마의 특성을 살펴보면, 나머지 두 딜레마가 주로 '생명'과 관련된 문제를 담고 있는 것과 대조적으로 '정의'와 관련된 문제를 담고 있다. 이 딜레마 상황에서 가장 중요한 논쟁점은 "죄를 저질렀을 때는 꼭 벌을 받아야 하는가?"이다. '죄를 저지르는 것은 나쁜 짓인데 나쁜 짓을 하면 무조건 벌을 받는다(도덕발달의 1단계)'라는 의미로 위의 논쟁점에 동의할 수도 있고, 혹은 '법이 금지하는 일은 하지 않았어야 하므로 그에 따라 합당한 죗값을 치르는 것이 사회질서를 위하는 길이다(도덕발달의 4단계)'라는 의미로 동의할 수도 있다. 두 가지가 다르지만 한편으로 비슷한 의미를 담고 있다. 연구대상 청소년 두 집단은 도덕적 행위의 사회적 의미까지 고려하기보다는 '잘못에 대한 응보성' 혹은 '도덕적 실재주의(옳고 그름 그 자체)'에 초점을 둔 도덕판단을 주로 한다. 한편 이 딜레마 상황에서 또 한 가지 주요한 논쟁점은 '현재의 선행이 과거에 지은 죄를 만회해 줄 수 있는가?'이다. 여기에서도 '좋은 일을 많이 했고 지금은 착하게 살고 있으니 괜찮다(도덕발달의 3단계)'라는 의미로 위의 논쟁점에 동의를 할 수도 있고, 혹은 '이유야 무엇이든 법대로 따라야 한다(도덕발달의 4단계)', '과거를 뉘우치고 타인을 돕고 사회에 기여하고 있는데 어떤 것이 정말 사회를 위한 일인지 생각해 보아야 한다(도덕발달의 5단계)' 등의 의미로 동의할 수도 있다. 연구대상 청소년 두 집단은 법이 존재하는 사회적 이유에 대한 고찰을 하기 이전에 '좋은 일', '착함', '인정', 혹은 '법의 당위성과 강제성', '의무와 책임' 등에 초점을 둔 도덕판단을 주로 한다. '탈옥수' 딜레마가 가지고 있는 내용과 주요 논쟁적 가치 때문에 다른 딜레마에 비해 상대적으로 낮은 수준의 도덕판단이 나타나며, 이러한 경향성이 북한이탈청소년에게서 더 강하다. 법이 존재하는 이유와 법의 적용, 사회적 정의의 실현 등의 문제와 관련한 도덕판단에 있어 취약성을 보이는 결과라 할 수 있다.

전반적으로, 북한이탈청소년과 남한청소년들은 전체 사회 체제의 유지를 위해 누구에게나, 언제나 동일하게 적용되는 법이 필요하다는 관점이나 법은 필요에 의해 사람들이 만든 것이므로 잘못된 법이나 불필요한 법은 없어지거나 바뀔 수 있다는 상대적인 관점(4단계), 더 나아가 법 그 자체보다 인권, 생명, 자유, 정의, 평화 등 더 큰 가치와 원리가 더 중요하다는 관점(5단계)으로 도덕적 판단을 내리는 데 익숙하지 않다. 콜버그(1969)의 연구와 그의 도덕성 발달단계의 보편성을 검증해 온 국내 선행연구(김안중, 박천환, 신재철, 조난심, 1982)에 따르면 중학교 시기 전후로 전인습적 도덕성이 인습적 도덕성으로 변화하기 시작한다. 일반적으로 청소년 시기에는 4단계 수준의 도덕판단이 나타나는데 중학교 후반 혹은 고등학교 시기에 5단계 이상의 후인습적 도덕성이 본격적으로 발달하기 시작한다. 이 연구의 대상이 되었던 청소년의 평균 연령을 고려할 때, 북한이탈청소년과 남한청소년의 도덕판단 수준이 평균적으로 3단계에 해당한다는 결과는 선행연구들에서 밝혀진 바에 비해 다소 낮다고 볼 수도 있다. 그러나 연구대상 청소년들에게 아직 3단계의 도덕추론이 익숙하고 보편적일 뿐 그 단계에 고착되어 있다고 해석할 수는 없다. 실제로 전체 연구대상 중 6단계에 해당하는 응답을 보인 경우는 없었지만 4단계, 5단계에 해당하는 응답도 상당수 포함되어 있었다. 구체적으로는 4단계와 5단계 수준에 해당하는 도덕판단을 하는 북한이탈청소년과 남한청소년은 전체의 약 30~40% 정도였고, 두 집단 모두에서 4단계의 도덕판단 수준이 가장 높은 비중을 차지했다. 즉, 평균 단계가 그러할 뿐 사실 두 집단의 도덕판단은 3단계에서 4단계 혹은 5단계 수준으로 발전하고 있다고 볼 수 있다. 연령의 증가에 따라서 도덕판단이 향상된다는 이 연구결과는 그러한 해석을 뒷받침한다. 무엇보다 한 개인은 상이한 단계의 도덕추론이 동시에 가능하며, 도덕성의 발달은 갑작스런 질적 변화에 의해 가능한 것이 아니다. 따라서 북한이탈청소년 및 남한청소년은 관계의 조화, 상호 간의 기대에 초점을 두는 도덕발달단계를 넘어서 보다 성숙한 도덕발달단계로 나아가기 위해 도덕판단 수준이 점진적으로 향상되어 가는 과정에 있다.

도덕판단 수준에 이어 친사회적 도덕추론을 살펴보면, 북한이탈청소년 및 남한청소년들은 자신과 가까운 사람이 도움을 요청하는 경우 친사회적 의사결정을 가장 많이 보인다. 일반적으로 친사회적 행동은 도움 수혜자가 나와 먼 관계의 사람일 때보다 나와 가까운 관계의 사람일 때 더 많이 나타난다고 보았던 선행연구의 결과들(이옥경, 이순형, 2003; 이혜영, 이순형, 2007)과 유사하다 할 수 있다. 친사회적 의사결정 상황은 법이나 규칙과 관련되지 않으며 도와주지 않았을 경우 특별한 처벌을 받지 않는다. 즉, 행동에 대한 규제와 의무성이 최소화된 상태에서는 그 사람과 나와의 관계에 초점을 두어 상대방의 기대나 요구를 부응하는 것과 같이 관계를 긍정적으로 유지하기 위한 행동을 하게 되고 실제로 친밀한 관계 덕분에 도움을 필요로 하는 사람의 정서에 더 깊이 공감할 수 있게 된다(Hornstein, 1976; Krebs, 1975). 뿐만 아니라 심리적 거리가 가까울수록 자신이 직접 도움을 주어야 한다는 책임의식을 더 강하게 느끼게 되어 내집단에 대해 친사회적 의사결정을 더 많이 하는 것이라 해석해 볼 수 있다.

북한이탈청소년은 남한청소년에 비해 도움의 대가가 금전적 대가인 경우 친사회적 의사결정을 많이 한다. 도움을 필요로 하는 사람이 자신과 가까운 대상뿐 아니라 먼 대상일 때에도 금전적 대가를 치르고서라도 타인을 돕고자 하는 의지가 남한청소년에 비해 강하다. 이러한 결과는 자본주의 사회에서 성장한 남한청소년과 공산주의 사회에서 성장한 북한이탈청소년이 가진 경제적 소유 개념의 차이가 반영된 것이라 볼 수 있다. 이는 도움의 대가가 시간적 대가인 경우 혹은 관계적 대가인 경우에 두 집단이 보이는 친사회적 의사결정이 차이가 없다는 점과 대조적이다. 북한이탈청소년의 경우 남한청소년에 비해 상대적으로 금전적 손실에 대한 민감성이 덜하다. 이 경향성이 자신이 감당해야 하는 금전적 손실 그 자체보다 타인의 입장과 처지에 더 많은 관심을 두게 함으로써 친사회적 의사결정을 더 많이 하도록 돕는다고 볼 수 있다.

북한이탈청소년들은 남한청소년에 비해 같은 종류의 대가가 주어진 친사회적 의사결정 상황에서 도움 수혜자가 나와 가까운 사이인지 그렇지 않은지에 대해서는 상대적으로 덜 민감하다. 북한이탈청소년은 도움 수혜자가 자신과 먼 사이이고, 특히 관계적 대가를 치를 경우에 도움의 대가를 치르고서라도 타인을 돕겠다는 결정을 많이 한다. 이는 자신과 이미 친밀한 사람과의 관계를 희생하더라도 자신과는 거리가 있지만 자신의 도움을 필요로 하는 상대와의 관계를 먼저 생각할 수 있다는 것을 의미한다. 북한이탈청소년들이 그동안 북한식 교육과 사회화로 집단주의적 사고와 가치관을 형성해 왔기 때문에 남한청소년에 비해 상대적으로 덜 개인주의적 성향을 갖고 있다고 이해할 수 있다(변용권, 이종흔, 2005; 이효범, 최현호, 2000).

북한이탈청소년은 북한 이탈 후 제3국을 떠돌며 언제나 추적과 체포에 대한 위협과 불안 속에서 생활하였다. 그러한 생활 속에 자신이 이미 알고 있었던 사람인지 아닌지, 친한 사람인지 낯선 사람인지에 관계없이 안전한 남한 입국이라는 단 하나의 공통된 목표를 가진 사람들과 서로 돕고 힘을 합치고 의지하였다. 그러한 공동의 경험들이 그들이 친사회적 의사결정을 하는 데 있어 내집단과 외집단에 대한 구분에 상대적으로 덜 연연하는 경향성을 발달시켰을 수도 있다. 이러한 결과들은 북한이탈청소년들이 남한청소년들에 비해 상대적으로 자기중심적 경향이 낮고 하나의 공동체로서의 '집단'에 더 많은 가치를 부여하는 태도가 그들의 친사회적 의사결정에 긍정적 기여 요인이 될 수 있을 것이란 점을 예측하게 해 준다. 도덕성이 발달함에 따라 같은 상황에서 자신과 관련된 사람들과의 관계에 대해 초점을 두다가 전체 사회 혹은 모든 사람을 위한 더 큰 가치에 초점을 두는 방향으로 추론 수준이 향상되어 간다는 점(Kohlberg, 1969)을 고려하면 도움 수혜자가 내집단인지 외집단인지에 따라 덜 구애받는 북한이탈청소년의 친사회적 의사결정 성향이 친사회적 도덕추론 수준에도 반영될 것이라 기대할 수 있다.

북한이탈청소년과 남한청소년의 친사회적 도덕추론 수준을 살펴보면, 북한이탈청소년은 대체로 '정형화된 추론', '관계적 지향', '승인과 사회적 수용'에 근거한 3수준의 추론을 한다. 남한청소년은 '타인의 필요 지향'에 근거한 2수준 추론에서 '정형화된 추론', '관계적 지향', '승인과 사회적 수용'에 근거한 3수준 추론으로 향상되어 가는 과도기에 있다. 일반적으로 연령 증가에 따라 아동의 친사회적 도덕추론은 보다 공감적이고(4수준), 내면화된 원리들을 지향하는 것(5수준)으로 알려져 있으며, 초등학교 시기에 주로 욕구충족적 추론(1수준)이나 타인의 필요지향적 추론(2수준), 나아가 정형화된 추론, 관계나 승인, 사회적 수용에 관심을 두는 추론(3수준)을 주로 보인다. 반면, 고등학교 시기에는 1수준에서 3수준까지의 추론도 하지만 공감 지향적 추론도 많이 나타난다(이혜영, 이순형, 2007). 두 집단의 청소년에게서도 각 상황 조건에 따라 공감적 추론이 정형화되거나 관계를 지향하는 추론에 비해 많이 나타나기도 했고, 높지 않은 비율이지만 내면화된 원리를 지향하는 상위 수준의 추론도 일부 있었다. 도움 수혜자가 누구인지, 그리고 도움의 대가가 무엇인지에 따라 주로 보이는 친사회적 도덕추론의 구체적 양상은 다르다. 그렇지만 전반적 도덕추론 유형 분포를 살펴보면 한 개인에게서 다양한 수준의 도덕추론이 동시에 나타날 가능성이 있다. 이는 일종의 과도기 현상으로 볼 수 있다. 연령의 증가에 따라 친사회적 도덕추론 수준이 향상되므로 친사회적 도덕추론 발달이 연속적으로 이루어지고 있다고 볼 수 있다.

두 집단의 친사회적 도덕추론 수준을 비교해 보면 북한이탈청소년의 친사회적 도덕추론 수준이 남한청소년의 친사회적 도덕추론 수준에 비해 높다. 즉, 벌이나, 규칙, 형식적 의무, 권위 등의 외적 규제가 최소화된 친사회적 갈등상황에서 북한청소년이 남한청소년에 비해 보다 높은 수준의 추론을 한다. 북한이탈청소년의 친사회적 도덕추론 수준이 남한청소년의 친사회적 도덕추론 수준에 비해 높다는 점은 북한이탈청소년의 도덕판단 수준이 남한청소년들의 도덕판단 수준에 비해 낮다는 점과 대조를 이룬다. 즉, 북한이탈청소년이 법이나 규칙과 강제성이 없으며 다른 사람을 돕고자 하는 친사회적 상황에서 남한청소년보다 더 나은 추론을 보여 준다. 이는 북한이탈청소년이 자신보다 다른 사람을 먼저 생각하며, 자발적이고 능동적으로 배려의 행동을 할 수 있는 성숙함을 가지고 있다는 결과이다. 초등연령, 중등연령, 고등연령의 북한이탈청소년 및 남한청소년의 친사회적 도덕추론을 비교한 연구(이혜영, 이순형, 2007)에서는 중등연령 및 고등연령에서는 친사회적 도덕추론 수준이 남한청소년의 친사회적 도덕추론 수준을 앞서게 되어 초등연령 시기 이후 두 집단의 점수가 역전되었다. 그럼에도 불구하고 중등연령 및 고등연령에서 두 집단의 친사회적 도덕추론 수준의 차이는 각각 통계적으로 유의한 수준이 아니었다. 이 연구에서 선행연구에서 보인 경향성을 통계적으로 검증한 결과, 북한이탈청소년은 남한청소년에 비해 친사회적 도덕추론 수준이 높았다. 연구대상 청소년의 경우 남한 거주기간이 평균적으로 3년 정도이다. 북한 사회의 심각한 경제난과 식량난으로 영유아기 충분한 영양적, 환경적 자극을 받지 못하고 또한 북한이탈과정 중에 적절한 학습과 교육을 받지 못했던 점 때문에 초등연령 시기의 북한이탈아동에게서 상대적으로 취약한 친사회적 도덕추론 수준이 나타날 수 있지만(이혜영, 이순형, 2007), 그 이후 다양한 대인관계의 경험이나 학교 교육에 의해 그러한 결핍이 보상된다고 볼 수 있다. 고차원적인 친사회적 도덕추론을 위해서는 타인의 처지와 조건에 대한 충분한 이해를 기초로 그러한 처지와 조건에서 그들이 경험하는 감정과 느낌에 관심을 가지고 공감하는 과정, 더 큰 도덕원리나 사회적 선의 가치를 내면화하는 과정이 필수적이다. 여기에서 다른 사람의 입장과 감정을 이해하고 그들의 관점에서 생각해 보는 것, 도덕원리와 선을 이해하고 내면화하는 것은 인지능력의 발달과 밀접한 관련을 가진다(Eisenberg, 1982; Eisenberg-Berg & Hand,

1979). 북한이탈청소년들이 초기 결핍으로 인한 인지발달의 지연을 극복하고 남한청소년에 비해 높은 친사회적 도덕추론 수준을 보인다는 사실은 상당히 의미 있고 발전적인 결과라 할 수 있다. 하지만 친사회적 도덕추론의 결과가 도덕판단 수준에서의 결과와 대조적이라는 점에서 조심스러운 해석이 필요하다. 친사회적 추론이 위기 대응 공동운명체 내에서 발달된 것이라면 이해관계가 없는 외집단에서도 그러한 행동이 유발될 수 있을지는 의문이다. 즉, 도덕판단이 전반적으로 높지 않은 상태에서 유독 내집단 내 친사회적 추론 수준이 높다는 것은 독특한 체험과 관련된 듯하다.

특히 북한이탈청소년이 남한청소년에 비해 더 나은 친사회적 도덕추론을 보여 주는 경우는 도움의 대가가 금전적인 경우이다. 즉, 자신이 누군가를 돕는 행동을 했을 때 시간적 대가나 관계적 대가가 아니라 금전적 대가를 치러야 하는 상황이라면 북한이탈청소년이 남한청소년에 비해 더 높은 수준으로 추론한다. 자신과 가까운 사람이 도움을 필요로 한다면 북한이탈청소년의 57% 정도가 상대방의 입장을 이해하고 그의 정서에 공감하는 수준의 추론을 한다. 반면 남한청소년은 그러한 공감지향적 추론을 상대적으로 덜 하는 대신 욕구충족적이거나 실용주의적인 추론을 하는 경우가 28% 정도로 북한이탈청소년에 비해 3배 이상 많다. 또한 자신과 가깝지 않은 사람이 도움을 필요로 한다면 북한이탈청소년의 50% 정도가 관계나 상호 간 기대에 초점을 둔 추론 혹은 공감지향적 추론을 하고 38% 정도가 욕구충족적이거나 실용주의적 추론을 한다. 반면, 남한청소년은 65% 정도가 욕구충족적이고 실용주의적 추론을 하고 30% 정도가 관계나 상호 간 기대에 초점을 둔 추론 혹은 공감지향적 추론을 한다. 도움의 대가가 금전인 상황에서 보이는 두 집단의 친사회적 도덕추론 수준의 차이는 앞에서 살펴본 친사회적 의사결정의 차이와 유사하다. 이러한 결과는 자신에게 돌아올 경제적 손실이 있는 경우, 북한이탈청소년이 남한청소년에 비해 친사회적 의사결정 및 도덕추론에 상대적 강점을 보이는 반면, 남한청소년은 북한청소년에 비해 상대적 취약성을 보일 가능성을 제시해 준다.

북한이탈청소년 및 남한청소년의 도덕성의 정서적 측면을 살펴보면, 상황에 따라 경험하는 수치심과 죄책감, 그리고 일상적으로 경험하는 수치심과 죄책감은 모두 두 집단에서 유사하다. 북한이탈청소년과 남한청소년은 상황적으로나 일상적으로 경험하는 수치심의 수준이 전반적으로 낮다. 한편 두 집단 모두 일상 속에서 구체적 정서유발 상황이 주어졌을 때 수치심보다 죄책감을 상대적으로 높게 경험하며, 이때 경험하는 죄책감은 보통보다 다소 높은 수준이다. 반면 일상적 죄책감은 상대적으로 낮게 나타나 어떤 상황에서나 지속적으로 높은 수준의 죄책감을 느끼는 것이 아님을 알 수 있다. 수치심과 죄책감은 우울, 불안 등을 포함하는 다양한 정신병리적 문제로 이어질 수 있다(Tangney, Wagner, Fletcher, & Gramzow, 1992)는 점에서 북한이탈청소년과 남한청소년 모두에게서 일상적으로 경험하는 수치심과 죄책감 수준이 낮다는 점은 긍정적 결과이다. 또한 죄책감이 자신의 잘못에 대해 책임감을 느끼고 잘못을 만회하여 다른 사람과의 자신의 관계를 회복하거나 공동체 내에 다시 수용되고자 하는 복구의 의지를 반영하는 행동으로 연결된다는 점(Lindsay-Hartz et al., 1995)을 고려한다면, 두 집단 모두 상황 속에서 경험하는 죄책감 수준이 상대적으로 높다는 점은 그러한 죄책감의 경험이 그들로 하여금 자신이 맺고 있는 사회적 관계를 더욱 긍정적으로 유지할 수 있게 하는 도덕적이고, 친사회적 행동을 이끌어 낼 것이라 기대하게 한다(Eisenberg, 1986; Schulman & Mekler, 1985; Tangney, 1995).

북한이탈청소년과 남한청소년의 공감 수준은 모두 보통보다 약간 높게 나타나 전반적으로 서로 유사하다. 그럼에도 불구하고 북한이탈청소년들은 남한청소년에 비해 타인의 생각이나 입장, 그들의 관점을 상대적으로 잘 이해하고 수용하는 능력에 있어서 더 나은 발달을 보여 준다. 북한이탈청소년은 과거 북한에 있을 시기에 폐쇄적이고 강압적인 북한 체제로 인한 억압과 불안, 그리고 극심한 경제적 곤궁과 식량난 속에 힘 없고 어려운 사람들끼리 더 밀착된 관계를 유지했을 것이다. 즉, 비슷한 처지에 놓인 사람들이 서로 깊이 의지하는 가운데 자신들의 처지나 입장, 감정과 정서를 자주 공유하게 됨에 따라 상대방에게 감정이입을 하거나 그들의 역할을 대신 채택해 볼 기회를 더 빈번하게 갖게 되고, 그러한 경험이 결국 그들의 조망수용 능력 발달을 지지했을 것이라 추측해 볼 수 있다. 일반적으로 조망수용 능력은 더 큰 사회의 범주 안에서 자신의 의견과 요구에만 초점을 맞추기보다 오히려 다른 사람의 의견과 요구를 이해하고 반영하게 하여 자기중심적 행동이 아닌 이타적 행동을 하도록 이끄는 원동력이 된다(Hoffman, 1982). 이 점에서 본다면 북한이탈청소년의 높은 공감 수준은 그들로 하여금 보다 성숙한 도덕적 행동을 유도하는 중요한 개인적 자원이 될 수 있을 것이다.

한편 북한이탈청소년과 남한청소년의 법의식에 대해서는 두 집단의 법추론이 평균적으로 인습적 수준에 가깝다. 앞에서 콜버그(1969)의 도덕발달단계에 근거하여 도덕판단 수준을 분석한 결과에서 북한이탈청소년과 남한청소년들의 도덕판단 수준이 평균 3단계를 약간 상회하는 수준이라고 설명한 바 있다. 법추론 척도에서 법추론 수준의 분류를 위해 근거로 삼은 탭-레바인의 법발달단계가 앞서 살펴본 콜버그의 도덕발달단계와 유사하다는 점을 고려하여 두 가지 단계를 비교할 수 있다. 이 경우에 북한이탈청소년 및 남한청소년의 평균 법추론 수준은 법발달 3단계와 4단계를 아우르는 인습적 수준이라 볼 수 있다. 즉 북한이탈청소년 및 남한청소년의 법추론 수준은 그들이 보여 준 도덕판단 수준과 서로 유사하다. 하지만 보다 구체적으로 살펴보면 북한이탈청소년과 남한청소년은 전인습적 유형이나 인습적 유형으로 추론하기보다 후인습적 유형으로 추론하는 경우가 전반적으로 더 많다. 평균적으로 인습적 유형에 가깝지만, 인습적 유형에서 후인습적 유형으로 발달되어 가는 시기라 볼 수 있다.

북한이탈청소년과 남한청소년의 법추론이 평균적으로 인습적 수준에 가깝다는 점에서 유사하지만, 두 집단의 법추론을 직접적으로 비교해 보면 북한이탈청소년의 법추론이 남한청소년의 법추론에 비해 상대적으로 낮다. 이러한 결과는 앞서 살펴보았다시피 북한이탈청소년의 도덕판단 수준이 남한청소년의 도덕판단 수준에 비해 상대적으로 낮다는 결과와 같은 맥락에 있다.

즉, 기존의 이론들(Kohlberg, 1969; Tapp & Levine, 1974)에 따르면 도덕판단과 법추론이 유사한 발달원리를 가지고 있다는 점에서 북한이탈청소년이 도덕판단 수준과 법추론 수준에서 남한청소년들에 비해 다소 낮은 발달 수준을 보이는 양상은 서로 연관되어 있다고 볼 수 있다. 북한이탈청소년들 가운데에는 북한에 있을 때 사회경제적 여건상 정상적 교육을 받을 기회가 없었던 경우도 상당수 있었으며, 북한이탈과정 속에 제3국에 체류하거나 잡혀갈 수도 있다는 두려움에 떨며 긴 시간 동안 도망을 다니느라 안정적인 생활이 불가능한 경우도 있었을 것이다(김진섭, 2004; 윤성아, 2004; 윤인진, 1999). 도덕판단과 법추론은 모두 인지능력의 발달과 함께 향상된다는 점에서 본다면, 북한에서의 초기 박탈 및 결핍뿐 아니라 장기적이고 위협적이고 불안정한 북한이탈과정을 경험함에 따라 도덕판단이나 법추론을 적절히 개발시켜 줄 인지 및 사고능력을 발달시킬 기회를 충분히 갖지 못했을 것으로 추측할 수 있다. 더욱이 남한 사회에 편입된 이후에도 탈북과정 이후 지속되는 극심한 공포와 긴장으로 인해 상당한 스트레스를 겪고, 새로운 문화에 편입되면서 의욕상실, 이질감, 정체감 혼란 등 적응의 어려움을 경험한다(김윤영, 2002; 민성길, 전우택, 1997; 전우택, 2000). 또한 북한의 교육제도와 내용이 남한과 많은 차이가 있어 학업을 제대로 따라가는 데 어려움을 겪는다(한만길 외, 1999). 이러한 남한 사회에서의 심리적, 사회적, 학업 적응의 어려움은 그들의 인지 및 사고능력 발달을 지연시키는 데 부가적 영향을 미쳤을 것이라 예상할 수 있다. 즉, 그에 따라 북한이탈청소년의 도덕성과 법의식이 인지 측면에서 취약성을 보이게 되었으며, 지속적인 교육과 다양한 사회화 과정의 경험을 통해 그러한 취약성을 아직 완전히 극복하지는 못했음을 드러내는 결과라 할 수 있다.

북한이탈청소년과 남한청소년은 모두 법의 필요성에 대해 높게 인식한다. 두 집단은 법이 우리 삶과 밀접하고 세상을 잘 살아가기 위해 법을 잘 알아야 한다고 생각하며, 이러한 경향성은 두 집단 모두에서 유사한 수준으로 나타난다. 이는 북한이탈청소년 및 남한청소년들이 공통적으로 억울한 일이 있을 때나 사회에서 하고 싶은 일이 있을 때 법에 도움을 청하겠다는 법 사용의사가 높다는 점과 관련지어 생각해 볼 수 있다. 즉, 두 집단은 법의 효용성 측면에서 높은 수준의 법의식을 가지고 있다고 볼 수 있다.

북한이탈청소년의 법의식 수준은 남한청소년의 법의식 수준에 비해 높다. 특히 정서적 측면의 법의식은 북한이탈청소년이 남한청소년에 비해 높다. 즉, 북한이탈청소년의 법에 대한 정서가 일반적으로 더 긍정적이다. 실제로 북한이탈청소년은 남한청소년에 비해 법에 대한 친근감과 신뢰감이 모두 높다. 이는 법이 일반사람들도 쉽게 이해할 수 있는 것으로 우리 가까이에 있는 것이라 느끼는 정도, 법을 믿을 수 있고 공정하다고 여기는 정도가 남한청소년에 비해 높다는 사실을 의미한다. 또한 행동적 측면의 법의식도 북한이탈청소년이 남한청소년에 비해 높다. 북한이탈청소년은 억울한 일이 있을 때 법에 도움을 청하거나 사회에서 하고 싶은 일이 있을 때 관련법을 알아볼 것이라는 생각, 자신이 법을 잘 이해하고 있고, 그것을 적절히 이용할 능력이 있다고 믿는 경향성이 상대적으로 강하다.

북한이탈청소년이 남한청소년과 유사한 수준으로 법의 필요성에 대해 높게 인지하며, 정서적 측면과 행동적 측면에서 남한청소년에 비해 오히려 더 높은 법의식을 보여 준다는 결과는 북한이탈청소년의 법추론이 남한청소년의 법추론에 비해 낮은 수준이라는 결과와 대조적이다. 즉, 북한이탈청소년의 법추론 수준은 남한청소년에 비해 낮지만, 그럼에도 불구하고 그들의 법의식 수준은 남한청소년에 비해 높다. 앞서 설명했다시피 북한이탈청소년들은 열악한 북한의 사회경제적 상황 속에 남한청소년들에 비해 충분한 교육경험을 제공받거나 인지 발달을 촉진시킬 기회를 많이 갖지 못했을 가능성이 있다. 혹은 어린 시기 북한에서 일정한 교육 경험을 제공받고 적당한 자극을 주는 환경 속에서 성장했다 하더라도 이후 북한이탈과정을 겪으면서 교육의 중단을 경험하거나 정서적 · 심리적으로 불안정한 시기를 보내 연령에 부합되는 지적 능력에 도달하지 못했을 수도 있다. 북한이탈청소년의 인지적 취약성이 그들의 법추론 수준에 반영된 것이라 볼 수 있음에도 법의 필요성을 높은 수준으로 인식하고 있다는 것은 바람직한 결과이다. 또한 북한이탈청소년이 법에 대한 정서가 긍정적이고, 법을 적절히 사용하고자 하며 자신에게 그런 능력이 있다고 믿는 경향이 높다는 결과는 그들이 법의식의 정서 측면과 행동 측면에서 강점을 가지고 있음을 제시한다.

한편 법의식에 대한 두 집단의 차이에 대한 또 다른 해석이 가능하다. 법의식이 사회화 맥락 속에서 형성되는 것이라 보는 사회학습이론의 관점(Akers, 1977; Bandura, 1969a; 1969b)에서 본다면 법에 대한 신뢰감도 사회 속에서 법이 공정하게 집행되는 모습, 주변 사람 혹은 사회적 인물들이 법을 존중하는 모습 등을 통해 학습된다. 즉, 법이 언제나 공정하고 자신을 지켜 줄 수 있다는 의식이 상대적으로 약하다는 것은 법이 사회적 약자들을 차별하고, 사회적 강자들을 위해 악용되는 현실을 직 · 간접적으로 관찰한 경험과 관련될 것이다. 이런 관점에서 본다면 남한청소년들에게서 법에 대한 신뢰감이 상대적으로 약화되었을 가능성을 생각해 볼 수 있다. 사실 북한이탈청소년의 경우에도 권력자의 말 한마디가 곧 법이고 명령이기 때문에 힘이 없는 사람들은 억울하더라도 그것에 전적으로 따라야 하는 북한 사회의 현실을 마주했다. 따라서 북한이탈청소년도 남한청소년과 유사하게 법에 대한 신뢰감이 낮아졌을 가능성이 있다고 볼 수 있다. 하지만 북한이탈청소년들은 그러한 모습을 법-준법의 차원의 문제로 받아들이기보다 오히려 의심의 여지없이 당연히 그래야 하는 명령-복종의 차원의 문제로 받아들였기 때문에 그들의 경험은 법에 대한 신뢰감을 약화시키는 데 기여하지 않았을 것이라 조심스레 추측할 수 있다. 특히 인지와 사고가 충분히 성숙하기 이전에 북한 사회에서 유년시절을 경험한 북한이탈청소년들이 강압적이고 불평등한 사회구조와 사회에서 그들에게 요구하는 것들의 부당함에 대해 의심을 품거나 비판의식을 가져 보았을 가능성이 낮다는 점에서 북한이탈청소년들이 남한청소년에 비해 상대적으로 법에 대한 신뢰감이 오히려 높은 것이라 해석해 볼 수도 있을 것이다.

'법' 하면 떠오르는 용어들을 분석한 결과를 통해서도 확인할 수 있듯이 북한이탈청소년들은 주로 법이 국가의 통치방법으로서 국민이 지켜야 할 질서와 의무를 명시한 것이고 그에 복종하고 따라야 하며 죄를 짓지 말아야 한다는 인식이 강하고, 남한청소년들은 법은 불공평하고 신뢰할 수 없는 것이며, 강제적이며 엄격하다고 보는 인식이 강하다. 북한이탈청소년은 강압적 독재정치 속에 국가에서 하라는 것을 곧 명령으로 받아들이고 무조건적으로 그것에 따라야 한다는 것을 배워 왔으며, 특히 그것이 나라가 국민들을 지켜 주는 방식이라 인식해 왔을 것이다. 반면 남한청소년의 경우, 주변 생활 속에서 혹은 사회 경험 속에서 법이 불공평하게 적용되는 모습, 힘 없는 사람에게 가차 없고 냉혹한 모습, 법보다 돈이나 권력이 강한 모습 등을 보게 되어 법에 대한 부정적 느낌과 반감을 형성하게 되었을 것이다. 즉, 인간의 사회화 맥락 속에서 법의식이 형성된다고 보는 사회학습이론의 관점(Bandura, 1989)에서 본다면 두 집단의 법의식에는 그들이 경험한 정치사회적 환경의 영향이 모두 반영되어 있는 것이라 볼 수 있다. 이러한 두 집단의 성장과정과 사회적 배경을 생각해 본다면 그들이 보이는 법에 대한 인식 및 태도의 차이를 보다 충분히 이해할 수 있다.

북한이탈청소년은 남한청소년에 비해 법에 대한 비판적 사고가 약하다. 이러한 결과는 북한이탈청소년이 북한 사회에서 성장하는 동안 충분한 법교육을 받지 않았다는 점과 더불어 법에 대한 개념 자체가 아직 '나라의 통제', '죄의 다스림', '무조건적 복종' 등에 초점을 두어 형성되어 왔다는 점으로 설명될 수 있을 것이다. 특히 북한이탈청소년들은 북한에 거주하는 동안 독재체제와 주체사상 등 공산주의 사회 유지를 위한 가치를 주입받으며 국가에서 그들에게 요구하는 것이 정당하고 합당한지에 대한 판단을 내릴 인지적 사고력을 키우기 이전에, 도덕이나 정의가 무엇인지 모른 채 조국과 당에 무조건적인 충성을 바치게 된다. 북한에서 법과 규칙은 독재정권체제의 유지를 위한 도구로 사용될 뿐 국민에게 인간의 권리 보장이나 다수의 복리증진을 위해 존재하는 것이라는 인식을 주지 않는다. 북한이탈청소년은 도덕이나 법에 대한 교육을 받은 경험과 수준이 상당히 다르며, 그러한 사실이 연구결과로 드러난 것이라 본다.

이 연구에서 사용된 법 용어 연상 의미군 분류 방법의 토대가 되었던 안경환 외(1995)의 연구에서 우리나라 아동 · 청소년을 대상으로 법 용어를 분석한 결과, 초등학생은 당위성, 중학생은 응보성, 고등학생과 대학생은 강제성을 가장 중요하게 여기는 것으로 나타났다. 이러한 결과에 대해서는 연령이 낮은 경우에는 법을 자신의 행동을 규제해 주는 규범으로 생각하지만, 청소년기가 되면서 법을 지키지 않았을 때 자신이 받게 되는 처벌에 초점을 두게 되고 나아가 개인과 법의 관계를 생각하고 법의 부정적 기능에 대해 비판하게 된다고 보았다. 마찬가지로 우리나라 고등학교 2학년 학생 1,000여 명을 대상으로 유사한 방법의 법 용어 분석을 실시한 김준호(1996)의 연구에서는 일반적 인상(31.7%), 법의 본질과 기능(30.9%)으로 분류되는 범주에 가장 큰 관심을 보이는 것으로 나타났다. 일반적 인상에는 공정성이나 자유, 평화 등 긍정적 인상도 포함되었지만 억압이나 강압, 엄격이나 절대, 냉혹함과 잔인, 제약감 등 부정적 인상에 대한 답변이 전체적으로 더 많았고, 법의 본질과 기능에는 규칙과 규범, 사회질서 유지, 도덕이나 양심 등의 응답이 고루 나타났다. 이 연구결과를 선행연구들과 연결지어 생각해 볼 때 청소년기에 이르면 법이 단지 죄를 짓지 않게 하는 것, 무조건적으로 지켜야 하는 것, 지키지 않았을 때는 벌을 받게 하는 것이라고 생각하는 단계를 넘어서 법이 사회 질서 유지를 위해 만들어진 것이고, 국민을 보호해 주는 것이라고 생각할 수 있게 된다. 이는 법의 존재 이유와 가치 그리고 법과 국민과 사회의 관계를 이해할 수 있게 됨에 따라 가능해지는 변화이다. 또한 비판적 사고의 발달로 그러한 법이 언제나 공정하게 이루어지고 있는 것이 아니라 불공정한 법도 있으며, 법이 잘못 적용되거나 불필요할 때도 있다는 법에 대한 상대적 관점을 가질 수 있게 된다. 남한청소년에게서 강제성이 가장 높은 비율을 차지했던 것도 이러한 설명으로 해석해 볼 수 있다. 즉, 북한이탈청소년은 남한청소년에 비해 법에 대한 비판적 사고, 법에 대한 상대적 관점이 덜 발달되어 있다고 볼 수 있다.

법이 사회질서 유지를 위해 만들어진 것이지만, 만약 국민의 뜻과 어긋날 때는 변화 가능하다는 입장을 이해하게 된다면 피아제가 말하는 후인습적 단계의 도덕성, 그리고 콜버그가 말하는 도덕발달의 5단계로 진입하게 되는 것이다. 즉, 포괄적 의미에서 본다면 법의식의 발달은 도덕성의 발달 과정 안에서 이해될 수 있으며, 이 연구에서 드러난 북한이탈청소년의 전반적 법의식 양상은 아직 그들의 도덕성이 후인습적 수준에 전적으로 도달하지 않았다는 점, 사회계약으로서의 도덕성에 대한 충분한 이해와 발달이 이루어지지 않았던 점을 반영하는 결과라 추측해 볼 수 있다. 그럼에도 불구하고 북한이탈청소년과 대조적인 남한청소년의 모습이 반드시 그들이 절대적으로 성숙한 비판적 사고능력을 가지고 있는 것이라 결론짓기에는 무리가 있다. 이성적이고 논리적 사고에 기반을 둔 비판이 아니라 부정적 경험에 의한 감정적이고 일차원적인 실망과 분노, 주의의식이나 책임감이 부재한 단순거부와 비난도 때로는 성숙하고 수준 높은 비판이라 오해될 소지가 있다. 따라서 남한청소년이 보여 주는 법에 대한 비판적 사고가 절대적 의미에서 높은 법의식 수준을 반영해 주는지에 대해 정확히 밝히는 추후 연구가 필요할 것이다.

한편 북한이탈청소년과 남한청소년의 권위 인식 현상은 다음과 같다. 먼저 남한청소년이 보이는 김정일에 대한 권력 인식은 상당히 높은 수준인 반면 북한이탈청소년의 권력 인식은 남한청소년에 비해 다소 낮다. 두 집단 모두에서 대통령의 권력 인식 및 존경심의 수준이 김정일에 대한 권력 인식 및 존경심의 수준보다 높았다고 볼 수 있다. 남한청소년은 학교 교육을 통해서 혹은 언론을 통해 배우고 접한 김정일에 대한 이미지가 '독재자, 권력자'로 굳혀져 있는 경향이 있어 김정일을 상당히 힘이 있는 존재라고 인식한다. 반면 북한이탈청소년의 경우 북한에 거주할 때는 김정일을 그들을 지배하는 사람으로 보아 의심의 여지없이 그의 높은 권력을 인정하고 수용했지만 남한으로 넘어와 보다 객관적 시선으로 김정일, 그리고 김정일이 지배하는 북한 사회를 바라보게 됨에 따라 오히려 그가 전 세계적으로 고립되어 있음을 알게 되고 그의 권력을 보다 현실적 관점으로 인식하게 되었을 가능성이 있다.

남한청소년들이 보이는 대통령에 대한 권력 인식과 존경심의 차이는 북한이탈청소년에 비해 크다. 권력 인식과 존경심의 괴리는 사회적으로 힘이 있는 존재에 대해 존경심이 아니라 오히려 불신감이나 반감을 키우게 하여 사회적 불안을 초래할 수 있지만, 그만큼 정치체제에 대해 비판적 사고를 가지고 있다는 점을 부각시켜 본다면 성숙한 민주시민의 자세라 해석할 수도 있다.

남한청소년의 기업가, 국회위원, 장관 등에 대한 권력 인식은 북한이탈청소년에 비해 높다. 개인의 이윤추구와 사유재산이 보장되는 시장경제체제와 국가의 주권이 국민에게 있는 민주주의 정치체제에서 성장한 남한청소년들에게 기업가는 자유주의 시장경제 속에서 상당한 힘을 발휘할 수 있는 대상으로, 국회위원이나 장관은 국민을 대신해 그들의 의견을 반영하고 나라를 꾸려 나가야 하는 막중한 책임을 진 대상으로 인식되었을 것이다. 한편 이들에 대한 높은 권력 인식과 대조적으로 존경심의 수준은 낮다. 사회적 기득권층인 이 대상들이 권력을 가졌다는 이유로 여러 가지 비리를 저지르고 부정부패 문제에 연루되는 모습을 언론을 통해 자주 접하게 되는 과정에서 그들이 사회적으로 힘이 있지만 그럼에도 불구하고 실제로 훌륭한 인물은 아니라고 여겼을 가능성이 있다.

북한이탈청소년과 남한청소년 모두 부모에 대한 존경심이 상당히 높다. 두 집단 청소년에게 부모는 여전히 가장 큰 영향력을 미치는 사람이며, 다른 누구보다 가장 친밀한 관계를 맺는 사람이자 가장 가까이에서 그들에게 사회적 모델링을 제공하는 사람이기에 그것이 청소년들의 높은 존경심으로 이어졌을 것이라 추측된다. 뿐만 아니라 북한이탈청소년은 남한청소년에 비해 친척어른, 또래친구의 권력을 높게 인식하며, 친척어른, 또래친구, 동네어른에 대해 높은 존경심을 보인다. 북한이탈청소년들은 남한청소년에 비해 자신과 가까운 주변 인물에 대해 더 높은 권력 인식을 하고 더 높은 존경심을 보인다. 이러한 결과는 북한이탈청소년이 집단주의적이고 공동체 지향적인 가치관을 보다 강하게 나타내며 그들은 전통과 관습을 토대로 인물에 대한 권력 인식과 존경심을 키운다는 점을 알 수 있게 한다.

북한이탈청소년들의 교사에 대한 권력 인식과 존경심은 모두 남한청소년에 비해 높다. 다양한 사회적 경험이 부족한 북한청소년에게 사회체제의 원리와 규범, 지식과 행동의 근본을 가르쳐 주는 교사의 역할은 학교 외 학원, 인터넷, 매체 등을 통한 경험으로도 비공식적 · 공식적 교육을 받고 있는 남한청소년들에게 교사가 가지는 역할과는 차원이 다르기 때문이다. 또한 최근 남한 사회에서 교사들의 비리와 부패, 무능력, 교사와 학생 간의 문제 등으로 교사에 대한 신뢰가 예전에 비해 떨어지는 경향이 있어 그런 모습을 가장 가까이에서 지켜본 남한청소년들의 교사에 대한 존경심이 다소 약화되었을 가능성이 있다. 즉, 북한이탈청소년들이 남한청소년들에 비해 교사들의 입지와 역할을 높게 평가하고 좋은 이미지를 더 많이 심어 줄 수 있는 경험을 더 많이 했으며, 상대적으로 남한청소년들은 그 반대의 경험을 했을 것이라 예상해 볼 수 있다.

대상에 대한 권력 인식 수준과 존경심의 수준이 일치하는 정도는 북한청소년의 경우가 남한청소년에 비해 더 높다. 즉, 북한이탈청소년들은 사회적으로 힘이 있다고 느끼는 대상에 대체로 그에 합당한 존경심을 보이는 반면, 남한청소년들은 사회적으로 힘이 있는 대상과 그들에게 보이는 존경심이 상대적으로 거리가 있음을 알 수 있었다. 사회적으로 힘이 있다 하더라도 그것과 상관없이 실제로 자신에게 존경받을 만한 업적과 자질, 인격을 보여 주었는지에 대한 냉철한 판단이 뒷받침되었을 때 무조건적인 복종이나 순응이 아니라 성숙한 주인의식과 책임감, 그리고 자발적 협조를 이끌어 낼 수 있다. 이 점에서 본다면 남북한 청소년의 비판적 사고능력의 차이에 기인한 결과라 추측할 수 있다. 하지만 특정한 대상이 가지고 있는 권력의 정도가 두 사회에서 실제로 엄연히 다르기도 하고, 그들이 보여 주는 능력과 자질, 업적 등도 상이할 수 있다는 점에서 권력 인식 수준과 존경심의 수준이 일치하는 정도에 대한 결과를 일방적으로 비교하긴 어렵다. 그럼에도 불구하고 두 집단 청소년 모두에게서 실제로 대상에 대한 권력 인식과 존경심의 수준 간에 괴리가 존재할 수 있다는 점은 분명히 확인할 수 있다. 민주사회의 발전을 위해서는 서로 합의를 통해 이끌어 내는 상호적 권위의 발달이 중요한 의미를 가진다는 점을 이해할 필요가 있고, 이를 위해 북한이탈청소년과 남한청소년 모두

가 자율적인 판단과 사고력을 우선적으로 길러 나가야 할 것이라 본다(Laupa & Turiel, 1986; Smetana, 1988; Youniss & Smollarm, 1985).

이상에서 북한이탈청소년의 도덕성 및 법의식, 권위 인식에 대해 살펴보았다. 법추론의 발달에 대한 이론은 동시에 일어나는 다양한 단계의 추론이 변증법적 과정을 통해 개인의 안정적이고 통합적 인지 발달을 이끌며 더 높은 수준의 추론으로 완성되는 것이라 설명한다(Levine, 1979; Tapp & Levine, 1977). 즉, 도덕 혹은 법과 관련된 다양한 상황에서 서로 다른 단계에 해당하는 추론들이 공존하면 다른 사람의 견해와 입장을 바라보고 이해할 기회를 많이 가지며 그러한 과정 속에 수준 높은 도덕성과 법의식이 형성된다. 다만 북한에서는 국가에서 주입하고자 하는 가치관에 위배되는 다른 견해와 입장을 전혀 수용하지 않는다. 북한이탈청소년은 그만큼 다양한 생각과 가치를 교류할 만한 의사소통의 기회를 가질 수 없었으며, 그에 따라 단순하고 획일적 사고의 형성으로 인해 도덕과 법에 대한 비판적이고 추상적 사고를 충분히 발달시키기에 어려움이 있었을 것이라 추측한다.

전반적으로 북한이탈청소년은 정의적 윤리보다는 인간관계, 책임, 상호의존성, 유대, 애착, 동정심, 사랑 등에 기반한 배려지향적 윤리가 더 발달되어 있다. 길리건과 애터누치(Gilligan & Attanucchi, 1988)는 도덕성을 정의지향적 도덕성과 배려지향적 도덕성으로 구분으로 구분하고, 정의지향적 도덕성에서는 보편성, 공정함, 의무감이 중시되는 반면 배려지향적 도덕성에는 인간관계, 책임, 상호의존성, 유대, 애착, 동정심, 사랑이 중시된다는 점을 주장하였다. 또한 정의와 배려의 문제가 함께 얽힌 도덕적 갈등 상황에서 청소년들은 정의, 합리성, 공정성보다 또래관계의 유지와 친밀함의 교류, 상호 간 동조 등에 초점을 맞출 가능성이 높으며, 그에 따라 청소년기에는 배려지향적 도덕성이 두드러지게 나타난다고 보았다(Eisenberg, Lennon, & Roth, 1983). 이 연구에서도 배려지향적 도덕성의 경향이 북한이탈청소년에게서 조금 더 강하게 나타났지만, 남한청소년에게서도 비슷한 경향이 나타났다. 개인은 처음에는 자신의 생존을 위해 자아에 대한 배려를 중시하다가 이후 다른 사람에 대한 애정과 책임의식의 발달로 자기희생과 타인의 대한 배려를 보이기 시작하고, 마지막으로는 자신의 요구와 타인의 요구의 균형을 맞추게 되는 단계로 도덕성을 발달시켜 간다(Giligan, 1982). 이러한 입장에서 본다면 타인에 대한 배려뿐 아니라 자신에 대한 배려와 타인에 대한 배려가 균형을 이루는 것이 진정한 도덕성의 발달이라고 할 수 있으며, 이를 위해서는 단순히 배려와 책임뿐 아니라 상호 간 권리와 이익의 조화를 추구하는 정의지향적 가치도 매우 중요하다. 즉, 정의지향적인 사고와 배려지향적인 사고가 상호보완적으로 발달되는 가운데 진정한 의미의 도덕적 성숙이 이루어질 수 있다고 볼 때, 북한이탈청소년들과 남한청소년이 보다 넓은 사회적 맥락 안에서 다양한 경험을 쌓으며 관계, 배려, 책임과 관련된 도덕성뿐 아니라 정의, 권리, 합리성, 공정성과 관련된 도덕성을 조화롭게 발달시켜 나갈 필요가 있다고 본다.

흥미롭고 희망적인 점은 북한이탈청소년들이 남한 사회에 적응하면서 북한 사회에서 습득하지 못한 도덕적 판단과 행위를 내면화하여 도덕성이 변화되고 발달된다는 점이다. 남한 사회에서 일상적 경험을 통해서 북한이탈청소년들은 북한 사회와 상이한 법적, 도덕적 환경 속에서 자신에게 기대되는 도덕적 행위를 할 수 있는 능력을 키운다. 교사나 부모가 가르치는 타율적 도덕성이 아니라 스스로 깨우쳐 자율적 도덕성을 발달시킨다는 점이 매우 놀라운 변화라고 하겠다. 자율적 도덕성은 도덕적 신념을 합당한 방식으로 표출하고, 자신의 신념을 고수하는 자신의 이유에 대해 성찰할 수 있는 능력을 의미한다. 북한이탈청소년들이 경험한 북한 사회의 양상, 즉 신체적, 언어적 폭력이 만연하고 거짓말이나 도둑질이 일상화되어 있는 사회에서 성장하면서 별다른 도덕적 정서를 키우지 못한 채 익숙해져 있었다. 그렇지만 남한 사회에서 허용되지 않는 부도덕한 행위라고 평가되는 사유를 수용하고 남한 사회에서 기대되는 정직성과 타인에 대한 배려심을 민감하게 받아들여 도덕적 감수성을 발달시킨 것이다. 특히 타인을 배려하는 것의 의미와 가치를 알게 되었으며, 자신에게서와 동일한 기준을 타인에게도 적용하는 정의를 배우게 되었다는 점은 대단히 희망적이다. 북한이탈청소년이 스스로 내면의 성찰을 통해서 사회화되지 못했던 도덕적 판단과 행위를 수용하여 더 높은 도덕 발달의 수준에 이를 수 있다는 점은 한국 사회에도 희망을 준다.

발달시기상 청소년기는 성인기에 비해서 감수성과 학습능력이 뛰어난 시기이다. 남한 사회에서 대학 진학 등 많은 기회를 통해 폐쇄된 북한 사회에서 학습하지 못했던 도덕성을 고양시킬 수 있을 것으로 기대할 수 있을 것이다. 미래에 대한 희망적 전망은 북한이탈청소년들에게 자기 스스로에게 그리고 타인과 사회에게 도덕적으로 살아야 하는 동기와 책임감을 부여할 것이며, 자기 스스로 삶을 계획하고 책임져야 한다는 자율적 주체로서 법과 같은 물리적 구속력이 없는 상황에서도 작동하는 윤리적 동력을 지닐 수 있을 것이다.

이 연구에서는 북한이탈청소년의 도덕성이나 법의식 발달 수준을 파악하기 위해 남한청소년과의 비교를 시도하였다. 남한청소년과의 비교는 이들의 발달 수준을 가늠할 수 있는 준거를 제공한다는 점에서 의의가 있다. 그러나 동시에 이 연구결과는 북한이탈청소년의 도덕성과 법의식, 권위 인식의 발달 과정을 이해하기 위해서는 이들의 경험을 좀 더 면밀히 파악할 필요가 있으며, 경험의 맥락에 주목할 필요가 있음을 시사한다. 이 연구에서는 집단 간의 차이를 비교하는 과정 속에 성별과 연령만을 함께 고려하였다. 하지만 이 연구결과에 포함하지 않았지만 실제로 북한이탈청소년의 개인 특성이라고 볼 수 있는 제3국 체류기간과 남한 거주기간 등을 변수로 하여 그들의 도덕성 및 법의식에 미치는 영향력을 살펴보았을 때 통계적 유의성이 발견되지 않았다. 질적 연구를 통해 살펴본 바에 따르면 탈북과정과 중국, 남한에서의 일상적 상호작용의 경험들이 누적되어 도덕성의 재사회화가 일어났다고 할 수 있는데 계량적 연구에서는 이러한 차이를 밝혀내지 못하였다. 추후 연구에서는 보다 대표성 있는 표본을 통하여 북한이탈 경험 및 남한에서의 적응과 관련한 변수들이 그들의 도덕성 및 법의식에 미친 영향력에 대해 다시 한 번 분석해 볼 필요가 있다. 더불어 이 연구결과에서 제시되었듯 왜 북한이탈청소년들의 도덕적 추론 수준이 낮으면서 동시에 친사회적 추론 수준은 높은지, 왜 이들의 법추론 수준이 상대적으로 낮음에도 불구하고 법의식 수준이 높은지를 보다 충분히 이해하기 위해서는 이들의 경험에 대한 충분한 질적 탐색이 뒷받침되어야 할 것이다.

이 연구는 몇 가지 제한점을 가진다. 앞에서도 언급하였듯이 이 연구의 결과는 119명이라는 많지 않은 수의 북한이탈청소년에 대한 자료를 분석한 것이며, 이들이 전체 북한이탈청소년을 대표하는 것은 아니다. 2011년 5월 기준으로 10~19세에 해당하는 북한이탈청소년들은 총 2,500명으로 전체 입국자의 약 12%를 차지한다. 가정환경 및 성장 배경, 북한에서의 학업, 탈북기간과 경험, 남한입국 후 적응 양상 등이 매우 상이한 북한이탈청소년의 특성을 119명으로 일반화하기에 부족하다. 특히 이 연구에서 연구대상 청소년이 재학 중이었던 대안학교 및 특성화학교의 교육철학과 교과과정 등 학교 특성이 그들의 도덕성 및 법의식에 특별히 영향을 미쳤을 가능성이 있다. 또한 설문에 참여한 북한이탈청소년의 경우 모두 중도탈락하지 않고 현재 학교 교육을 정상적으로 받고 있으며 남한 사회에서 대체로 잘 적응하는 학생들이라는 점에서 이들과 다른 조건에 있는 북한이탈청소년은 또 다른 모습을 보일 수도 있을 것이라 예상할 수 있다. 뿐만 아니라 설문지를 사용한 연구의 경우 긍정적이고 바람직한 방향으로 응답하려는 응답자의 의식적 혹은 방어적 태도가 결과에 반영될 수 있으며, 북한이탈청소년은 북한 사회에서 받은 교육의 영향으로 정답을 말하고자 하는 경향성이 더욱 크게 나타났을 수도 있다는 점에서 연구결과에 대한 성급한 일반화에 주의를 요한다.

또한 이 연구에서 도덕성과 친사회성, 법의식 등을 측정하기 위해 사용된 도구는 북한이탈청소년만을 대상으로 개발된 것이 아니다. 즉, 서구나 남한에서 개발된 측정도구였다는 점에서 북한이탈청소년의 특수성을 반영하지 못한 한계가 있을 것이다. 추후 연구를 통해 북한이탈청소년의 경험과 특성에 적합하며, 그들의 발달양상을 보다 객관적으로 측정해 줄 수 있는 타당하고 표준화된 도구들을 개발할 필요가 있다.

마지막으로 도덕성과 법의식의 발달은 궁극적으로 개인이 가지고 있는 도덕성과 법의식이 행동으로 실천되는 목적성을 띤다. 그리고 도덕적 사고와 정서가 행동과 분리될 때 그것을 진정한 의미의 도덕성이라 말할 수 없으며, 법의식에 있어서도 마찬가지이다. 이 연구는 도덕성과 법의식의 인지, 정서, 행동 세 가지 요소가 모두 균형과 조화를 이루며 발달해야 한다는 필요성을 인식하고 있음에도 불구하고, 방법론적 한계로 인해 북한이탈청소년과 남한청소년의 도덕 행동과 법 행동에는 접근하지 못했다. 앞으로는 도덕적 사고와 정서, 법적 사고와 정서가 실제로 그들의 일상 속에서 도덕 행동 및 법 행동으로 어떻게 연결되고 드러나는지 구체적으로 살펴볼 필요가 있다. 하지만 무엇보다 자연스러운 상황 속에서의 행동을 측정할 연구방법에 대한 심도 있는 논의가 이루어져야 할 것이다.

이러한 제한점에도 불구하고 이 연구는 북한이탈청소년과 남한청소년 사이에 존재하는 도덕성 및 법의식 발달의 유사성과 차이를 밝혔으며, 상호 간 이해 증진에 대한 중요한 시사점을 제공했다는 의의가 있다. 나아가 이 연구 결과는 도덕성 및 법의식과 관련한 북한이탈청소년의 강점을 발견하여 그들이 남한에서 스스로 긍정적 적응을 이루며 진정한 의미에서 자율적 도덕성을 갖춘, 건전한 준법정신을 가진 민주시민이 될 수 있도록 돕는 교육적, 정책적 지원 방법을 모색하는 데 기초 자료로 활용될 수 있다.

참고문헌

강성록(2000). 탈북자의 외상척도 개발연구. 연세대학교 대학원 석사학위논문.

곽덕주(2006). 한국의 공동체주의적 문화에서 도덕교육의 목표로서 자율적 도덕성이 갖는 의미. 교육철학, 36, 155-170.

곽한영(2007). 법교육이 청소년의 법의식에 미치는 영향에 관한 연구: 여자 비행청소년을 중심으로. 서울대학교 대학원 박사학위청구논문.

교육인적자원부(2003). 초등학교 도덕 교육과정 운영자료.

길은배(2005). 남북한 청소년의 사회문화적 동질성 증진 방안. 한국청소년개발원.

김안중, 박천환, 신재철, 조난심(1982). 한국 아동의 도덕성 발달에 관한 연구. 한국교육개발원.

김윤영(2002). 탈북 아동들의 남한학교 생활과 정체성. 한양대학교 대학원 석사학위논문.

김준호(1996). 법의식과 비행의 관계. 형사정책연구원.

김준호(2007). 법에 대한 태도와 비행. 형사정책연구, 18(3), 887-908.

김진섭(2004). 탈북아동의 남한사회에서의 초기 적응 연구. 연세대학교 교육대학원 석사학위논문.

도홍렬(1994). 남북한 청소년의 생활과 문화. 청소년학연구, 2(1), 145-160.

독고순(1999). 비교문화적 관점에서의 탈북 주민 적응 연구. 연세대학교 대학원 박사학위논문.

문용린(1986). 도덕판단력 검사지(DIT). 서울대학교 도덕심리연구실.

문용린(2004). 도덕판단력 검사지(KDIT). 서울대학교 도덕심리연구실.

문용린, 김민강, 이지혜, 원현주(2008). 한국인의 도덕판단력 발달에 관한 비교연구. 교육심리연구, 22(1), 281-299.

민성길, 전우택(1997). 북한 청소년에 대한 이해. 통일연구, 1, 141-173.
민성길, 전우택, 윤덕룡(1999). 북한 청소년의 생활과 발달에 대한 연구. 신경정신의학, 38(5), 1047-1062.
박병기, 추병완(1996). 윤리학과 도덕교육1. 서울: 인간사랑.
변용권, 이종흔(2005). 남북한 통합 도덕과교육론. 부산대학교출판부.
서미옥(2005). 4구성요소 모델을 중심으로 살펴본 도덕발달 연구의 지향점. 중등교육연구, 53(2), 159-182.
서울신문, 2013년 8월 12일 자. 北 '유일사상 10대 원칙' 첫 개정… 세습 정당성 강조.
안경환, 문용린, 황경식, 이순형(1995). 아동과 청소년의 법의식 조사: 법인지, 법정서와 법 수행 간의 관련성을 중심으로. 인간발달학회지, 2(1), 165-184.
양계민, 황순택(2008). 입국초기 북한이탈주민 청소년들의 심리적 건강상태에 관한 탐색적 연구. 한국청소년연구, 19(2), 333-358.
양정훈(2005). 북한(사회)폭력성이 새터민의 남한사회 적응에 미치는 영향. 한국정책과학학회보, 9(4), 607-630.
엄경남(2001). 북한이탈청소년의 남한사회 적응에 관한 연구. 서울여자대학교 대학원 석사학위논문.
오기성, 김미선, 신은섭(2010). 북한이탈주민 청소년, 현명한 민주시민으로 거듭나기. 서울: 학지사.
옥일남(2011). 북한 중등학교 사회과 교과서에 나타난 내용 연구. 시민교육연구, 43(2), 91-120.
윤성아(2004). 북한이탈청소년의 적응을 위한 교육실태 및 문제해결 방안. 연세대학교 교육대학원 석사학위논문.
윤인진(1999). 탈북자의 남한사회 적응실태와 정착지원의 새로운 접근. 한국사회학, 33, 511-549.
이기영(2001). 북한이탈청소년의 남한사회 부적응문제 유형분석. 서울: 청소년개발원.
이순형(1999). 북한의 주체사상 사회화 정책의 원리와 한계. 교육학연구, 120-136.
이순형, 김창대, 진미정(2009). 탈북민의 가족 해체와 재구성. 서울: 서울대학교출판문화원.
이순형, 김창대, 진미정(2011). 탈북인의 공사적 관계와 의사소통. 서울: 서울대학교출판문화원.

이순형, 이기춘, 이기영, 이은영, 김대년, 박영숙, 최연실(1999). 북한의 아동 양육 실태 및 관련 변수. 아동학회지, 20(4), 43-59.

이순형, 조수철, 김창대, 진미정(2007). 탈북 가족의 적응과 심리적 통합. 서울: 서울대학교출판부.

이옥경, 이순형(1996). 과제의 부담과 종류에 따른 아동의 친사회적 도덕추론과 친사회적 행동. 아동학회지, 17권 1호, 275-288.

이옥경, 이순형(2003). 유아와 아동의 과제특성지각과 친사회적 도덕추론 및 친사회적 의사결정. 아동학회지, 24권 2호, 15-34.

이옥형(2009). 중학생의 맥락적 도덕성에 관한 검증적 연구. 청소년학연구, 16(1), 23-49.

이혜영, 이순형(2007). 북한이탈주민 아동과 남한 아동의 친사회성과 대인폭력에 대한 도덕추론과 도덕판단. 대한가정학회지, 45(3), 71-86.

이효범, 최현호(2000). 북한 교과서 분석을 통한 청소년 가치관 연구: 고등중학교 공산주의 도덕 3, 4학년 중심으로. 북한연구학회보, 4(2), 235-267.

임석진 외(2009). 철학사전. 개정증보판. 도서출판 중원문화.

임희섭(1974). 한국인의 법의식에 대한 사회학적 연구. 서울대학교 법학, 15(1), 33-81.

전우택(2000). 탈북자들의 남한사회 적응과 심리갈등에 대한 이해. 남북한의 심리적 통합. 한국심리학회지. 한국심리학회 춘계심포지엄.

전우택, 민성길(1996). 탈북자들의 심리와 적응상의 문제: 탈북자의 삶 문제와 대책. 서울: 오름.

전익수(2001). 북한이탈청소년 초기 정착지원방안에 관한 연구. 경남대학교 북한대학원 석사학위논문.

정수현(2002). 탈북 청소년의 사회관계망의 연구. 가톨릭대학교 대학원 석사학위논문.

진미정, 이순형, 김창대(2009). 탈북자의 사회관계망과 사회적 자본. 학지사.

천대윤(2011). 공정사회와 도덕성: 샌델(Sandel)의 도덕성 사상을 중심으로. 한국행정학회 하계학술대회 발표문.

최현호(2000). 도덕과 교육론. 한국도덕과학교육회. 서울: 교육과학사.

통일부(2011). 북한이탈주민 입국인원 현황.

한만길, 현주, 김창환, 오기성(1999). 북한이탈주민의 남한 교육 적응연구. 한국교육개발원.

한상훈(2008). 새터민 학생의 적응 교육. 서울특별시교육연수원. 2008 초등맞춤식 직무연수–새터민 학생의 학교생활 적응 교육.

Akers, R. L. (1977). *Deviant Behavior: A Social Learning Approach*. Belmont, CA: Wadsworth.

Bandura, A. (1969a). *Principles of Behavior Modification*. New York: Holt, Rinehart & Winston.

Bandura, A. (1969b). Social–Learning Theory Identificatory Processes. In D. A. Goslin (Ed.), *Handbook of Socialization Theory and Research*. Chicago: Rand McNally, 213–262.

Bandura, A. (1989). Social Cognitive Theory. In E. Barnouw (Ed.), *International Encyclopedia of Communications*, Vol. 4. New York: Oxford University Press, 92–96.

Baumeister, R. F., A. M. Stillwell, and T. F. Heartherton (1994). Guilt: An Interpersonal Approach. *Psychological Bulletin*, 115, 243–267.

Carter, A. (1979). *Authority and Democracy*. London: Routledge and Kagan Paul.

Cohn, E. S. and S. O. White (1990). *Legal Socialization: A Study of Norms and Rules*. New York: Springer–Verlag.

Copeland, J. T. (1994). Prophecies of Power: Motivational Implications of Social Power for Behavioral Confirmation. *Journal of Personality and Social Psychology*, 67(2), 264–277.

Davis, M. H. (1980). A Multidimensional Approach to Individual Differences in Empathy. *JSAS Catalog of Selected Documents in Psychology*, 10, 85.

Davis, M. H. (1983). A Measuring Individual Differences in Empathy: Evidence for a Multidimensional Approach. *Journal of Personality and Social Psychology*, 44(1), 113–126.

De George, R, T. (1985). *The Nature and Limits of Authority*. Lawrence, KS:

University Press of Kansas.

De Jouvenel, B. (1957). *Sovereignty: An Inquiry into the Political Good*. Chicago: University of Chicago Press.

Demon, W. (1977). *The Social World of the Child*. Cambridge, MA: Harvard University Press.

Depret, E. F. and S. T. Fiske (1993). Social Cognition and Power: Some Cognitive Consequence of Social Structure as a Source of Control Deprivation. In G. Weary, F. Gleicher, and K. Marsh (Eds.), *Control Motivation and Social Cognition*. New York. Springer-Verlag, 176-202.

Eisenberg, N. (1982). *The Development of Prosocial Behaviour*. New York: Academic Press.

Eisenberg, N. (1986). *Altruistic Cognition, Emotion, and Behavior*. Hillsdale, NJ: Erlbaum.

Eisenberg, N. (2000). Emotion, Regulation and Moral Development. *Annual Review Psychology*, 51, 665-697.

Eisenberg, N. and R. A. Fabes (1991). Prosocial Behaviour and Empathy: A Multi Method, Developmental Perspective. *Reviews of Personal and Social Psychology*, 21, 34-61.

Eisenberg, N., R. Lennon, and K. Roth (1983). Prosocial Development: A Longitudinal Study. *Developmental Psychology*, 19, 846-855.

Eisenberg, N. and P. A. Miller (1987). The Relation of Empathy to Prosocial and Related Behavior. *Psychological Bulletin*, 101, 91-119.

Eisenberg, N., P. A. Miller, R. Shell, S. MaNally, and C. Shea (1991). Prosocial Development in Adolescence: A Longitudinal Study. *Developmental Psychology*, 27, 849-857.

Eisenberg-Berg, N. (1979a). Development of Children's Prosocial Moral Judgement. *Development Psychology*, 15(2), 128-137.

Eisenberg-Berg, N. (1979b). Relationship of Prosocial Moral Reasoning to Altruism, Political Liberalism, and Intelligence. *Developmental Psychology*, 15,

87–89.

Eisenberg–Berg, N. and M. Hand (1979). The Relationship of Preschoolers' Reasoning about Prosocial Moral Conflicts to Prosocial Behavior. *Child Development*, 50, 356–363.

Elmer, M. and S. Reicher (1987). Orientations to Institutional Authority in Adolescence. *Journal of Moral Education*, 16, 108–116.

Erickson, E. H. (1968). *Identity: Youth and Crisis*. New York: Norton.

Erickson, E. H. (1971). Autonomy v. Shame and Doubt. In H. Morris (Ed.), *Guilt and Shame*. Belmont: Wadsworth Publishing Company, 155–158.

Etizioni, A. (2005). The Fair Society. In N. Garfinkel and D. Yankelovich (Eds.), *Uniting America: Restoring the Vial Center to American Democracy*. Yale University Press.

French, J. R. P. Jr. and B. H. Raven (1959). The Bases of Social Power. In D. Cartwright (Ed.), *Studies in Social Power*. Ann Arbor, MI: Institute for Social Research, 150–167.

Freud, S. (1955). Notes upon a Case of Obsessional Neurosis. In J. Strachey (Ed. & Trans.), *The Standard Edition of the Complete Psychological Works of Sigmund Freud*, Vol. 10. London: Hogarth Press (original work published 1909), 151–318.

Freud, S. (1961). The Ego and Id. In J. Strachey (Ed. & Trans.), *The Standard Edition of the Complete Psychological Works of Sigmund Freud*, Vol. 19. London: Hogarth Press (original work published 1930), 3–66.

Friedman, L. M. (1977). *Law and Society: An Introduction* [박남규 역(1984). 법과 사회. 서울: 법문사].

Fukuyama, F. (1995). *Trust: The Social Wirtues and the Creation of Prosperity*. New York: Free Press.

Gillbert, P. and J. N. V. Miles (2000). Sensitivity to Put–Down: It's Relationship to Perceptions of Social Rank, Shame, Social Anxiety, Depression, Anger and Self–Other Blame. *Personality and Individual Differences*, 29, 757–774.

Gilligan, C. (1982). *In a Different Voice: Psychological Theory and Woman's Development*. Cambridge, MA: Harvard University Press.

Gilligan, C. and J. Attanucci (1988). Two Moral Orientations: Gender Differences and Similarities. *Merill-Palmer Quarterly*, 34(3), 223-237.

Halsey, A. H. (1977). Authority, Bureaucracy, and the Education Debate. *Oxford Review of Education*, 3(3), 217-233.

Harder, D. W., L. Cutler, and L. Rockart (1992). Assessment of Shame and Guilt and Their Relationships to Psychopathology. *Journal of Personality Assessment*, 59, 584-604.

Harder, D. W. and A. Zalma (1990). Two Promising Shame and Guilt Scales: A Construct Validity Comparison. *Journal of Personality Assessment*, 55, 729-745.

Hoffman, M. L. (1976). Empathy, Role-Taking, Guilt, and Development of Altruistic Motives. In T. Lickona (Ed.), *Moral Development and Behavior: Theory, Research and Social Issues*. New York: Holt, Rinehart, & Wilston.

Hoffman, M. L. (1977a). Changes in Family Roles, Socialization, and Sex Difference. *American Psychologist*, 32, 644-657.

Hoffman, M. L. (1977b). Sex Difference in Empathy and Related Behaviors. *Psycholgical Bulletin*, 84, 712-722.

Hoffman, M. L. (1982). Development of Prosocial Motivations: Empathy and Guilt. In N. Eisenberg (Ed.), *The Development of Prosocial Behavior*. New York: Academic Press, 218-231.

Hoffman, M. L. (2000). *Empathy and Moral Development: Implications for Caring and Justice*. New York: Cambridge University Press.

Hornstein, F. (1976). *Trust: The Social Virtue and the Creation of Property*. New York: Free Press.

Johnson, J. A., R. Hogan, A. B. Zonderman, C. Callens, and S. Rogolsky (1981). Moral Judgment, Personality, and Attitudes toward Authority. *Journal of Personality and Social Psychology*, 40, 370-373.

Kant, I. (1907). *Metaphysik der Sitten*. Königlich Preußischen Akademie (hrsg.), Bd. VI, Berlin.

Kohlberg, L. (1969). Stage and Sequence: The Cognitive-Developmental Approach to Socialization. In D. A. Goslin (Ed.), *Handbook of Socialization Theory and Research*. Chicago: Land Mcnally, 383-482.

Kohlberg, L. (1978). The Cognitive Developmental Approach to Behavior Disorder: A Study of Development of Moral Reasoning in Delinquents. In G. Serban (Ed.), *Cognitive Defects in the Development of Mental Illness*. New York: Brunner/Mazel.

Krebs, D. (1975). Empathy and Altruism. *J. of Personality and Social Psychology*, 32-6, 1134-1146.

Lapsley, D. K., M. E. Harwell, L. M. Olsen, D. Flannery, and S. H. Quentana (1984). Moral Judgement, Personality and Attitude to Authority in Early and Late Adolescence. *Journal of Youth and Adolescence*, 13, 527-530.

Laupa, M. and E. Turiel (1986). Children's Conceptions of Adults and Peer Authority. *Child Development*, 57, 405-412.

Leith, K. P. and R. F. Baumeister (1998). Empathy, Shame, Guilt, and in Traumatic Events: A Clinical Model of Shame-Based and Guilt-Based PTSD. *British Journal of Medical Psychology*, 74, 451-466.

Levine, F. J. (1979). The Legal Reasoning of Youth: Dimensions and Correlates. Doctoral Dissertation. University of Chicago.

Levine F. J., and J. L. Tapp (1977). The Dialectic of Legal Socialization in Community and School. In J. L. Tapp and F. K. Levine (Eds.), *Law, Justice and the Individual in Society: Psychological and Legal Issues*. New York: Holt, Rinehart & Winston, 163-182.

Levy, K. S. (2001). The Relationship between Adolescent Attitudes towards Authority, Self-Concept, and Delinquency. *Adolescence*, 36, 333-346.

Lewis, H. B. (1971). *Shame and Guilt in Neurosis*. New York: International Universities Press.

Lewis, H. B. (1987). *The Rule of Shame in Symptom Formation*. Hilsdale: Lawerence Erlbaum Associates.

Lewis, M. (1992). *Shame: The Exposed Self*. New York: Free Press.

Lindsay-Hartz, J., J. De Rivera, and M. F. Mascolo (1995). Differentiating Guilt and Shame and Their Effects on Motivation. *Self-Conscious Emotion: The Psychology of Shame, Guilt, Embarrassment, and Pride*. New York: The Guildford Press.

Mahler, M. S. (1975). *The Psychological Birth of the Buman Infant*. New York: Basic.

Mead, G. H. (1934). *Mind, Self and Society*. Chicago: University of Chicago Press.

Mehrabian, A. and N. Epstein (1972). A Measure of Emotional Empathy. *Journal of Personality*, 40, 525-543.

Murray, C. and F. Thompson (1985). The Representation of Authority: An Adolescent Viewpoint. *Journal of Adolescence*, 8, 217-229.

Peters, R. S. (1966). *Authority, Responsibility, and Education*. New York: Atherton Press.

Peterson, C. (2006). *A Primer in Positive Psychology*. Oxford: Oxford University Press.

Piaget, J. (1932). *The Moral Judgement of the Child*. New York: Free Press.

Piaget, J. (1936). *The Origins of Intelligence in Children*. New York: W. W. Norton & Company.

Piaget, J. (1954). *The Construction of Reality in the Child*. New York: Basic Books.

Piaget, J. (1970). *The Science of Education and the Psychology of the Child*. New York: Grossman.

Raz, J. (1990). Introduction. In Joseph Raz (Ed.), *Authority*. Oxford: Basil Blackwell.

Rehbinder, M. (1977). *Rechtssoziologie*. Berlin: Walter de Gruyter [이영희 외 역 (1984). 법사회학. 서울: 법문사].

Rest, J. R. (1972). *Defining Issues Test*. Minneapolis: Moral Research Projects.

Rest, J. R. (1983). Morality. J. H. Flavell and E. M. Markman (Eds.), *Handbook of Child Psychology: Cognitive Development*, Vol. 3. New York: John Willy & Sons.

Rest, J. R. (1986). *Moral Development: Advances in Research and Theory*. New York: Praeger Press.

Ridby, K. and A. T. Densley (1985). Religiosity and Attitudes towards Authority among Adolescents. *Journal of Social Psychology*, 125, 723–728.

Ridby, K. and E. E. Rump (1981). Attitudes towards Parents and Institutional Authority during Adolescence. *Journal of Psychology*, 109, 109–118.

Ridby, K., P. Scholfield, and P. T. Slee (1987). The Similarity of Attitudes towards Personal and Impersonal Types of Authority among Adolescent Schoolchildren. *Journal of Adolescence*, 10, 241–253.

Sandel, M. (2005). Markets, Morals, and Civic Life. *Bullentin of the American Academy of Arts and Sciences*, 6–11.

Schulman, M. and E. Mekler (1985). *Bringing up a Moral Child: A New Approach for Teaching Your Child to Be Kind, Just, and Responsible*. Reading, MA: Addison–Wesley.

Selman, R. L. (1975). Level of Social Perspective Taking and the Development of Empathy in Children: Speculations from a Social–Cognitive Viewpoint. *Journal of Moral Education*, 5(1), 35–43.

Smetana, J. G. (1988). Adolescents' and Parents' Conceptions of Parental Authority. *Child Development*, 59, 321–325.

Smetana, J. G. (1990). Morality and Conduct Disorders. In L. Lewis and S. M. Miller (Eds.), *Handbook of Developmental Psychopathology*. New York: Plenum, 157–179.

Smetana, J. G. and P. Asquith (1994). Adolescents' and Parents' Conceptions of Parental Authority and Personal Autonomy. *Child Development*, 65, 1147–1162.

Smetana, J. G. and B. Bitz, (1996). Adolescents' Conceptions of Teachers'

Authority and Their Relations to Rule Violations in School. *Child Development*, 67, 1153–1172.

Staub, E. and L. Sherk (1970). Need for Approval, Children's Sharing Behavior, and Reciprocity in Sharing. *Child Development*, 41, 249–253.

Sullivan, H. S. (1953). *The Interpersonal Theory of Psychiatry*. New York: W. W. Norton.

Sutherland, E. H. (1939). *Principles of Criminology*, Third Edition. Philadelphia: J. B. Lippincott.

Tangney, J. P. (1991). Moral Affect: The Good, the Bad, and the Ugly. *Journal of Personality and Social Psychology*, 61, 598–607.

Tangney, J. P. (1992). Situational Determinant of Shame and Guilt in Young Adulthood. *Personality and Social Psychology Bulletin*, 18, 199–206.

Tangney, J. P. (1993). Shame and Guilt. In C. G. Costello (Ed.), *Symptoms of Depression*. New York: Wiley, 161–180.

Tangney, J. P. (1995). Shame and Guilt in Interpersonal Relationships. In J. P. Tangney and K. W. Fischer (Eds.), *Self-Conscious Emotions: The Psychology of Shame, Guilt, Embarrassment, and Pride*. New York: Guilford Press, 114–139.

Tangney, J. P. (1996). Conceptual and Methodological Issues in the Assessment of Shame and Guilt. *Behaviour Research and Therapy*, 34, 741–754.

Tangney, J. P. and R. L. Dearing (2002). *Shame and Guilt*. New York: The Guilford Press.

Tangney, J. P. and K. W. Fischer (Eds.) (1995). *Self-Conscious Emotions: The Psychology of Shame, Guilt, Embarrassment, and Pride*. New York: Guilford Press.

Tangney, J. P., P. Wagner, C. Fletcher, and R. Gramzow (1992). Shame into Anger? The Relation of Shame and Guilt to Anger and Self-Reported Aggression. *Journal of Personality and Social Psychology*, 62, 669–675.

Tangney, J. P., P. Wagner, J. Gavlas, and R. Gramzow (1991). *The Test of Self-Conscious Affect for Adolescents (TOSCA-A)*. Fairfax, VA: George Mason

University.

Tangney, J. P., P. Wagner, and R. Gramzow (1989). *The Test of Self-Conscious Affect (TOSCA)*. George Mason University.

Tangney, J. P., P. Wagner, and R. Gramzow (1992). Proneness to Shame, Proneness to Guilt, and Psychopathology. *Journal of Abnormal Psychology*, 101, 469–478.

Tapp, J. L. and L. Kohlberg (1977). Developing Senses of Law and Legal Justice. In J. L. Tapp and F. J. Levine (Eds.), *Law, Justice and the Individual in Society*. New York: Holt, Rinehart & Winston, 163–182.

Tapp, J. L. and F. J. Levine (1974). Legal Socialization: Strategies for an Ethical Legality. *Stanford Law Review*, 27, 1–72.

Tapp, J. L. and F. J. Levine (1977). *Law, Justice and the Individual in Society: Psychological and Legal Issues*. New York: Holt, Rinehart & Winston.

Tisak, M. S. (1986). Children's Conceptions of Parental Authority. *Child Development*, 57, 166–176.

Turiel, E. (1980). *Moral Development and Socialization*. Boston: Allyn and Bacon, Inc.

Weber, M. (1947). *Theory of Economic and Social Organization* (Talcot Parsons, Ed.). London: Hodge.

Wild, J. (1974). Authority. In F. J. Adelman (Ed.), *Authority*. The Hague: Martinus Nijhoff.

Williams, B. (1985). *Ethics and the Limits of Philosophy*. Cambridge, MA: Harvard University Press.

Youniss, J. (1978). The Nature of Social Development: A Conceptual Discussion of Cognition. In H. McGurk (Ed.). *Issues in Childhood Social Development*. London: Methuem, 203–227.

Youniss, J. and J. Smollarm (1985). *Adolescents' Relations with Mothers, Fathers, and Friends*. Chicago: University of Chicago Press.

부록

양적 연구 설문지

Ⅰ. 다음은 개인적인 특성에 대한 간략한 질문입니다. 이 연구에서는 이 정보를 개별적으로 사용하지 않을 것이며, 연구결과를 대상자들의 특성에 따라 분류하고 해석하기 위한 목적으로만 사용할 예정입니다. 아래의 내용을 잘 읽고 해당하는 곳의 번호에 V표를 하거나 괄호 안에 내용을 적어 주세요.

▣ 북한이탈 학생용

1. 성별	① 남 ② 여
2. 나이	만 ( )세
3. 학년	① 초등학교(학년) ② 중학교(학년) ③ 고등학교(학년) ④ 검정고시 준비(중입/고입/대입 중 체크해 주세요) ⑤ 기타( )
4. 교육기관	※현재 어느 교육기관에 다니고 있나요? ① 국공립학교(학교명:__________) ② 대안학교(기관명:__________) ③ 어느 곳도 다니지 않음 ④ 기타( )
5. 북한에서의 교육	※북한에서 나오기 직전, 어느 학교에 다니고 있었나요? 학년도 적어 주세요. ① 인민학교(학년) ② 고등중학교(학년) ③ 어느 곳도 다닌 적 없음
6. 종교	※현재 종교가 있다면, 무엇인가요? ① 기독교 ② 불교 ③ 천주교 ④ 유교 ⑤ 없음 ⑥ 기타( )
7. 북한에서의 종교	※혹시 북한에 있을 당시 종교가 있었다면, 무엇이었나요? ① 기독교 ② 불교 ③ 천주교 ④ 유교 ⑤ 없었음 ⑥ 기타( )
8. 가족관계	※현재 한국에서 함께 살고 있는 가족을 모두 적어 주세요. 형제자매가 1명 이상이라면, 명수도 적어 주세요. (예: 아버지, 어머니, 형 2명, 여동생 1명, 할머니 등) ____________________
9. 북한 거주 가족	※북한에 남아 있는 가족을 모두 적어 주세요. ____________________
10. 부모님 학력	※아래 보기 중 부모님의 최종 학력에 해당되는 것을 각각 선택해 주세요. 부모님이 안 계신 경우는 적지 않으셔도 됩니다. 1) 아버지( ) 2) 어머니( ) ① 인민학교 졸업 ② 고등중학교 졸업 ③ 대학교 졸업 ④ 대학원 졸업 ⑤ 기타( )

11. 부모님 직업	※아래 보기 중 현재 부모님의 직업에 해당되는 것을 각각 선택해 주세요. 부모님이 안 계신 경우는 적지 않으셔도 됩니다. 1) 아버지(　　　)　　　2) 어머니(　　　) ① 무직(주부, 퇴직자, 실업자 등) ② 노동직(파출부, 청소원, 노무직, 수위, 점원 등) ③ 기술직(요리사, 미용사, 기술자 등) ④ 자영업(서비스업, 개인택시, 판매업자 등) ⑤ 사무직(회사원, 은행원, 공무원, 경찰, 직업군인 등) ⑥ 전문 기술직(건축사, 엔지니어, 간호사 등) ⑦ 관리직(회사의 부장급, 정부의 국장급, 고급공무원, 중소기업 사장 등) ⑧ 전문직(약사, 의사, 판검사, 회계사, 교사, 언론인, 교수 등)
12. 북한에서의 부모님 직업	※북한에 있을 당시 부모님의 직업은 무엇이었나요? 자세히 적어 주세요. 1) 아버지 ______________________ 2) 어머니 ______________________
13. 가족의 수입	※현재 함께 살고 있는 가족들의 수입을 모두 합하면 어느 정도인가요? ① 월 100만 원 미만 ② 월 100만 원 이상~200만 원 미만 ③ 월 200만 원 이상~300만 원 미만 ④ 월 300만 원 이상~400만 원 미만 ⑤ 월 400만 원 이상~500만 원 미만 ⑥ 월 500만 원 이상
14. 남한 입국 시기	_____년 _____월
15. 입국 전 체류국가	※남한에 입국하기 전 머물렀던 국가들의 이름을 모두 적어 주세요. 그곳에 머물렀던 기간도 각각 적어 주세요. (예: 중국 10개월, 러시아 2개월) ______________________________

■ 남한 학생용

1. 성별	① 남　② 여
2. 나이	만 (　　)세
3. 학년	① 초등학교(　학년) ② 중학교(　학년) ③ 고등학교(　학년) ④ 검정고시 준비(중입/고입/대입 중 체크해 주세요) ⑤ 기타(　　　)
4. 교육기관	※현재 어느 교육기관에 다니고 있나요? ① 국공립학교(학교명:__________) ② 대안학교(기관명:__________) ③ 어느 곳도 다니지 않음 ④ 기타(　　　　)

5. 종교	※현재 종교가 있다면, 무엇인가요? ① 기독교 ② 불교 ③ 천주교 ④ 유교 ⑤ 없음 ⑥ 기타(　　　　)
6. 가족관계	※현재 한국에서 함께 살고 있는 가족을 모두 적어 주세요. 형제자매가 1명 이상이라면, 명수도 적어 주세요. (예: 아버지, 어머니, 형 2명, 여동생 1명, 할머니 등) ______________________________
7. 부모님 학력	※아래 보기 중 부모님의 최종 학력에 해당되는 것을 각각 선택해 주세요. 1) 아버지(　　　) 2) 어머니(　　　) ① 초등학교 졸업 ② 중학교 졸업 ③ 고등학교 졸업 ④ 대학교 졸업 ⑤ 대학원 졸업 ⑥ 기타(　　　　)
8. 부모님 직업	※아래 보기 중 현재 부모님의 직업에 해당되는 것을 각각 선택해 주세요. 1) 아버지(　　　) 2) 어머니(　　　) ① 무직(주부, 퇴직자, 실업자 등) ② 노동직(파출부, 청소원, 노무직, 수위, 점원 등) ③ 기술직(요리사, 미용사, 기술자 등) ④ 자영업(서비스업, 개인택시, 판매업자 등) ⑤ 사무직(회사원, 은행원, 공무원, 경찰, 직업군인 등) ⑥ 전문 기술직(건축사, 엔지니어, 간호사 등) ⑦ 관리직(회사의 부장급, 정부의 국장급, 고급공무원, 중소기업 사장 등) ⑧ 전문직(약사, 의사, 판검사, 회계사, 교사, 언론인, 교수 등)
9. 가족의 수입	※현재 함께 살고 있는 가족들의 수입을 모두 합하면 어느 정도인가요? ① 월 100만 원 미만 ② 월 100만 원 이상~200만 원 미만 ③ 월 200만 원 이상~300만 원 미만 ④ 월 300만 원 이상~400만 원 미만 ⑤ 월 400만 원 이상~500만 원 미만 ⑥ 월 500만 원 이상

II. 다음은 여러분이 일상생활에서 만날 수 있는 상황들입니다. 상황별로 주어진 문항들을 하나하나 읽고 여러분의 생각을 잘 나타내 주는 칸에 각각 V표를 해 주세요.

1. 당신은 매점에서 발에 헛디뎌서 친구의 음료수를 엎질렀다.

번호	문 항 내 용	전혀 아니다	아니다	보통 이다	그렇다	매우 그렇다
1	나는 사람들이 나를 보며 비웃을 거라고 생각할 것이다.	1	2	3	4	5

2	나는 미안하게 느낄 것이다. 내가 주의하며 갔어야 했다.	1	2	3	4	5
3	나는 그 일이 큰일은 아니기 때문에 기분이 나쁘지 않을 것이다.	1	2	3	4	5
4	나는 '어쩔 수 없었어. 바닥이 미끄러웠어'라고 생각할 것이다.	1	2	3	4	5

2. 당신과 학급친구들이 함께 열심히 과제를 했다. 선생님은 다른 누구보다 당신에게 더 좋은 점수를 주었다.

번호	문 항 내 용	전혀 아니다	아니다	보통 이다	그렇다	매우 그렇다
1	나는 '선생님이 나를 더 좋아하는구나'라고 생각할 것이다.	1	2	3	4	5
2	나는 학급친구들로부터 혼자 동떨어져 있다고 느낄 것이다.	1	2	3	4	5
3	나의 노력이 결실을 맺었다고 느낄 것이다.	1	2	3	4	5
4	나는 내 자신이 유능하고 자랑스럽다고 느낄 것이다.	1	2	3	4	5
5	나는 모든 사람이 같은 점수를 받아야 한다고 선생님께 말씀드릴 것이다.	1	2	3	4	5

3. 당신은 친구 집에서 물건을 깨뜨렸고, 그것을 숨겼다.

번호	문 항 내 용	전혀 아니다	아니다	보통 이다	그렇다	매우 그렇다
1	'그 일 때문에 불안해졌어. 나는 그것을 붙이거나 바꿔 놓아야 해'라고 생각할 것이다.	1	2	3	4	5
2	나는 당분간 친구를 만나는 것을 피해야 할 것이다.	1	2	3	4	5
3	나는 '사람들이 물건을 견고하게 만들지 못한다'고 생각할 것이다.	1	2	3	4	5
4	나는 '그것은 단지 사고였어'라고 생각할 것이다.	1	2	3	4	5

4. 당신이 학교에서 잘못을 했는데, 그 때문에 친구가 혼나는 것을 알게 되었다.

번호	문 항 내 용	전혀 아니다	아니다	보통 이다	그렇다	매우 그렇다
1	나는 '선생님이 그 친구를 좋아하지 않는구나'라고 생각할 것이다.	1	2	3	4	5
2	나는 '삶은 공평하지 않아'라고 생각할 것이다.	1	2	3	4	5
3	나는 아무 말도 하지 않고, 그 친구를 피할 것이다.	1	2	3	4	5
4	나는 마음이 아프다고 느낄 것이고, 상황을 바로잡으려고 노력할 것이다.	1	2	3	4	5

5. 당신이 수업 중에 떠들었는데, 친구가 혼났다. 당신은 선생님께 가서 사실을 말씀드렸다.

번호	문 항 내 용	전혀 아니다	아니다	보통 이다	그렇다	매우 그렇다
1	나는 '선생님은 친구를 혼내기 전에 상황을 바로 파악하셔야 했어'라고 생각할 것이다.	1	2	3	4	5
2	나는 항상 사람들을 곤란하게 하는 것처럼 느낄 것이다.	1	2	3	4	5
3	나는 상황을 바로잡아서 기분이 좋다고 느낄 것이다.	1	2	3	4	5

4	나는 정직한 사람이라고 내 자신을 자랑스럽게 여길 것이다.	1	2	3	4	5
5	나는 '내가 혼났어야 했어. 내가 애초부터 떠들면 안 됐어'라고 생각할 것이다.	1	2	3	4	5

6. 당신과 친구가 수업 중에 이야기하다가 당신만 혼났다.

번호	문 항 내 용	전혀 아니다	아니다	보통 이다	그렇다	매우 그렇다
1	나는 '내가 좀 더 깊이 생각했어야 했어. 나는 혼날 만 했다'라고 생각할 것이다.	1	2	3	4	5
2	나는 '우리는 속삭였을 뿐인데'라고 생각할 것이다.	1	2	3	4	5
3	나는 '선생님이 불공평하나'고 생각할 것이다.	1	2	3	4	5
4	나는 반에 있는 모든 아이들이 나를 보고 웃을 거라고 느낄 것이다.	1	2	3	4	5

7. 성적이 원하던 만큼 잘 나오지 않았다. 당신은 집에 가서 그것을 부모님께 보여드린다.

번호	문 항 내 용	전혀 아니다	아니다	보통 이다	그렇다	매우 그렇다
1	나는 '누구나 어쩌다 성적이 안 좋을 수 있어'라고 생각할 것이다.	1	2	3	4	5
2	나는 '정말로 그런 성적을 받을 이유가 없어. 그것은 내 잘못이 아니야'라고 생각할 것이다.	1	2	3	4	5
3	나쁜 성적을 받았으니 내가 가치 없게 느껴질 것이다.	1	2	3	4	5
4	나는 '선생님이 말씀하시는 무엇이든 듣고, 더 열심히 공부해야겠다'고 생각할 것이다.	1	2	3	4	5

8. 최근에 당신이 전학을 갔는데, 모든 사람들이 잘 도와주었다. 두세 번 당신이 어려운 부탁을 해서 도움을 받았지만, (금방 보답하지는 못하고) 할 수 있을 때에야 보답했다.

번호	문 항 내 용	전혀 아니다	아니다	보통 이다	그렇다	매우 그렇다
1	나는 실패자처럼 느낄 것이다.	1	2	3	4	5
2	나는 '이 학교는 전학생을 충분히 돕지 않는다'고 생각할 것이다.	1	2	3	4	5
3	나는 나를 도와주었던 사람들에게 특별히 잘 대해 줄 것이다.	1	2	3	4	5
4	'나는 똑똑해서, 내가 필요할 때면 도움을 구할 수 있다'고 생각할 것이다.	1	2	3	4	5
5	나는 도움에 보답한 것을 자랑스러워 할 것이다.	1	2	3	4	5

Ⅲ. 다음은 느낌을 나타내는 여러 단어들이 적혀 있습니다. 각 문항을 읽고 여러분이 평소에 이런 느낌을 얼마나 자주 경험하는지에 따라 해당하는 칸에 V표를 해 주세요.

내 자신이(또는 내 자신에 대해):

번호	문 항 내 용	전혀 느끼지 않는다	드물게	가끔	자주	항상 느낀다
1	당황스럽게 느껴진다.	1	2	3	4	5
2	가벼운 죄책감을 느낀다.	1	2	3	4	5
3	다른 사람의 웃음거리가 된 것 같은 기분이다.	1	2	3	4	5
4	남의 감정을 상하게 할까봐 염려한다.	1	2	3	4	5
5	불필요하게 나 자신에 대해 신경을 쓴다.	1	2	3	4	5
6	창피하다.	1	2	3	4	5
7	강한 죄책감을 느낀다.	1	2	3	4	5
8	바보같이 느껴진다.	1	2	3	4	5
9	후회스럽다.	1	2	3	4	5
10	유치하게 느껴진다.	1	2	3	4	5
11	무력하게 느껴진다.	1	2	3	4	5
12	부끄럽다.	1	2	3	4	5
13	내가 한 것에 대해 비난을 받아 마땅하다고 느낀다.	1	2	3	4	5
14	우스꽝스럽게 느껴진다.	1	2	3	4	5
15	타인에게 정 떨어진다.	1	2	3	4	5
16	양심의 가책을 느낀다.	1	2	3	4	5

Ⅳ. 다음은 평소에 경험하는 여러 가지 상황 속에서 여러분이 어떤 모습을 보이는지를 알아보는 질문입니다. 각 문항이 여러분의 모습을 얼마나 잘 나타내 주는지에 따라 V표를 해 주세요.

번호	문 항 내 용	전혀 아니다	아니다	보통이다	그렇다	매우 그렇다
1	나는 남을 비난하기 전에 내가 만일 그 사람의 입장이었다면 어떻게 느낄 것인가를 생각해 보려고 노력한다.	1	2	3	4	5
2	나는 어떤 문제에 대해 일단 내가 옳다고 확실히 믿으면 그 후로는 다른 사람들의 말을 들으려 하지 않는다.	1	2	3	4	5
3	때때로 나는 친구들의 입장에서 보면 어떨 것인가를 상상해 봄으로써 그들을 더 잘 이해하려고 노력한다.	1	2	3	4	5
4	나는 모든 질문에는 두 가지 측면이 있다고 믿고 두 측면 모두를 살펴보려고 노력한다.	1	2	3	4	5
5	나는 때때로 상대편의 입장에서 그 상황을 보는 것은 어렵다고 생각한다.	1	2	3	4	5

6	나는 어떤 결정을 내리기 전에 다른 의견을 가진 사람 입장에서도 살펴보려고 노력한다.	1	2	3	4	5
7	누군가에게 화가 날 때 나는 대개 잠시나마 그의 입장에 서 보려고 노력한다.	1	2	3	4	5
8	나는 재미있는 이야기나 소설을 읽을 때 그 이야기 속의 일이 나에게 일어난다면 어떨까 상상해 본다.	1	2	3	4	5
9	나는 소설을 읽을 때 주인공의 느낌에 정말로 깊이 빠져든다.	1	2	3	4	5
10	영화나 연극을 볼 때 나는 대개 객관적인 입장에서 보기 때문에 영화나 연극에 완전히 사로잡히는 때는 거의 없다.	1	2	3	4	5
11	나는 연극이나 영화를 보고 나면 내가 마치 주인공인 것처럼 느낀 적이 있다.	1	2	3	4	5
12	나는 내게 일어날지도 모르는 일들에 대해 비교적 규칙적으로 꿈을 꾸거나 상상을 한다.	1	2	3	4	5
13	나는 좋은 책이나 영화에 깊이 빠져드는 일이 드물다.	1	2	3	4	5
14	좋은 영화를 볼 때 나는 쉽게 중요 인물이 놓인 입장에 선다.	1	2	3	4	5
15	누군가가 이용당하고 있는 것을 보면 나는 그를 보호해 주고 싶은 마음이 생긴다.	1	2	3	4	5
16	나는 누군가가 억울하게 취급당하는 것을 보아도 그들에게 동정심이 별로 일지 않는 때가 때때로 있다.	1	2	3	4	5
17	나보다 불행한 사람들을 볼 때 자주 그를 염려하는 따뜻한 감정이 일어난다.	1	2	3	4	5
18	나는 스스로를 매우 부드러운 마음을 가지고 있는 사람이라고 생각한다.	1	2	3	4	5
19	나는 다른 사람들에게 문제가 있을 때에 그들에 대해 별로 마음 아파하지 않는 경우가 있다.	1	2	3	4	5
20	나는 다른 사람들의 불행이 나를 크게 혼란에 빠뜨리는 적은 별로 없다.	1	2	3	4	5
21	나는 주위에서 일어나는 일들을 보고 자주 깊이 감동한다.	1	2	3	4	5
22	나는 긴급상황에서 절실히 도움을 필요로 하는 사람을 보면 정신을 잃을 정도로 어쩔 줄 모른다.	1	2	3	4	5
23	나는 가끔 감정적으로 흔들림을 심하게 느끼는 상황에서 무력감을 느낀다.	1	2	3	4	5
24	긴급 상황에 놓이게 되면 걱정이 되고 불안하다.	1	2	3	4	5
25	나는 대개 위급한 상황에서 매우 효과적으로 행동한다.	1	2	3	4	5
26	나는 긴장된 상황 속에 있는 것이 두렵다.	1	2	3	4	5
27	나는 누가 부상당하는 것을 봐도 분한 마음으로 있는 편이다.	1	2	3	4	5
28	나는 비상시에 내 자신을 조절하지 못하는 편이다.	1	2	3	4	5

V. 다음은 주어진 상황 속에서 여러분이 어떤 결정을 내릴 것인지를 알아보는 질문입니다. 이 부분은 세 가지 이야기와 그 이야기에 대한 여러분의 의견을 묻는 질문들로 구성되어 있습니다. 이야기들을 읽고 묻는 질문들에 답해 주세요.

이야기 1. 남편의 고민

한 부인이 이상한 종류의 암으로 거의 죽어가고 있었다. 그래서 남편은 아내를 데리고 병원을 갔다. 의사는 암이라고 말하면서, 집에서 가까운 약국에 그 암을 치료할 수 있는 약이 있다고 했다.

그런데 약국 주인은 그 약을 만드는 데 돈과 시간을 많이 쓰고, 고생을 했기 때문에 그 약값을 아주 비싸게 받으려고 했다. 남편은 약값을 준비하기 위해 열심히 일을 했지만, 약값의 반밖에 벌지 못했다.

그래서 남편은 그 약국에 가서 주인에게 "아내가 죽어가고 있어요. 그 약을 반값에 주세요. 나머지 반값은 다음에 드리겠습니다"라고 애원했지만, 주인은 "미안하지만 안 되겠습니다"라고 거절했다.

그래서 남편은 아내를 살리기 위해 많은 걱정을 하다가, 약을 몰래 훔치는 방법밖에 없다고 생각하기 시작했다.

1. 만약 당신이 이 남편이라면, 당신은 어떻게 하겠습니까?
① 훔친다 ( ) ② 잘 모르겠다 ( ) ③ 훔치지 않는다 ( )

2. 왜 그렇게 생각하나요? 이유를 적어 주세요.

이야기 2. 탈옥수

어떤 사람이 10년을 감옥살이를 해야 하는데 1년을 살다가 감옥에서 도망을 쳤다. 그리고 다른 지방으로 가서 이름을 바꾸고 8년간 열심히 일해서 큰 부자가 되었다.

부자가 된 그는 양심적으로 회사를 운영하고, 월급도 잘 주고, 가난한 사람을 많이 도와주어 훌륭한 부자로 유명해졌다.

그런데 어느 날 옆집 부인이 이 부자가 감옥에서 도망친 범인이라는 것을 우연히 알게 되었다. 그리고 경찰에서는 아직도 그를 잡으려고 열심히 찾고 있다는 사실을 알게 되었다.

부인이 이 부자를 경찰에 신고하면, 경찰은 범인을 잡아서 다시 감옥에 보내게 될 것이다. 그 대신 부자의 회사는 망할 것이고, 더 이상 좋은 일을 못하게 될 것이다.

부인은 이 사람을 경찰에 신고해야 할지 말아야 할지 망설이고 있다.

1. 만약 당신이 이 부인이라면, 당신은 어떻게 하겠습니까?
① 고발해야 한다 ( )　② 잘 모르겠다 ( )　③ 고발하면 안 된다 ( )

2. 왜 그렇게 생각하나요? 이유를 적어 주세요.

이야기 3. 환사의 애원

어느 젊은 여자가 암에 걸려 6개월밖에 살 수 없게 되었다. 이 암은 그 여자를 너무 아프게 했다. 너무너무 아파서 그 여자는 정신을 잃기까지 한다.
강한 진통제를 주면 덜 아프게 해줄 수는 있지만, 이것은 너무 강한 것이어서 환자를 오히려 더 빨리 죽게 할 위험이 있었다.
가끔 고통이 멈추었을 때 이 환자는 조금 많은 진통제를 주어서 아픔 없이 죽게 해달라고 애원했다. 여자는 너무 아파서 참기도 힘들고 어차피 죽을 것이니까 편안하게 죽게 도와달라고 의사에게 울면서 부탁했다.
의사는 환자의 애원대로 고통 없이 죽을 수 있게 해 주어야 할지 말아야 할지 고민하고 있다.

1. 만약 당신이 이 의사라면, 당신은 어떻게 하겠습니까?
① 들어준다 ( )　② 잘 모르겠다 ( )　③ 들어주면 안 된다 ( )

2. 왜 그렇게 생각하나요? 이유를 적어 주세요.

Ⅵ. 다음은 우리가 일상생활에서 겪을 수 있는 일들입니다. 이야기를 읽고, 당신이 이야기 속의 주인공이라면 어떻게 할 것인지 답해 주세요. 여기에는 정답이 없기 때문에 다른 사람이 어떻게 생각할까 고민하지 않아도 되며, 자기가 생각하는 대로 대답하면 됩니다.

Ⅵ-1. 먼저 세 가지 이야기가 제시됩니다. 각 이야기를 읽고 아래 질문에 답해 주세요.

이야기 1.

윤호는 영화관으로 향하던 중에 같은 학교에 다니는 친구 민혁이가 넘어져서 다리를 많이 다친 것을 보았습니다. 주위에는 마침 다른 사람들이 아무도 없었습니다. 그 친구는 집에 가는 버스를 탈 수 있도록 버스정류장까지 데려다 달라고 윤호에게 부탁했습니다. 그런데 윤호가 민혁이를 버스 정류장까지 데려다 주면 영화시간에 늦어서 3일 전에 예매한 후 손꼽아 기다려 왔던 만화영화를 보지 못할 것입니다.

1. 당신이 윤호라면 실제로 어떻게 할까요?
① 그냥 집에 간다
② 다친 친구 민혁이를 버스 정류장까지 데려다 준다

2. 위의 자신의 선택에 대해 어떻게 생각하십니까?
① 매우 잘못되었다
② 조금 잘못되었다
③ 보통이다
④ 조금 옳다
⑤ 매우 옳다

3. 그렇게(2번의 응답처럼) 생각하는 이유는 무엇입니까? 자세히 적어 주세요.

이야기 2.

원준이는 게임도 되는 핸드폰을 사려고 지난 1년 동안 용돈을 모았습니다. 그런데 원준이와 같은 반의 친구 인성이의 어머니가 갑작스럽게 병원에 입원하게 되었습니다. 그 친구는 매우 가난해서 어머니 입원비가 모자라서 몹시 걱정하고 있답니다. 원준이가 모은 돈으로 그 친구 어머니의 입원비가 마련될 것 같습니다. 그렇지만 그 친구의 가정 형편이 워낙 좋지 않아 원준이가 그 돈을 되돌려 받을 수 없을지 모릅니다. 원준이가 핸드폰을 사는 데 드는 돈을 다시 모으려면 1년은 더 기다려야 합니다.

1. 당신이 원준이라면 실제로 어떻게 할까요?
① 인성이에게 돈을 주지 않는다
② 인성이에게 돈을 준다

2. 위의 자신의 선택에 대해 어떻게 생각하십니까?
① 매우 잘못되었다
② 조금 잘못되었다
③ 보통이다
④ 조금 옳다
⑤ 매우 옳다

3. 그렇게(2번의 응답처럼) 생각하는 이유는 무엇입니까? 자세히 적어 주세요.

이야기 3.

현수는 친구들을 만나러 가는 길에 평소에 잘 알고 지내던 옆집 할아버지가 커다랗고 무거운 가방 여러 개를 힘들게 메고, 들고 가는 것을 보았습니다. 주위에는 마침 다른 사람이 아무도 없었습니다. 그 노인은 현수에게 "내가 힘이 없어서 여러 개를 들고 가기가 너무 힘겹구나. 그러니 네가 이 중에 가방 하나를 근처 우리 집까지 들고 가 줄 수 있겠니?" 하고 부탁하셨습니다. 그러나 현수가 그 노인의 부탁을 들어드리면 6개월 만에 보게 되는 유치원 동창 모임에 참석하지 못할 것입니다.

1. 당신이 현수라면 실제로 어떻게 할까요?
① 옆집 할아버지를 도와드리지 않는다
② 옆집 할아버지를 도와드린다

2. 위의 자신의 선택에 대해 어떻게 생각하십니까?
① 매우 잘못되었다
② 조금 잘못되었다
③ 보통이다.
④ 조금 옳다
⑤ 매우 옳다

3. 그렇게(2번의 응답처럼) 생각하는 이유는 무엇입니까? 자세히 적어 주세요.

Ⅵ-2. 다음의 세 가지 이야기는 앞의 이야기들과 내용이 같지만, 주인공이 도와줘야 할 대상이 달라집니다(예: 같은 학교 친구 → 옆 학교 친구). 바뀐 대상에 유의해서 이야기를 잘 읽고 질문에 답해 주세요.

이야기 1.

윤호는 영화관으로 향하던 중에 옆 학교에 다니고 평소에 잘 모르는 민혁이가 넘어져서 다리를 많이 다친 것을 보았습니다. 주위에는 마침 다른 사람들이 아무도 없었습니다. 그 친구는 집에 가는 버스를 탈 수 있도록 버스정류장까지 데려다 달라고 윤호에게 부탁했습니다. 그런데 윤호가 민혁이를 버스정류장까지 데려다 주면 영화시간에 늦어서 3일 전에 예매한 후 손꼽아 기다려 왔던 만화영화를 보지 못할 것입니다.

1. 당신이 윤호라면 실제로 어떻게 할까요?
① 그냥 집에 간다
② 다친 옆 학교 친구를 버스 정류장까지 데려다 준다

2. 위의 자신의 선택에 대해 어떻게 생각하십니까?
① 매우 잘못되었다
② 조금 잘못되었다
③ 보통이다
④ 조금 옳다
⑤ 매우 옳다

3. 그렇게(2번의 응답처럼) 생각하는 이유는 무엇입니까? 자세히 적어 주세요.

> 이야기 2.
>
> 원준이는 게임도 되는 핸드폰을 사려고 지난 1년 동안 용돈을 모았습니다. 그런데 원준이와 다른 반의 잘 모르는 친구의 어머니가 갑작스럽게 병원에 입원하게 되었습니다. 그 친구는 매우 가난해서 어머니 입원비가 모자라서 몹시 걱정하고 있답니다. 원준이가 모은 돈으로 그 친구 어머니의 입원비가 마련될 것 같습니다. 그렇지만 그 친구의 가정 형편이 워낙 좋지 않아 원준이가 그 돈을 되돌려 받을 수 없을지 모릅니다. 원준이가 핸드폰을 사는 데 드는 돈을 다시 모으려면 1년은 더 기다려야 합니다.

1. 당신이 원준이라면 실제로 어떻게 할까요?
① 그 친구에게 돈을 주지 않는다
② 그 친구에게 돈을 준다

2. 위의 자신의 선택에 대해 어떻게 생각하십니까?
① 매우 잘못되었다
② 조금 잘못되었다
③ 보통이다
④ 조금 옳다
⑤ 매우 옳다

3. 그렇게(2번의 응답처럼) 생각하는 이유는 무엇입니까? 자세히 적어 주세요.

이야기 3.

현수는 친구들을 만나러 가는 길에 잘 모르는 낯선 노인이 커다랗고 무거운 가방 여러 개를 힘들게 메고, 들고 가는 것을 보았습니다. 주위에는 마침 다른 사람이 아무도 없었습니다. 그 노인은 현수에게 "내가 힘이 없어서 여러 개를 들고 가기가 너무 힘겹구나. 그러니 네가 이 중에 가방 하나를 근처 우리 집까지 들고 가 줄 수 있겠니?" 하고 부탁하셨습니다. 그러나 현수가 그 노인의 부탁을 들어드리면 6개월 만에 보게 되는 유치원 동창 모임에 참석하지 못할 것입니다.

1. 당신이 현수라면 실제로 어떻게 할까요?
① 노인을 도와드리지 않는다
② 노인을 도와드린다

2. 위의 자신의 선택에 대해 어떻게 생각하십니까?
① 매우 잘못되었다
② 조금 잘못되었다
③ 보통이다
④ 조금 옳다
⑤ 매우 옳다

3. 그렇게(2번의 응답처럼) 생각하는 이유는 무엇입니까? 자세히 적어 주세요.

Ⅶ. 다음은 여러분이 법과 규칙에 대한 어떤 생각들을 가지고 있는지 알아보는 질문입니다. 각 문항을 읽고 여러분의 평소 생각과 일치하는 응답을 골라 V표를 해 주세요.

1. 법이란 무엇이라고 생각합니까?
① 사람으로서 마땅히 지켜야 할 일을 하늘이 정해 준 것이다.
② 사회질서를 유지하기 위하여 사람들이 지켜야 하는 의무이다.
③ 사람들의 권리와 안전을 보장하기 위하여 우리 국민들이 만든 원칙이다.

2. 규칙이란 무엇이라고 생각합니까?
① '어떤 행위를 하지 말라'는 명령으로, 지키지 않으면 벌을 받아야 하는 것이다.
② '좋은 사람'으로 인정받기 위해서 지켜야 하는 규범이다.
③ 사람들이 서로의 복지를 증대하기 위해 만든 약속이다.

3. 당신이 법이나 규칙을 지키는 까닭은 무엇입니까?
① 법을 지키지 않으면 벌을 받게 되거나 손해가 오기 때문에
② 법이나 규칙을 따르지 않으면, 부모님이나 주위 사람들이 실망하기 때문에
③ 법이나 규칙을 따르는 것이 우리 모두에게 유익한 일이기 때문에

4. 만일 법이나 규칙이 없다면 세상은 어떻게 될 것 같습니까?
① 사람이 남에게 피해를 주고, 범죄가 증가할 것이다.
② 질서가 무너져서 사회가 유지되지 못할 것이다.
③ 사람들이 도덕심으로 자신을 다스릴 수 있다면 별다른 문제는 없을 것이다.

5. 법이나 규칙은 바뀔 수 있습니까? 왜 그렇다고 생각합니까?
① 한번 정해졌으면 반드시 지켜야 한다.
② 법이 사회구성원에게 도움이 되지 않을 때 바뀔 수 있다.
③ 정의롭지 못하거나 공정하지 못하면 바뀌어야 한다.

6. 법이나 규칙을 위반하는 것이 옳을 때도 있다고 생각합니까?
① 어떤 이유로든 법이나 규칙을 위반하는 것은 결코 옳은 일이 아니다.
② 위반하는 것이 옳을 때도 있지만, 일단 사회질서 유지를 위하여 지켜야 한다.
③ 모든 사람들에게 중요한 도덕원리에 따른다면 위반하는 것이 지키는 것보다 옳다.

Ⅷ. 다음은 여러분이 가지는 법에 대한 생각들을 조금 더 자세히 알아보고자 하는 질문입니다. 각 문항을 읽고 여러분의 생각을 가장 잘 나타내 주는 칸에 V표를 해 주세요.

번호	문 항 내 용	전혀 아니다	아니다	보통 이다	그렇다	매우 그렇다
1	법은 우리 삶과 밀접한 관련이 있다.	1	2	3	4	5
2	나는 법이 매우 두렵다.	1	2	3	4	5
3	나도 법적 절차를 이용할 수 있다.	1	2	3	4	5
4	법은 일반 국민들의 상식과 다른 경우가 많다.	1	2	3	4	5
5	내가 사회에서 하고 싶은 일을 하려면 관련 법부터 알아볼 것이다.	1	2	3	4	5
6	부자가 될 수 있다면 타인에게 큰 피해를 주지 않는 범위에서 법을 어길 수도 있다.	1	2	3	4	5
7	법은 보통 사람들이 이해하기엔 어렵다.	1	2	3	4	5
8	현실세계에서는 법보다는 주먹이나 돈이 더 힘이 세다.	1	2	3	4	5
9	법은 국민의 의견을 반영하지 않는다.	1	2	3	4	5
10	법대로 살면 손해를 본다.	1	2	3	4	5
11	잘못된 법도 내가 노력하면 바꿀 수 있다.	1	2	3	4	5
12	나는 법에 대해 많은 내용을 알고 있다.	1	2	3	4	5

13	법을 어기면서도 잘 사는 사람은 능력이 있는 사람이다.	1	2	3	4	5
14	도둑질은 사람들을 다치게 하지 않으므로 심각한 죄가 아니다.	1	2	3	4	5
15	세상을 잘 살아가려면 법을 꼭 알아야 한다.	1	2	3	4	5
16	내가 억울한 일을 당하면 법에 도움을 청할 것이다.	1	2	3	4	5
17	법이 나 자신과 매우 가깝게 느껴진다.	1	2	3	4	5
18	법은 남자든 여자든, 가난하든, 부자든, 권력이 있든 없든 누구에게나 공평하다.	1	2	3	4	5
19	법은 범죄로부터 사람들을 보호해 준다.	1	2	3	4	5
20	나는 법을 잘 아는 사람에게 속을 가능성이 높다.	1	2	3	4	5
21	내가 손해를 보는 일이 있더라도 법을 지켜야 한다.	1	2	3	4	5

Ⅸ. 다음은 여러분의 모습에 대해 스스로 어떻게 생각하는지를 알아보는 질문입니다. 각 문항이 여러분의 모습을 얼마나 잘 나타내 주는지에 따라 V표를 해 주세요.

번호	문 항 내 용	전혀 아니다	아니다	보통이다	그렇다	매우 그렇다
1	나는 좋은 성품을 많이 가졌다고 생각한다.	1	2	3	4	5
2	나는 대체로 내가 실패한 사람이라는 느낌을 갖는 편이다.	1	2	3	4	5
3	나는 대체로 내 자신에 대하여 만족한다.	1	2	3	4	5
4	나는 대부분의 사람들만큼은 일을 잘 할 수 있다.	1	2	3	4	5
5	나는 때때로 내가 쓸모없는 사람이라고 생각한다.	1	2	3	4	5

Ⅹ. 아래에는 다양한 사회적 인물들의 목록이 있습니다. 이 인물들이 사회적으로 얼마만큼 힘을 지니는지, 또한 여러분에게 얼마만큼 존경받는지에 따라 양쪽 칸에 각각 V표를 해 주세요.

사회적으로 힘이 있다					대상	나에게 존경받는다				
전혀 아니다	아니다	보통이다	그렇다	매우 그렇다		전혀 아니다	아니다	보통이다	그렇다	매우 그렇다
1	2	3	4	5	아버지	1	2	3	4	5
1	2	3	4	5	종교인(예: 목사, 신부, 스님)	1	2	3	4	5
1	2	3	4	5	교사	1	2	3	4	5
1	2	3	4	5	기업가 (예: 삼성회장 이건희)	1	2	3	4	5
1	2	3	4	5	대통령	1	2	3	4	5
1	2	3	4	5	의사	1	2	3	4	5

1	2	3	4	5	동네어른	1	2	3	4	5
1	2	3	4	5	김정일	1	2	3	4	5
1	2	3	4	5	인기 연예인 (예: 유재석, 소녀시대)	1	2	3	4	5
1	2	3	4	5	군인	1	2	3	4	5
1	2	3	4	5	노동당원	1	2	3	4	5
1	2	3	4	5	법조인 (예: 판사, 검사)	1	2	3	4	5
1	2	3	4	5	어머니	1	2	3	4	5
1	2	3	4	5	친척어른	1	2	3	4	5
1	2	3	4	5	경찰	1	2	3	4	5
1	2	3	4	5	과학자	1	2	3	4	5
1	2	3	4	5	또래친구	1	2	3	4	5
1	2	3	4	5	대학교수	1	2	3	4	5
1	2	3	4	5	장관	1	2	3	4	5
1	2	3	4	5	기자	1	2	3	4	5
1	2	3	4	5	국회의원	1	2	3	4	5

XI. 다음은 여러 종류의 사람들을 총 7개의 집단으로 나눈 표입니다. 자신이 생각하기에 사회적으로 가장 큰 힘을 가지며, 또한 사람들에게 가장 많은 존경을 받는다고 생각하는 집단(즉, 권위가 가장 높은 집단)부터 순서대로 순위를 매겨 주세요.

번호	집단에 포함되는 사람들의 예
1	대통령, 국방위원장, 국가 수장 등
2	대법원장, 검찰총장, 국무총리, 국군참모총장 등
3	부모님, 조부모님, 어르신 등
4	대기업 회장, 대기업 및 중소기업 사장 등
5	의사, 교수, 과학자 등
6	목사, 신부, 스님 등
7	인기 연예인, 스포츠스타 등

1. 권위가 가장 높은 집단의 번호 ( )
2. 두 번째로 권위가 높은 집단의 번호 ( )
3. 세 번째로 권위가 높은 집단의 번호 ( )
4. 네 번째로 권위가 높은 집단의 번호 ( )
5. 다섯 번째로 권위가 높은 집단의 번호 ( )
6. 여섯 번째로 권위가 높은 집단의 번호 ( )
7. 일곱 번째로 권위가 높은 집단의 번호 ( )

XII. "법"이라는 단어를 들으면 어떤 생각이 떠오르나요? 자유롭게 적어 주세요.

1.

2.

3.

★ 지금까지 설문에 참여해 주셔서 진심으로 감사드립니다 ★

찾아보기

Abstract

Morality, Law-Consciousness, and Authority Perception of North Korean Refugee and South Korean Adolescents

Soon-Hyung Yi, Changdai Kim, and Meejung Chin

This book explores how children and adolescents were, formally or informally, socialized in North Korea and how they internalized and formed the concept of morality. The concept of morality is constructed in the social and cultural contexts and is manifested in the behavioral codes, law-consciousness, and perception of authority by those located in the contexts. Consequently, North Korean children and adolescents are expected to be socialized in different ways from how South Korean children and adolescents are socialized regarding morality. To explore how moral developments in North Korean children and adolescents took place, this book investigated moral codes, law-consciousness, and authority perception of North Korean refugee adolescents. North Korean refugee adolescents were socialized in very different social, political, and economic circumstances from where they currently reside and have faced severely difficult circumstances in their journey of crossing the North Korean border. Due to such unique experiences, it is expected that they would manifest seemingly contradictory moral codes, law–consciousness, and perceptions of authority; the result of a complex process of moral development. When compared to South Korean adolescents, their characteristics could be better understood.

For these purposes, we collected a survey data of 119 North Korean refugee adolescents (mean age = 19.87) and 358 South Korean adolescents (mean age = 17.02) in March 2011. Moreover, in–depth interview data of 18 North Korean refugee adolescents from several alternative schools were collected in July and August of 2011. Based on the moral development theory of Kohlberg and Rest, we investigated moral judgement (using the Defining Issues Test), pro–social moral reasoning, self–conscious guilty emotion, sympathy, legal reasoning and attitudes (using Tapp–Levine Rule–Law Interview instruments), and perceptions of sources and types of authority. Both the North Korean refugee adolescents and their South Korean counterparts were the subjects of this investigation.

According to the results, moral judgment levels for both North Korean refugees and South Korean adolescents on average were found to be on the third or fourth level of Kohlberg's moral development. The third level corresponds to the social relationships perspective which takes interpersonal accord and conformity as criteria for moral judgement and the fourth level corresponds to the social systems perspective which underscores law and order morality. The mean score of moral reasoning of North Korean refugee adolescents, however, was lower than that of South Korean adolescents.

North Korean refugee adolescents tended to be more willing to engage in pro–social behaviors notwithstanding financial costs and to have a higher level of pro–social reasoning compared to South Korean adolescents. Their pro-social attitudes were indifferent to the levels of intimacy and the degree of relatedness, which meant that North Korean refugee adolescents were more willing to help those whom they were not close to. The levels of moral guiltiness, measured both in daily circumstances and specific conditions, were similarly low in the two groups and the levels of sympathy were somewhat high with some differences between the two groups. Yet the level of adopting various perspectives by the North Korean refugee adolescents was higher than that of South Korean adolescents.

With respect to overall legal reasoning, those in the two groups were similar in showing a transition from the third to the fourth level on legal reasoning development measure of Tapp-Levine. The mean score of legal reasoning of North Korean refugee adolescents, however, was lower than that of South Korean adolescents. Interestingly, North Korean refugee adolescents had higher scores for positive attitudes toward law and for conformity to the authority of law and lower scores for critical attitudes toward law compared to their counterparts.

Both North and South Korean adolescents had respect for and accepted the authority of parents in similar ways. North Korean adolescents had higher levels of respect for the authority of teachers compared to South Korean adolescents. While North Korean adolescents were more consistent in their behavior of showing respect to those who had authority, South Korean adolescents did not necessarily show respect to those who had authority.

Overall, the result of the study showed that North Korean refugee adolescents were somewhat behind in the levels of moral development to the South Korean adolescents who were nonetheless at similar stages of development. The North Korean adolescents were close to the conventional stage of moral development and some of them were at the advanced level of post-conventional stage. However, we found from the in-depth interviews that North Korean adolescents had undergone a process of reconstructing their moral codes and reasoning that were contingent to their experiences. They learned new social norms on morality and tried to change their unaccepted behavioral codes. Many of them found model figures, such as teachers and volunteers in their alternative schools, who demonstrated to them sympathy and moral behaviors. Although still struggling, the North Korean refugee adolescents have been advancing in their moral development.

저자소개

이순형

서울대학교 생활과학대학에서 학사, 석사, 박사학위를 받았고, 영유아발달과 사회화, 영육아 보육, 아동청소년복지를 전공하고 있다. 현재 서울대학교 생활과학대학 아동가족학과 교수이며, 서울대학교 어린이보육지원센터장을 맡고 있다. 한국아동학회 회장과 한국인간발달학회 회장을 역임하여 한국 아동학 연구의 지평 확대와 발전에 기여하였다. 1983년 이후 약 70여 권의 저서를 저자 혹은 공저자로 출간하였으며, 대표적인 저서로는 『한국인의 자아정체 형성과 변화』(2010, 서울대학교출판문화원), 『한국아동의 일상생활문화』(2009, 서울대학교출판문화원), 『붉은악마와 월드컵』(2005, 서울대학교출판부), 『사할린 귀환자』(2004, 서울대학교출판부), 『한국의 명문종가』(2000, 서울대학교출판부) 등이 있다. 통일학연구총서와 신서로 『탈북인의 공 · 사적 관계와 의사소통』(2011, 서울대학교출판문화원), 『탈북민의 가족 해체와 재구성』(2009, 서울대학교출판문화원), 『탈북 가족의 적응과 심리적 통합』(2007, 서울대학교출판부)이 있다.

김창대

서울대학교 사범대학에서 학사, 석사학위를, 미국 컬럼비아 대학(Columbia University)에서 상담심리학으로 박사학위를 받았다. 현재 서울대학교 사범대학 교육학과 교수이며, 서울대학교 대학생활문화원 원장을 맡고 있다. 한국상담학회 집단상담회 회장과 기업상담학회 이사를 역임하였다. 13권의 공저서와 역서가 있으며, 대표적인 역서로는 『심리상담센터의 운영과 성공전략』(2013, 학지사), 『수퍼비전의 실제』(2011, 센게이지러닝), 『심리치료에서 대상관계와 자아기능』(2008, 학지사) 등이 있다. 통일학연구총서와 신서로 『탈북인의 공 · 사적 관계와 의사소통』(2011, 서울대학교출판문화원), 『탈북민의 가족 해체와 재구성』(2009, 서울대학교출판문화원), 『탈북 가족의 적응과 심리적 통합』(2007, 서울대학교출판부)이 있다.

진미정

서울대학교 생활과학대학에서 학사, 석사학위를, 미국 펜실베이니아 주립대학(Penn-sylvania State University)에서 가족학과 인구학으로 박사학위를 받았다. 현재 서울대학교 생활과학대학 아동가족학과 교수이며, 서울대학교 평생교육원 자격인증교육연구부장을 맡고 있다. 대한가정학회 총무이사와 한국가족학회 총무이사를 역임하였고, 보건복지부 저출산 · 고령사회 위원회 위원으로 활동하고 있다. 가족정책, 가족인구학, 북한이탈주민에 대한 9권의 역 · 공저서와 약 35편의 연구논문을 발표하였다. 통일학연구총서와 신서로 『탈북인의 공 · 사적 관계와 의사소통』(2011, 서울대학교출판문화원), 『탈북민의 가족 해체와 재구성』(2009, 서울대학교출판문화원), 『탈북 가족의 적응과 심리적 통합』(2007, 서울대학교출판부)이 있다.

서울대학교통일학연구총서

01 북한체제의 형성과 한반도 국제정치
김세균 외 7인

02 북한 산업개발 및 남북협력방안 – 지리적 접근
박삼옥 · 허우긍 · 박기호 · 박수진

03 탈북 가족의 적응과 심리적 통합
이순형 · 조수철 · 김창대 · 진미정

04 남북한 환경정책 비교연구1 – 자연환경, 자원 및 에너지
윤여창 외 6인

05 남북한 환경정책 비교연구2 – 물환경, 대기, 폐기물, 도시계획
김정욱 외 4인

06 남북통합지수, 1989–2007
김병연 · 박명규 · 김병로 · 정은미

07 통일한국의 어린이 영양
이연숙 · 윤지현 · 심재은 · 장수정

08 북미 대립 – 탈냉전 속의 냉전 대립
장달중 · 이정철 · 임수호

09 네트워크 세계정치 – 은유에서 분석으로
하영선 · 김상배 엮음

10 김일성사회주의청년동맹과 조선민주녀성동맹 – 사회변동과 체제유지의 기제
이온죽 · 이인정

11 다플랫폼 다채널 시대의 통일방송
윤석민 · 배진아 · 곽정래 · 이현우 · 채정화

12 기초자료로 본 독일 통일 20년
임홍배 · 송태수 · 정병기

13 탈북인의 공 · 사적 관계와 의사소통
이순형 · 김창대 · 진미정

14 북한의『조선어학전서』연구
권재일

15 판례로 보는 남북한관계
이효원

16 북한 경제에서의 시장과 정부
김병연 · 양문수

17 통일농업 성장보고서(1991–2009) – 남북농업 교류협력 평가와 발전방향
최정남 · 김완배 · 리금 · 최장호

18 남북한 교류협력 거버넌스의 구조와 동학
정근식 · 정은미 · 강동완

19 독일 통일과 여성 – 젠더 관점에서 조망한 독일의 분단과 재통일
한정숙 · 홍찬숙 · 이재원

20 북한사회와 굴절된 근대 – 인구, 국가, 주민의 삶
박경숙

21 북한이탈청소년과 남한청소년의 도덕성, 법의식과 권위 인식
이순형 · 김창대 · 진미정